U0831700

长江经济带
多层级生态协同治理研究

Multi-level Ecological Collaborative Governance in the Yangtze River Economic Belt

孙 颖 · 著

中国矿业大学出版社

China University of Mining and Technology Press

· 徐州 ·

图书在版编目（CIP）数据

长江经济带多层级生态协同治理研究 / 孙颖著 . 徐州：中国矿业大学出版社，2025.6. — ISBN 978-7-5646-6410-7

Ⅰ . F127.5

中国国家版本馆 CIP 数据核字第 2024VA9460 号

书　　名　长江经济带多层级生态协同治理研究
　　　　　Changjiang Jingjidai Duocengji Shengtai Xietong Zhili Yanjiu
著　　者　孙　颖
责任编辑　夏　然
责任校对　王慧颖
出版发行　中国矿业大学出版社有限责任公司
　　　　　（江苏省徐州市解放南路　邮编 221008）
营销热线（0516）83885370　83884103
出版服务（0516）83995789　83884920
网　　址　http://www.cumtp.com　**E-mail**: cumtpvip@cumtp.com
印　　刷　湖南省众鑫印务有限公司
开　　本　710 mm×1000 mm　1/16　印张 18　字数 313 千字
版次印次　2025 年 6 月第 1 版　2025 年 6 月第 1 次印刷
定　　价　98.00 元
（图书出现印装质量问题，本社负责调换）

孙　颖　湖南长沙人，副教授，生态学博士后，硕士生导师，湖南省青年骨干教师，湖南省管理学学会常务理事，湖南省经济学学会理事，湖南省侨联特聘专家委员会委员；担任湖南绿色发展研究院、生态经济与绿色发展研究中心、农林经济管理研究中心等多家科研机构专家级研究人员；长期从事生态经济、绿色转型、区域发展等方面的教学与科研工作。近五年来，主持省部级项目10项，发表SCI、SSCI、CSSCI、CSCD、北大核心等高质量学术论文十余篇，出版学术专著2部；个人所获各类各级荣誉成果超68项，其中国家级奖项25项、省级奖项28项；多项成果获各级领导肯定性批示，科研与教学成果显著。

前　言

长江是中国第一大河，干流自西而东横贯我国中部，数百条支流辐辏南北，素有“黄金水道”之称，是中华民族的母亲河，中华文明重要的发祥地。长江经济带（Yangtze River Economic Belt）横跨我国东、中、西三大区域，以全国21.4%的人口创造了全国40%以上的生产总值，是具有全球影响力的内河经济带、东中西互动合作的协调发展带、生态文明建设的先行示范带。长江经济带发展是我国重点实施的“六大战略”之一，党中央、国务院明确要求将“共抓大保护、不搞大开发”确定为长江经济带战略发展导向，说明长江经济带绿色发展与生态治理的战略高度已被提高至国家层面，然而长江经济带地域辽阔，流域沿线工业化与城市化程度相对较高，生态环境污染跨区扩散现象严重，行政区碎化且综合治理难度较大，生态治理体系呈相对“结构化割裂”特征，生态环境问题仍然严峻。

生态环境是一个有机整体，是连接经济带内分散经济联合体的基础。生态治理则是一个复杂化的系统工程，涉及社会各方主体的不同利益，导致生态治理无法单纯由政府或市场某一主体独自解决，需要多方主体寻求协同达到“共治”。尤其是长江经济带涉及不同行政区域各地经济基础不同、生态污染程度差异，造成跨域生态治理具有一定的现实困难。流域环境治理具有治理对象跨域性、治理主体多元性和治理模式网络化等特点，导致跨区域的多政府、多部门、多主体间的协同治理执行难以贯彻。本研究以系统理论、绿色发展理论、多层级治理理论、协同发展理论、公共产品理论、博弈论、多中心治理理论等相关理论为依据，以长江经济带建设与区域协同治理为研究背景，对长江经济带流域生态环境协同治理现状进行梳理，归纳出生态环境共治机制的主体困境、协调机制的利益冲突、协同机制的制度困境是制约其生态一体化发展的主要壁垒，折射出其区域协同治理机制方面存在的问题。为进一步推进长江经济带生态治理与生态经济圈的协同发展，尽快实现长江流域生态系统健康的目标，本研究在全面梳理长江经济带生态治理现状与莱茵河流域生态治理经验的基础上，从治理主体、治理路径、治理模式出发，充分考量其相互联系与作用性，构建决策、目标、利益、责任、绩效、保障“六体合一”的完整系统治理结构，并将“目标设定、利益协调、监督管控、资源优化、绩效提升、信息共享”等功能深度结合，以期有效提升长江经济带区域生态经济的整体竞争力。同时，长江经济带生态治理应全面结合多层级治理理念，从高位统筹、机构机制、组织结构、人员安排、经费投入等方面入手，纵向构建四个治理层级，强调层级间的交互关系；横向建立“市场——政府——社会”治理主体结构，并强调层级内的协作关系，形成了多层级、多主体的网格化协同治理组织框架。新的协同治理体系采取“正金字塔与倒金字塔叠加”的方式构建整体治理体系，由统分结合的府际竞合权力配置结构、网格化协同组织结构、跨层级协同执行等系统构成，采取公司化运作的多维生态治理机构，实施以治理问题库为载体的任务驱动型多层级治理模式，全面融合“治理目标、治理方案、利益协调、利益主体”，有效协调多方利益诉求，高效协同多元治理主体间生态治理行为。生态协同治理新体系结构框架将生态、治理环境、生态要素等有效串联，将生态治理主体具体界定为八大主体。根据治理主体所扮演的生态角色不同，其治理权力诉求、治理利益诉求、治理责任诉求与治理义务诉求均具有差异性，应结合政策制度环境、社会经济环境、自然与社会资源环境、科技创新环境等四大环境因素，全面审视治理主体在不同环境下的治理诉求。其中，社会经济环境和自然与社会资源环境是生态治理的基础，政策制度环境是生态治理的保障，科技创新环境则是推动生态治理快速发展的核心驱动力。然而，层级间与层级内的多主体协同联动涉及方面较广且关系复杂，仍有较多实践与执行问题有待进一步深化研究，或为未来研究的重要方向。

目　录

第一章 绪 论

“共抓大保护、不搞大开发”是推动长江经济带发展的战略导向。2018年11月，中共中央、国务院明确要求长江经济带应以生态优先、绿色发展为引领，依托长江黄金水道，推动长江上中下游地区协调发展和沿江地区高质量发展。2020年9月，我国在第七十五届联合国大会上明确指出，将于2030年实现“碳达峰”、2060年实现“碳中和”。“双碳”目标的达成是我国“十四五”规划的重点任务之一，并已被纳入生态文明建设的整体工作之中[1]。多层级气候治理体系对全球控温所需要的减排力度效用明显，是促进“双碳”目标达成的有效途径之一。长江流域作为中国重要的生态屏障，是水土保持、天然林保护和退耕还林等生态工程的重点实施区。长江经济带是我国生态文明建设的重点区域，地跨我国东、中、西三大区域，覆盖上海、江苏、浙江、安徽、江西、湖北、湖南、重庆、四川、云南、贵州等11个省市，以全国21%的面积承载了超过40%的人口和经济总量，是我国区域综合实力最强的经济带之一。2014年国务院印发《关于依托黄金水道推动长江经济带发展的指导意见》，将长江经济带的建设发展上升为国家战略。自此，这一区域以年均GDP增长高于全国平均水平近2个百分点的速度，成为了新时期我国经济社会发展的重要引擎[2]。然而，经济的高速发展带来了日益严重的环境问题。长江经济带同时成为了我国单位国土面积资源能源消耗和污染物排放强度最高的地区之一，长期承载着巨大的生态环境压力，生态环境形势十分严峻。

生态兴则文明兴，生态衰则文明衰。人与自然的和谐共生关系反映出良好的生态环境对人类社会发展的巨大影响。目前，环境污染问题已成为制约长三角地区经济发展与长江流域区域一体化进程的主要阻碍因素之一，生态与资源环境对区域整体发展的制约效应愈发凸显。2020年9月，中国环境与发展国际合作委员会召开“长江经济带生态补偿与绿色发展体制改革”专题政策研究会，旨在为长江经济带战略发展决策机制提供科学支撑[3]。然而，由于经济带内各地自然环境、经济发展、社会人口等现实条件具有较大差异，目前经济带内生态环境治理体系呈现出相对“碎片化”的治理特征，形成生态治理执行力度不足，基层干部普遍反映“责任大、权力小、利益薄”的生态治理困境。除了自然禀赋和经济发展水平等影响因素之外，其中一个重要的“源头”无疑是区域绿色发展合作机制的“缺失”[4]，以及协调联动机制不健全。

莱茵河是欧洲极具历史与文化的河流之一，也是世界上最重要的工业运输大动脉之一，更是世界上航运最繁忙的河流之一。莱茵河两岸遍布欧洲重要的经济聚集区，流域沿岸渔业、工业、交通、航运、农业以及旅游业密集，瑞士、列支敦士登、奥地利、法国、德国、荷兰因它而繁荣昌盛并闻名世界。然而，多年的经济发展、工业与生活排污导致莱茵河水质遭到了根本性的破坏，使其成为了“欧洲公共下水道”。为流域两岸各国创造了巨大财富的莱茵河付出了惨重的代价，水质污染、岸带生态系统破坏、流域洪水威胁，面对污染如此严重的莱茵河，流域沿岸各国开始反思，积极探索生态治理之路，通过密切合作、协同治理，以坚定的治理决心、长远的治理规划、科学的治理方法、完善的规则制度，使莱茵河恢复了往日优美的自然生态环境。莱茵河的治理成为全球范围内成功的流域治理案例，为我国长江流域生态治理提供了宝贵的经验借鉴。

多层级治理是多中心治理的主要形式之一，涉及多个管辖权层面，强调治理主体的多元性与网络状，最早被运用于解释欧洲一体化现象[5]。20世纪90年代伊始，“多层级治理”已逐步成为欧盟治理污染的主流理论与实践方式。多层级气候治理体系是西方学者对多层级治理框架下环境气候的拓展研究，该框架对长江经济带生态治理体系构建具有较强的启示意义。本研究旨在从生态系统的整体性和长江流域的系统性出发，借鉴莱茵河流域岸线生态环境保护与综合治理的过程与措施，构建长江经济带生态一体化多层级交互的高质量协同治理新体系，加强经济带内省际协同联动，强化各治理主体对山水林田湖草等各种生态要素的协同治理，增强生态治理的权力配置与协同组织结构，提升生态治理综合执行力度，助推长江经济带快速高质量发展。

第一节 研究背景、目标与意义

生态环境是一个有机整体，是连接经济带内分散经济联合体的基础。长江经济带覆盖东、中、西三大区域的11个省市，是我国绿色经济发展转型的重点区域。习近平总书记在推动长江经济带发展座谈会上指出，要用改革创新的办法抓长江生态环境保护，以生态环保为目标引领长江经济带经济发展；党的二十大报告明确指出，要推进美丽中国建设，坚持山水林田湖草沙一体化保护和系统治理，加快发展方式绿色转型，深入推进环境污染防治，提升生态系统多样性、稳定性、持续性，积极稳妥推进碳达峰碳中和。近年来，面对长江经济带资源过度开发、水资源严重污染、生态环境较为脆弱、自然灾害频发等问题，经济带内各省市在生态共治实践的过程中，提炼出生态环境共治机制的主体困境、协调机制的利益冲突、协同机制的制度困境是制约其生态一体化发展的主要壁垒，折射出其区域协同治理机制方面存在的问题。目前，长江经济带生态环境多元治理的格局尚未形成，沿线省市主管部门环境治理与绿色发展协同机制尚未建立，生态协同治理体系有待完善，“生态系统的整体性与生态治理的分散性”是贯穿该区域生态治理的主要矛盾之一。长江经济带生态环境协同治理体系应借鉴西方多层级气候治理体系与莱茵河生态治理经验，从治理主体、治理路径、治理模式出发，充分考量其相互联系与作用性，构建决策、目标、利益、责任、绩效、保障“六体合一”的多层级系统结构，实现目标设定、利益协调、监督管控、资源优化、绩效提升、信息共享等功能的融合[6]，从而有效提升长江经济带区域生态经济的整体竞争力。

一、研究背景

推动长江经济带生态环境治理是我国重要的国家发展战略，更是破解资源环境矛盾、促进经济增长方式转型的必然选择，同时也是保持生态系统功能格局安全稳定、增进人民福祉的现实需求。目前，“绿色发展”“生态优先”“高质量发展”显然已成为推动长江经济带可持续发展的现实基础。习近平总书记大力倡导绿色发展理念，将生态文明建设确立为我国新时代改革发展与现代化建设的首要地位，不断深化生态文明体制改革、推进生态文明建设，开创了生态文明建设和环境保护新局面，形成了系统的习近平生态文明思想[7]。习近平生态文明思想主要包含人与自然和谐共生的“和谐共生论”、“绿水青山就是金山银山”的“两山论”、推动形成绿色发展方式和生活方式的“绿色发展论”、实行最严格的生态环境保护制度的“制度保护论”，以及统筹山水林田湖草系统治理的“生命共同体论”等五大方面[8]，从而最终实现人类社会的发展进步和生态系统的平衡。习近平总书记多次考察长江流域，主持召开了多次的长江经济带发展座谈会，反复强调要将修复长江生态环境摆在压倒性位置，构建综合治理新体系。

经济发展需要生态资源的有效支撑。改革开放以来，长江沿线城市群依托黄金水道的自然生态资源优势，实现了沿江产业结构和城镇化布局，初步形成了上中下游优势互补，协作互动的区域格局，有效缩小了东、中、西部地区发展差距。目前，长江经济带已成为我国工业化程度最高的区域之一。然而，现有的产业集聚模式仍以“粗放型集聚”为主，区域生态一体化进程相对缓慢，生态环境问题急需治理。目前，为推动长江经济带绿色产业转型，促进绿色经济高质量发展，长江沿线区域的环境治理问题迫切需要以“全局观”来协调各区域共同解决，根据经济带内现实的地理状况、生态资源、社会经济情况以及污染现状对整体区域进行宏观调控，构建多元主体参与、利益联动的长江经济带生态一体化协同治理机制，以缓解生态与经济之间的局部失衡问题。

生态环境治理是保障区域生态经济发展的基础，是人类维护绿色、健康与可持续发展的重要手段。在全球生态问题日益凸显的背景下，生态环境治理业已成为生态系统保护研究的热点领域，加强生态环境治理研究对维护生态系统结构与功能完整、保护生物多样性、保障区域生态经济发展和提升人类福祉具有重要意义。近年来，随着长江经济带经济一体化程度的加深，其局部区域逐渐显现出跨界生态环境问题。高强度的区域开发建设与高密度的人口与产业结构，导致流域生态功能退化、生态资源面积局部萎缩、生物多样性下降、污染物排放强度较高、局部空气质量下降等一系列现实问题频发。针对这一现象，党中央、国务院高度重视，出台了一系列相关治理政策与文件。目前，长江沿线区域经过阶段性整治，生态环境已有所改善，协同治理取得积极进展与成效。特别是在2016年长江环境大保护战略实施以后，已基本形成以大中型骨干水库、引水、提水以及调水工程为主体的水资源综合利用体系，治污工程建设速度迅速提升，治污能力加大[9]。此外，长江流域天然林保护工程的实施，明显改善了空气质量、治理了局部水土流失，遏止长江流域生态环境恶化收到了良好成效。自“共抓大保护、不搞大开发”的生态优先战略确定为长江经济带的重要发展导向之后，其生态环境管理制度与机制不断完善、产业发展与生态环境关系不断改善，长江上中下游跨区域生态补偿与绿色金融政策的有益探索持续开展。然而，长江经济带绿色发展与流域生态一体化的治理措施仍存在诸多障碍与壁垒。目前而言，进一步协调长江经济带内社会经济与生态环境之间的良性互动关系，构建区域生态环境协同治理体系是决定长江经济带实现快速与可持续发展的关键性要素之一。

二、研究目标

生态环境一体化是保障长江经济带快速发展的基本前提条件，体现了绿色发展、人民为先的生态文明理念，更是维护长江流域沿线人民健康生活的基本利益所在。长江流域沿线土地开发强度较高、资源与能源消耗量巨大、环境污染现象严重，且不同区域间生态环境差异突出，经济发展与生态保护冲突较大、生态环境形势严峻。生态环境治理工作是长江沿线区域高质量、共同发展的重要维度与内容。长江经济带生态一体化协同治理机制应结合长江上中下游各地政府、企业以及社会力量共同参与、有效治理生态环境污染问题。这不仅是环境治理的重要内容，更是协同推进生态建设、绿色发展与经济效益的关键环节。本研究在全面梳理多层级治理与生态共治的理论基础上，收集整理现行的长江经济带生态治理实践经验与成果，以多方协同、利益博弈为切入点，以构建生态一体化多层级交互的协同治理新体系为主要研究目标，深入探讨绿色发展背景下长江经济带生态一体化具体实践路径，为区域发展提供理论基础与实践指导，助推长江经济带进一步快速发展。本研究的具体研究目标如下：

（1）全面梳理欧洲莱茵河流域生态环境综合治理经典案例，包括污染事故、污染后果、治理方式、治理措施等生态治理历程。工业革命之后，欧洲各流域进入污染高发期，英国泰晤士河、德国埃姆歇河，欧洲莱茵河、多瑙河流域等知名流域均发生了严重的污染情况，欧洲各流域沿线各国以不同流域为治理单位，共商流域治理方案与措施，使流域水环境得到了很大的改善。目前，欧洲在流域与大江大河的生态治理领域已形成了相对较为完善的生态治理模式，为我国长江经济带生态治理模式提供了具体思路。

（2）全面梳理长江经济带生态发展的现状与水平、生态治理发展成效以及目前生态治理体系的现状，是本研究的起点与基础。长江经济带生态环境治理是一个复杂的系统性工程，涉及多元化社会主体的利益，并需要根据区域生态污染的具体情况进行有针对性的治理体系构建。因此，本研究将研究基础目标设定为分区域理清长江流域不同区域的生态现状。

（3）生态治理应建立政府、企业、公众三者间协同合作机制，寻求多元主体间的利益均衡点。当前，长江经济带内各省市地方政府受自身生态环境利益和经济利益的支配，通常以本地区利益最大化作为跨界生态环境共治的合作起点[10]，往往将区域自身利益设置为核心主要利益，而将整体生态利益设置为次要协商利益。这导致长江经济带内跨区域生态环境协调机制普遍存在错综复杂的利益冲突与矛盾，造成了经济带内跨区域生态环境共治目标壁垒的产生。本研究将全面梳理各方利益诉求为研究目标，从高位统筹、机构设立、人员安排、运行机制、经费投入等方面入手，构建多层级网络结构与层级交互的长江经济带生态一体化高质量协同治理新体系。然而，全面梳理长江经济带各区域主要的利益状况和利益格局具有一定的现实难度，应重点予以关注。

（4）长江经济带多层级生态协同治理体系框架构建。对于体系构建问题，应通过确定协同治理主体间多阶段博弈机理，构建博弈关系网络，解决主体间的过程协同与执行协同不协调的问题。相应的生态治理体系建设应针对长江经济带的现实问题，基于不同区域的治理特征，以多层级气候治理体系为启示，从我国特有的多层级核心政治体制出发，将政府、市场、社会三者放在相对平等的地位，扩宽生态治理经费的多方渠道来源，重构长江经济带生态一体化多层级协同治理新体系为本研究的主要目标。

三、研究意义

生态环境治理是人类维持生态系统的健康性与完整性、有效保障人类在生产生活方面不受生态破坏与环境污染影响的重要手段，是人类维护绿色、健康与生态环境可持续发展的基本措施。生态治理体系构建研究不仅能有效控制生态过程，更可实现区域自然资源与绿色基础设施的合理配置，既是缓解经济发展与生态保护之间矛盾冲突的主要方式，更应体现末端生态治理与前端生态管理的深度集成。科学合理地构建生态治理体系是生态文明建设的重要内容与实现途径，也是“人—自然—社会”和谐可持续发展的共赢之路。

本研究的研究意义可从学术意义与应用意义两方面进行归纳。首先，从学术意义方面而言，现有流域生态治理研究多从合作博弈理论、多中心治理理论、集体行动理论等理论视角出发分析跨区联动问题，但在一定程度上割裂了生态环境的整体性和治理体系的区域性[11]。本研究从多层治理理论入手，将如何协调长江沿岸各地方政府行为，平衡政府、企业、公众等多方生态治理成本与收益，发挥各地区跨区联动的积极性等问题出发，构建的跨区域、多中心、多层级的生态协同治理新体系，拓宽了生态治理体系的研究视野与研究内容，充分发挥其协同联动效应，有助于“双碳”目标的达成。同时，本研究充分借鉴西方多层级气候与海洋治理体系，构建横纵交叉的层级结构框架，可避免单一区域问题导致整体治理体系陷入风险，治理稳定性较强。本研究从全新的视角出发，将欧盟多层级环境治理机制作为参考，强调生态治理体系中的多层级交互与协同治理理念，构建长江经济带多层级生态协同治理新体系，可增强生态治理的权力配置与协同组织结构，提升生态治理综合执行力度，对区域生态协同治理体系构建具有明显的学术理论意义。

其次，从应用价值意义方面而言，本研究可以进一步推动长江经济带生态经济发展，不仅有利于区域经济发展与综合实力提升，更有利于国家层面的战略实施。此外，本研究可促使长江经济带重新审视现有的生态治理体系，为政府对长江流域的治理工作提供理论与决策参考。同时，也可为全球区域、流域、湾区的生态一体化提供中国经验与思路。可见，大力倡导绿色发展理念、加强区域生态协同管控、构建完整的生态一体化协同治理机制，对长江经济带的可持续发展与区域一体化进程具有重大的现实意义与研究价值。

第二节　国内外研究现状与理论基础

目前，生态环境的有效治理已引起学界与社会各界的广泛关注。1962年，美国科普作家蕾切尔·卡逊（Rachel Carson）出版的《寂静的春天》（*Silent Spring*）一书使社会各界对生态环境问题的研究聚焦于生态协同发展之路。在这本书中，卡逊以生动而严肃的笔触，描写因过度使用化学药品和肥料而导致环境污染、生态破坏，最终给人类带来不堪重负的灾难，阐述了农药对环境的污染，用生态学的原理分析了这些化学杀虫剂对人类赖以生存的生态系统带来的危害，指出人类用自己制造的毒药来提高农业产量，无异于饮鸩止渴，人类应该走“另外的路”，便是如何寻找出一条经济与生态的“协同发展之路”，这本书也成为了学界对生态治理研究的启蒙。此后，人们将“生态治理”与“公地悲剧”结合起来，拉开了生态治理研究的大幕。

一、国内外相关研究的学术史梳理及研究动态

生态治理是国家治理的重要内容，是人类维持生态系统的健康性与完整性、有效保障人类在生产生活方面不受生态破坏与环境污染影响的重要手段[12][13]，是人类维护绿色、健康与生态环境可持续发展的基本措施[14]。科学合理地构建生态协同治理体系是生态文明建设的重要内容与实现途径，也是“人—自然—社会”和谐可持续发展的共赢之路。生态治理涉及多门学科的热点关注领域，本研究在分析国内外相关研究的基础上，系统地梳理学界对生态环境协同治理的相关成果，提出生态治理的具体思路与未来的发展趋势，以期为后续的治理体系优化工作提供有益的理论支撑与指引。归纳而言，现有研究主要集中于以下几个方面：

（一）生态经济发展的内在关联

生态经济思想在西方学界源远流长。英国经济学家博尔丁（Kenneth Ewart

Boulding）提出生态经济学（Eco-economics）概念，强调了生态与经济的关联性，并对利用市场机制控制人口和调节消费品的分配、资源的合理开发利用、环境污染以及用国民生产总量衡量人类福利的缺陷等做出了系统论述；指出环境污染、能源短缺、粮食供应、人口过多、资源不足是影响经济发展的五大热点[15]，迅速引起西方学界的广泛关注。随后，蕾切尔•卡逊的《寂静的春天》、爱德华•戈德史密斯（Edward Goldsmith）的《生存的蓝图》（*A Blueprint for Survival*）、德内拉•梅多斯（Donella Meadows）等的《增长的极限》（*Limits to Growth*）、巴里•康芒纳（Barry Commoner）的《封闭的循环》（*The Closing Circle*）、坂本藤良的《生态经济学》等一系列生态经济学方面著作的出版，集中探讨了生态与经济发展的内在关联，均体现出西方学界对生态经济研究的热衷。

近年来，国内外学界对生态经济的研究呈现多样化趋势，特别是湾区、海洋、流域等湖海生态经济。西方学界对于湾区、海洋、流域等区域生态一体化进程进行了广泛讨论，具体研究内容集中于：海洋经济与沿海经济的计量方法，通过建立国家数据库来衡量与美国海洋和五大湖有关的经济活动，研究表明海洋经济区的经济与自然资源变化是不可脱离的有机统一[16]；生态系统服务价值与经济价值应在沿海和海洋管理环境中得到充分利用[17]；地理上的距离、产业规模相似程度、要素禀赋差异都会对两个区域实现经济合作发展产生影响，并呈反向关系影响，佐证了区域生态一体化与经济发展之间的关联度[18]。此外，EUCC 在有关沿海城市气候变化的会议记录中，指出沿海环境与不同方式调和自然和保护生物多样性及可持续发展的重要性。同时，强调未来海岸、沿岸、流域的发展不可脱离生态环境的约束[19]。

目前，国内针对长江经济带生态经济发展内在关联方面的研究也逐年增多。长江经济带的生态效率整体水平偏低，不同省市与地区的生态效率差异特征较明显，其内部省市生态效率之间的差距则具有进一步扩大的趋势[20]。区域经济、生态环境、旅游产业三者构建成了一个开放性巨系统，通过研究得出：长江经济带沿线各省市区域经济和旅游产业系统具较高关联性，而环境保护与经济发展间并不具有显著冲突，呈东高西低的格局，需局部协调[21]。长江经济带生态文明格局主要受经济因素的影响，呈现出东部为经济、社会系统优势区，中部为相对协调区，西部为自然系统相对优势区的现实形态[22]。整体协调发展应为长江经济带生态文明建设的重要途径。长江经济带应加大创新研发力度、提高外资准入门槛、建立长江经济带环境治理合作机制，提高经济增长质量与生态环境优化进程之间的耦合关联度[23]。

（二）关于生态一体化与多层级治理的理论研究

1968年，美国生态学家哈丁（Garrit Hadin）在学术期刊《科学》上发表了一篇题为《公地的悲剧》（*The Tragedy of the Commons*）的评论文章，文章强调的是一种涉及个体利益与公共利益（Common good）对资源分配有冲突的社会陷阱（Social trap）[24]。生态一体化属于区域一体化的范畴，生态环境治理作为公共治理的重要组成，一直都存在供给上的“公地悲剧”以及民众集体非理性选择所导致的“囚徒困境”。自此，国内外大量学者对“公地悲剧”现象给予了充分关注。随后，学界对“公地悲剧”的研究转向“合作治理”领域。早期的合作治理研究聚焦于区域政府间合作，提倡区域治理的混合战略[25][26][27]；跨边界治理的公共服务合作能力建设[28][29]；区域合作治理的多元动因、“复合行政”、府际合作与竞争、治理模式选择等[30][31][32]。“生态治理”目标的达成要求从多个管辖层面协同控制和减少温室气体排放、健全碳排放权交易制度、重视二氧化碳协同减排、全面构建生态治理体系[33]。

多层级治理是多中心治理的形式之一，涉及多个管辖权层面，最早被运用于解释欧洲一体化现象的出现[34]。多数学者将多层级治理界定为多个管辖权层面上的政府行为体与非政府行为体为解决公共问题而进行的持续互动的制度安排，是跨越纵向政府科层关系与横向“政府力—市场力—社会力”的多维度综合性治理模式[35][36][37]。此外，现有研究多强调多层级治理的网格化治理结构，以及跨层级间的互动应是一种平等式互动，是一种治理方式在垂直层面和水平层面的多向融合[38][39]。目前，国内外学界已将多层级治理理论应用于生态环境治理研究和多层级气候治理方面。其中，多层级生态环境治理研究多集中于欧盟区域，欧盟多层级环境治理机制已相对成熟并已广泛应用海洋、气候等生态环境领域进行实践[40][41]。多层级气候治理体系通过在全球、国家和地方等三个层级建立气候治理运转机制，从水平、垂直、等级三个维度全面进行全球气候治理[42]。

（三）生态环境多元治理的研究内容

对于生态环境多元治理方面的研究可从不同理论角度出发，其概念解析存在差异性。目前，国内外学者从各自理解的角度，对生态环境多元治理的定义进行了阐释。环境善治是对传统环境管理的一种突破，是指政府与公民对环境的共同合作管理，使生态环境利益最大化的公共管理过程，是政府与公民社会致力于实现人类与自然和谐共处和可持续发展的共同目标而形成的一种新型关系，是二者的最佳状态。它的实质表现为一种多中心的环境治理，强调环境治理的主体不能单单只有政府，也应该让市场和公民社会参与到环境治理中来，发挥他们的积极作用。这三个主体在环境善治中处于平等的主体地位，互为补充，只有达到这种环境善治的目标，才能够促进社会的可持续发展，促进人与自然的和谐发展[43][44]。生态治理的核心在于协同合作处理复杂的环境问题，是行政、市场和社会参与三种机制力量的整合。生态治理体系的构建应主要考量两个层面，即行政治理机制与行动执行机制的双重构建，包括垂直型治理合作与水平型治理等多种互惠共生治理模式[45]。生态保护策略与生态一体化发展模式研究应从组织协调、资金投入、产业支撑、技术支持和监督管理等角度出发，加快构建跨省域的生态补偿机制[46]。区域生态治理存在六种“制度解”：基于产权的市场交易、负外部性内部化、基于生态足迹的区域生态补偿、基于博弈的生态协作动力、区域治理权威的统筹和基于组织比较优势的区域治理网络[47]。近年来，部分学者开始关注利用大数据、区块链等现代新兴科技手段对生态治理数据进行处理，然后依托区块链去中心化、非对称加密、智能合约等技术优势，创新区块链赋能，推荐系统数据生态治理机制，构建全面可持续发展的数据治理新格局[48]。

（四）关于生态环境协同治理制度、机制、体系的研究

协同治理是当前生态环境保护研究的热点领域，其制度、机制、体系的构建研究更是研究焦点[49]。目前，协同治理已成为各地方政府官员集中使用的一种新的现代公共管理工具[50]，应用涉及公共危机、区域合作、产业集群及生态环境等诸多领域[51]。针对生态治理机制冗杂且碎片化现象，学界普遍认为应加快建立并

完善包括生态治理长效机制在内的各项生态治理制度、机制、体系。关于治理制度方面，多数学者认为应完善生态环境法律建设，构建区域法治一体化，平衡区域间各方利益，强化执法力度[52]。关于治理机制方面，研究主要聚焦于“五维一体”的复合治理结构、“政府—市场—社会”多元治理机制、整体调控机制、混合协同治理机制等[53]；构建权威性的协调机制，统筹区域生态环境保护规则与主体功能区规划，才能进一步推动区域生态绿色经济快速发展[54]。关于治理体系方面，当前主流研究包括政府主导性治理体系、无政府自治体系、区域互惠互利发展体系、跨部门协同持续治理体系、生态治理行动体系等[55][56]。此外，文化治理在生态治理的物质、制度和价值等层面与之纵向协同，在政府、市场主体和社会公众等治理主体间实现横向协同；生态治理机制的构建需凝聚政府规范、市场要素和社会力量；在物质层面推进绿色发展的供给侧改革、在制度层面完善集成式创新的治理体系、在价值层面强化价值链增值的内生驱动[57]。

（五）世界知名流域生态环境治理经验借鉴

流域经济一直是国际经济版图中的亮点，其经济社会高度发达、区位优势特征明显、自然资源禀赋优良、环境质量不断改善、科技创新要素聚集，是区域经济最活跃的地区与核心增长点。然而，经济发达、水路发达的地区往往面临着严重的生态问题，很多发达国家或地区都经历过这样一个“城市河道从功能退化，到重新生态治理修复”的过程。泰晤士河、埃姆歇河、莱茵河、多瑙河等均经历了“先污染后治理”的生态修复过程，为我国乃至全球流域生态治理提供了有效的经验借鉴。莱茵河流域内各国为共同治理莱茵河签署的控制化学污染公约、控制氯化物污染公约、防治热污染公约、2000年行动计划、洪水管理行动计划等一系列协定，使莱茵河从传统的单一流域水管理向以生存质量可持续发展为目标的可持续综合管理转变，为我国在长江三角洲经济发达地区环境治理提供了具体思路[58]。英国泰晤士河通过在伦敦都市辖区内泰晤士河两岸修建独立的排污干渠的方式，改善了泰晤士河市区段的水质，并奠定了今天英国防治泰晤士河污染的基本思路与格局[59]。英国通过重视环境保护教育、非政府组织的参与、经济手段的采用、注重保障公民的环境信息知情权等举措，形成了具有一定特色的英国环境保护政策，为泰晤士河的生态维护奠定了基础[60]。多瑙河流域生态治理以“搁置争议，共同开发”为治理原则，倡导多国参与、共同治理的理念是解决跨界流域争端唯一的出路，并应正确认识大国的主导作用[61]。莱茵河流域保护以莱茵河国际委员会为代表，沿岸各国建立协作机制，整治污染，进行生态环境的综合治理，为我国生态文明建设和长江大保护行动，提供可借鉴的治理模式与发展经验，包括打造跨部门跨地区的合作平台，建立“长江保护委员会”；加强流域整合管理，明确流域治理目标，制定“长江保护行动计划”；建立生态补偿机制协调流域内各方利益；积极鼓励政府、民众和企业参与，形成保护长江的共识与合力；从源头治理污染，提升水质；建立完整的全流域监测方案，完善生态修复模式，以期对我国长江流域的生态保护与综合管理提供参考[62]。德国埃姆歇河流域以高科技还原河流自然本色，开展完善可靠的雨污水收集管网和构筑物、适应雨污混合污水的市政污水处理厂、高标准的工业废水处理厂等基础设施建设，并在沿河区域铺设地下深隧截污——净化系统、流域支干流蓝绿生态网络和城市绿色雨水基础设施等，构建了城市人工环境与自然生态环境之间“点—线—面”的缓冲地带，成功使埃姆歇河流域重现生机[63]。莱茵河治理作为协同治理的典范，在组织机构、社会参与、治理规划和产业布局等方面具有较好的经验借鉴。根据莱茵河治理的经验，要实现长江流域生态保护和高质量发展，亟须构建长江流域内府际协同治理机制、健全长江流域社会协同治理机制、制定整体战略以及增强生态保护与发展的协同性。[64]。

（六）关于长江经济带生态一体化与多层级生态协同治理的研究

目前可查的以长江经济带为对象的研究始于1964年，主要集中于生物多样性、植被变化、水土流失、生态环境调查等领域[65]。近年来，我国学者对长江经济带的研究主要聚焦于三方面，分别是生态环境发展现状、生态环境治理方法、生态环境治理机制。关于生态环境发展现状的研究主要集中于水污染、大气污染、土壤污染等生态要素监测方面[66][67]；关于生态环境治理方法的研究主要集中于生态环境污染的治理方法与对策等方面[68]；关于生态环境治理机制的研究则主要集中于立法机制、生态补偿机制、协同治理机制、协商共治模式等方面[69]。此外，一部分学者致力于通过实证研究探索长江经济带生态一体化的实践路径，包括长江经济带生态变化、生态效率、评价体系、耦合协调发展等方面的研究[70]。针对长江经济带生态保护水平评估方面，可从生态环境压力、状态、恢复潜力三个维度出发，构建出长江经济带生态环境健康评价指标体系[71]；利用熵值法对评价指标进行赋权，对长江经济带城市生态支撑力、生态压力和生态承载力状况进行评价，目前长江经济带生态承载力影响因素已由环境治理和节能减排主导转变为由社会进步和经济发展主导[72]；目前长江经济带生态环境绩效呈上升态势，优于全国平均水平，但内部分异显著，下游地区、上游地区、中游地区生态环境绩效逐次递减[73]；长江经济带城市需深入实施主要污染物减排、强化区域环境协作、建立和完善专项的环境风险动态评价平台和加强重点生态功能区环境保护[74]。另外，近年来地方响应研究在推动长江经济带发展方面占据了一席之地。特别是在“长江经济带战略高峰论坛”“推动长江经济带发展座谈会”“长江经济带发展论坛”等一系列智库活动推出以来，各地专家学者分别提出了地方性发展策略，从流域不同地区助力长江经济带生态治理中的多元协同[74]。

从现有研究看，国内外学者对区域生态治理、生态补偿、协同机制等相关领域已展开了多维度研究，为本课题的实施奠定了坚实的理论基础，但尚存以下研究空间：(1)生态共治研究不够深入，尚未形成完善的理论体系。现有研究多从经济、政治、社会等领域研究区域一体化发展进程，以生态为主题的一体化研究涉及较少。(2)生态治理主体以及治理范围的研究内容比较零散，研究成果的系统性有待提升。目前将区域生态治理看作动态变化的而非静态的、整体性的而非局部的研究相对欠缺，直接以区域生态一体化作为研究对象的成果更是不多。(3)我国基于多层级治理理论的生态治理体系研究尚处起始阶段。现有多层级生态环境治理研究多集中于欧盟与西方气候与海洋治理体系，国内研究多从制度、机制、体系进行探讨，但以多层级治理理论为指导、以长江经济带生态协同治理体系为对象的系统研究鲜有涉及。长江经济带生态治理问题比较复杂也由来已久。目前，长江经济带生态治理研究已有一定成果，但以整体为单位、以多层级治理理论为指导、以生态一体化为主题的研究仍有欠缺。生态协同治理体系需深入剖析主体协同的治理机制与层级结构，促进多元主体协同增效，助力绿色发展。

二、相关研究理论基础

21世纪以来，人口增长与经济社会的快速发展导致生态环境压力激增。人类对自然资源的无序开发与利用引发了诸多生态环境问题，如生态系统退化、生物多样性锐减、水土流失、沙漠化、水气土壤污染、厄尔尼诺与拉尼娜现象等，直接危及区域与国家生态安全且制约经济社会的可持续发展。目前，生态环境协同治理（Ecological Environment Collaborative Governance）已成为全球生态系统研究的热点领域，为平衡生态经济的可持续发展提供了有效支撑。

生态环境是一个有机的整体，是连接经济带内分散经济联合体的基础。生态环境治理研究领域涉及极广，是多学科、多尺度、多层次的综合性研究问题，从不同理论角度出发的概念解析存在差异性。系统理论、绿色发展理念、可持续生态学、保护生态学、生态经济学、生态伦理学、利息相关者理论、多层级治理理论、公共产品理论、协同学、博弈学等理论有力支撑了生态协同治理体系的构建，为体系构建提供了综合、整体、系统的理论支撑。本研究拟将“系统理论”“绿色发展理论”“多层级治理理论”“协同发展理论”“公共产品理论”“博弈论”“多中心治理理论”等相关理论引入长江经济带生态协同治理体系的构建之中。根据长江经济带地理状况、生态资源、社会经济情况，以及其生态环境管理的现实需求，探索区域生态环境一体化协同治理模式。通过中央政府、各级政府、企业、社会组织与公众等各方力量的协同合作，形成生态治理决策一体化机制、生态治理目标生成机制、生态利益协调机制、生态责任划分机制、生态绩效评价机制、治理资源保障机制等“六体合一”的整体构建，纠正由社会行为主体引起的经济带非生态性困境。从绿色生态领域助力区域建设，为打造新的区域绿色经济增长极提供一些有效借鉴与启示。

（一）系统理论

奥地利生物学家贝塔朗菲（Ludwig Von Bertalanffy）被认为一般系统论的创始人。1968年，贝塔朗菲发表的专著《一般系统理论基础、发展和应用》（*General System Theory: Foundations, Development, Applications*），该书被公认为系统理论的经典著作[76]。随后，普利高津的耗散结构理论与哈肯的协同学对系统理论做出了一定的补充与发展，促使系统理论分化为更加具体的理论学科，如一般系统论、控制论、网络理论、对策论、系统协同论等，使其在更多领域中更加宽广地被运用。

“系统”一词源于古希腊语，表示“群体”与“集合”等抽象概念。贝塔朗菲对系统的定义是“系统是相互联系、相互作用的诸元素的综合体”。我国著名的系统工程倡导者钱学森指出，系统是由相互作用、相互联系、相互依赖的若干组成部分结合起来的具有某种或几种特定功能的有机整体，而且这个系统又是更大系统的子系统。由此可见，系统是指为了达到某种共同目标，由若干相互作用的要素有机结合而构成的整体，强调各要素共同致力于目标的实现而建立相互协调合作的关系。国内外学者针对系统论的内容特点凝练出系统应具有基本特征，一般来说一个完整的系统应具有下述六个特征：

（1）整体性。整体性原则是系统科学方法论的首要原则。系统是由若干要素集合而成，但系统的整体功能却不是由各系统要素简单叠加而成，而是往往要大于各个部分功能的总和。因此，在认识和改造系统时应从整体出发，全方位地分析系统各要素及其之间的相互关系，从中探求系统整体的本质，使局部服从整体，达到整体效果的最优化。

（2）开放性。每一个系统均处于一定的开放环境之中，系统的开放性是系统存在和发展的基本前提，具体是指系统需要不断地与外界环境进行物质、能量、信息间的交换，而这种交换本身就是系统的性质和功能。

（3）层次性。系统的机构是具有一定层次性的，每一个复杂的系统都是由若干个子系统组成的，而子系统又包括若干更小的子系统。由于组成系统的诸要求的种种差异包括结合方式上的差异，从而使系统组织在地位与作用、结构与功能上表现出等级秩序，从而形成了具有质的差异系统等级，层次概念就反映了这种质的差异的不同系统等级或系统中的等级差异性[77]。系统运行的有效性在很大程度上取决于是否分清层次间的不同，并在不同层次上进一步明确层次间的任务、职责和权力范围，使各层次能够有机地协调。

（4）相关性。系统内各要素之间存在相互依存、相互制约的关系，一方面表现为子系统同系统之间的关系，另一方面则表现为系统内部系统或要素之间的关系。

（5）目的性。系统的目的性是指虽然系统不断与外界环境间发生着相互作用，但系统总是坚持趋向于某种预先设定的状态而不断前进，并能够根据预先设定的目标不断自我调整。因此，系统应明确其预先设定的最终目标，如果系统在发展的过程中偏离了预期设定目标，就应及时调整并引导系统由偏离状态转向预期状态。

（6）环境适应性。系统从来都不是孤立存在的，它总是在一定的环境中存在和发展。系统对环境的适应性并不均为被动的，而应是能动的，系统可以对环境施加作用和影响力。系统的适应性主要体现在三个方面，第一方面为系统的自我稳定性，系统总能根据外部环境的发展实现某种程度的自我调整，并通过这种调整来保持和恢复秩序与功能，体现在系统的稳定性方面。第二方面为系统的自我演化性，又可以称为系统的自组织原理，是指开放系统在系统内外两方面因素的作用下，内部要素的某些偏离系统稳定状态的涨落可能得以放大，从而在系统中产生更大范围的更强烈的长程相关，自发组织起来，使系统从无序到有序，从低级有序到高级有序[11]。第三方面为系统的突变性与稳定性，是指当系统突然受外界强大的干扰导致其稳定结构迅速解体时，系统可从一种状态通过某种突变进入另一种新的稳定形态状态的过程。

简单来说，系统论的基本思想方法就是把所研究和处理的对象看作一个整体的系统，从整体的角度分析系统的结构和功能，并研究“系统、要素、环境”三者间的相互关系和演变规律，讨论实现系统最佳效能的方法与途径。传统研究问题的方法往往侧重于问题局部要素，遵循的是单项因果决定论。然而，单项因果决定论并不能全面代表事物的整体性，缺乏事物之间的关联性，无法适应复杂性问题的研究。由于生态系统的整体性促使系统论在生态治理领域具有关键性意义，生态治理者要达成治理的有效性，就必须从生态系统的整体性与系统性出发，对治理的不同方面作出系统的分析，根据每一个生态影响要素间的关联性、治理目标的预期性，以及社会环境的变化，及时调整生态治理系统的运行，才能保证生态治理目标的达成。

（二）绿色发展理念

绿色发展理念是以和谐、共生、效率、创新、协调、开放、共享与可持续发展等为目标的一种社会经济增长和发展方式。1989年，英国环境学家大卫•皮尔斯（David Pierce）在《绿色经济的蓝图》（*Blueprint for a Green Economy*）一书中首次提出了绿色经济的概念，并指出绿色经济应作为政治目标以促进经济增长，鼓励通过政策条规与市场机制促使环境达到标准，以维持生态平衡与经济可持续发展。皮尔斯倡导社会经济发展应基于区域社会的生态现实条件进行考量，建立社会“可承受的绿色经济”。目前，学界普遍认同发展绿色经济是实现经济可持续发展必然选择。归纳而言，绿色发展理念是将生态自然环境、社会经济发展与人类社会发展相关联，构建经济、社会、自然和谐共生的“人与自然生命共同体”[78]。此外，生态环境的持续改善可显著提高人类的生活质量，促进区域经济发展形态。可以说，绿色发展理念是人类在社会经济高速发展过程中，由于日益恶化的环境问题导致生态资源危机频发之后所做出的深刻反思。当今世界，绿色发展已经成为一个重要趋势，许多国家把发展绿色产业作为推动经济结构调整的重要举措，突出绿色的理念和内涵。绿色发展与可持续发展在思想上是一脉相承的，既是对可持续发展的继承，也是可持续发展的理论创新，也是应对全球生态环境恶化客观现实的重大理论贡献，符合历史潮流的演进规律。

从内涵看，绿色发展是在传统发展基础上的一种模式创新，是建立在生态环境容量和资源承载力的约束条件下，将环境保护作为实现可持续发展重要支柱的一种新型发展模式。绿色发展理念强调对生态资源的综合利用效率，倡导通过改善生态资源利用结构、研发绿色发展技术、引导社会经济结构绿色化转变。在守护生态环境的基础上，坚持“以人民为中心”的发展理念，把良好生态环境作为最普惠的民生福祉，大力推行绿色生产生活方式，持续改善生态环境质量，让人民有更多的获得感、幸福感、安全感，从而实现在有限生态环境资源中社会经济效应的不断发展。具体来说包括以下几个要点：一是要将环境资源作为社会经济发展的内在要素；二是要把实现经济、社会和环境的可持续发展作为绿色发展的目标；三是要把经济活动过程和结果的“绿色化”“生态化”作为绿色发展的主要内容和途径。绿色发展理念以人与自然和谐为价值取向，以绿色低碳循环为主要原则，以生态文明建设为基本抓手，是生态环境治理研究的价值导向。

（三）多层级治理理论

多层级治理是多中心治理的主要形式之一，涉及多个管辖权层面，强调治理主体的多元性与网络状，最早被运用于解释欧洲一体化现象[5]。多层级治理将欧盟治理框架构建为“欧盟、次地区、成员国、地区、地方”等五个层级间的互动与联合，实践成果可归纳为“一体化”“分权化”与“社会化”的同向促进是推动区域一体化成功的关键[79]。目前，多数学者将多层级治理界定为多个管辖权层面上的政府行为体与非政府行为体为解决公共问题而进行的持续互动的制度安排[80]，是跨越纵向政府科层关系与横向“政府力—市场力—社会力”的多维度综合性治理模式[81]。现有多层级治理研究多强调网格化治理结构，以及跨层级互动应是一种在垂直层面和水平层面的治理融合[82]，为生态一体化协同治理奠定了理论基础。

在欧洲，多层级治理历来是研究的热点领域，是地区、国家和超国家层次间的相互连接和互动，是一个复杂且动态发展的区域治理进程，欧盟就是一个典型的例子。多层级治理使得欧盟层面有多个参与行为体，其多样性为利益集团进入欧盟机构提供了便利，同样为不同利益集团间的博弈行为提供了协商的空间。现有多层级治理模式主要分为两个重点治理类型，即通用型管辖权治理模式与特定任务型治理模式（Liesbet & Gary，2003）。通用型管辖权治理模式在区域事务处理中行使综合决策权力，范围包括基础设施投资建设、地方经济产业发展、区域市场管理、日常公共服务等；新自由主义地方化下，城市群治理主体呈现合作化与分工化，而通用型的管辖权治理个体以地方政府为主，并通过多种合作方式与非政府部门、市场组织签订协议，行使区域公共事务处理权。由地方政府为主体构成的政府科层体系中，不同属地的地方政府各自权限不相交，相互独立，以合作协商关系为基础。然而，治理层级囿于政府组织架构与地域治理基础，层级有限，并且难以可持续地发挥治理职能。该模式一实际描述的是城市群的治理结构，当前中国的地方政府仍然是城市群治理最重要的主体，但受新自由主义与新区域主义影响，私人部门，包括非政府组织与市场逐步参与区域事务。特定任务型治理模式，其治理主体是灵活的，既可以是地方政府直接治理，也可以是政府根据任务特征安排的专门机构，可能是政府分支机构、专设机构，也可能是民间组织或市场主体。治理层次是多样的，根据制度特征可改变现有制度，灵活地创造新的治理层级，提高治理效率。但由于现有制度内在缺陷或是任务特殊性，治理主体可能存在功能及权力上的交叉重叠。然而，不可否认的是治理主体是多元的、网络状的[83]。多层级治理理论强调不同层级间行为体的交叉变化关系，充分反映区域一体化发展的进程。目前，多层级治理理论下的通用型管辖权治理模式与特定任务型治理模式已广泛应用于西方环境治理体系之中。

多层级气候治理体系是西方学者对多层级治理框架下环境气候的拓展研究。从《京都协定书》到《巴黎协定》的签署，均反映全球气候治理的必要性与急迫性。多层级气候治理体系是西方学界应对全球气候变化的治理结晶，已形成横纵向相结合的多层级治理模式。该体系纵向层级建立了“全球层级、区域层级、国家层级、省/州层级、城市层级、社区层级”等六个层级；横向层级构建为“社会—政府—市场”治理主体结构，并结合工业部、能源部、交通部、建筑部、农业部、服务业等政府职能部门，全面形成了多层级、多主体、多部门联合的网络互动气候治理结构。其中，由于社会公众行为对气候治理的影响显著，该框架将“社会”位于治理主体的引领位置，“政府”则始终位于治理主体的核心位置，“市场”位于治理主体协同位置。三者联合发挥各层级上的“先行者”激励气候治理行动，并强调纵向层级间与横线层级内的强化作用[84]。此外，该体系指出在一定特定情况下，国家应让渡一定权力给区域一体化组织[85]，推进气候治理一体化的特定自治发展进程，具体治理框架结构如图1-1所示。

生态环境治理是一个复杂的、多层级的过程，其影响性明显具有区域性特征，其治理方式不应只考虑单一、封闭的区域，应借鉴多层级治理理念将政府间各种关系结构及权力的分配以及不同治理主体均纳入考量范畴之内。美国将国家联邦政府、州政府、市政府均纳入气候治理行动的关键参与者，充分发挥了不同层级政府间联动的治理能效，建立了水平、垂直和等级三个维度的治理方式，建立了跨区域网络的气候治理体系，为其他区域生态治理工作提供了实践借鉴。

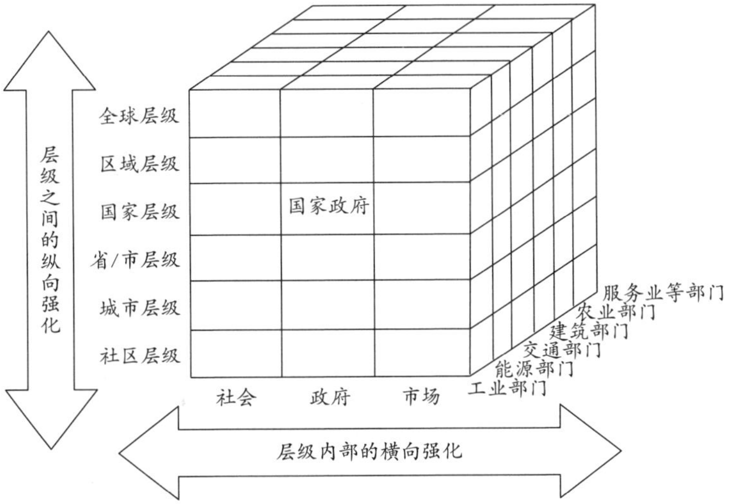

图1-1 多层级气候治理体系示意图

（四）协同治理理论

协同理论（synergetics）亦称“协同学”或“协和学”，是20世纪70年代以来在多学科研究基础上逐渐形成和发展起来的一门新兴学科，是系统科学的重要分支理论。其创立者是联邦德国斯图加特大学教授、著名物理学家哈肯（Hermann Haken）。1971年他提出协同的概念，1976年系统地论述了协同理论，发表了《协同学导论》，还著有《高等协同学》等。他在协同理论中指出整体环境中的各个系统间存在着相互影响又相互合作的整合关系。协同论是研究不同事物共同特征及其协同机理的新兴学科，是近十几年来获得发展并被广泛应用的综合性学科。它着重探讨各种系统从无序变为有序时的相似性。一方面，协同论的研究对象是许多子系统的联合作用，以产生宏观尺度上结构和功能；另一方面，它又是由许多不同的学科进行合作，来发现自组织系统的一般原理。协同论则是在研究事物从旧结构转变为新结构的机理的共同规律上形成和发展的。它基于“很多子系统的合作受相同原理支配而与子系统特性无关”的原理，设想在跨学科领域内，考察其类似性以探求其规律。协同论指出，大量子系统组成的系统，在一定条件下，由于子系统相互作用和协作，会形成一种新的有序结构或功能，可以概括地认为研究从自然界到人类社会各种系统的发展演变，探讨其转变所遵守的共同规律。

然而，哈肯对协同理论的阐述更多的是从物理大量子系统来论证其对结构和功能的促进作用，将协同理论引入治理的概念，并形成协同共治理念是20世纪90年代的一大创新[86]。全球治理委员会（Commission on Global Governance）于1992年成立，代表着协同共治理念早已跳出了物理学范畴，成为各学科领域实践的基础理论。随后，协同共治中的相互协作性逐渐成为促进环境、企业、机构、政府、社会等进一步发展的关键驱动力，它不仅整合资源，更节约资源。

协同理论在我国古代思想中同样源远流长，例如孟子与孙膑都曾提出的“天时地利人和”。孟子曰：“天时不如地利，地利不如人和。”孙膑则强调：“天时、地利、人和，三者不得，虽胜有殃。”可见协同思想最早体现在我国军事思想中。近代，协同共治的应用更多体现于政府与公共事务处理的治理思想之中。协同治理理论作为一门新兴的交叉理论，它的两个理论基础是作为自然科学的协同论和作为社会科学的治理理论。协同（collaboration）是“网络、协调、合作”达到各方利益最佳的一种方式，它强调建立互利互惠的网络组织结构，不仅是在这种结构上实现共同利益的一种协调关系，也包括为达成最佳共同利益所做出的所有利益主体的合作行为。治理（governance）是维持协同伙伴关系或机构运转的一系列协调和监督的行为，其具体特征为网络组织结构的依赖性、互动性、信任性与自主性。协同治理是一个关于政府与非政府部门之间进行协同和合作的概念，是在开放系统中寻找有效治理结构的过程。协同治理理论就是有关在开放系统中有效治理结构形成的研究范式。换一个角度看，协同治理理论就是用协同论的知识基础和方法论来重新检视治理理论。协同治理理论的提出和完善对于改善治理效果，对实现“善治”的治理目标有着重要的参考价值。简而言之，协同治理是政府、企业、社会组织以及公民等多元主体共同参与、有效沟通、良性互动、积极回应与通力合作形成的治理格局。协同治理突破了传统政府单一治理的限制，是有效弥补政府和市场失灵的全新公共管理理念，对于当前生态文明建设具有独到的价值。将“政府、市场、社会”的协同治理框架运用在生态环境领域，能有效解决生态危机等一系列环境问题，有利于协调推进生态环境保护工作，是现行生态治理模式的主要框架。

（五）公共产品理论

美国经济学家萨缪尔森（Paul A. Samuelson）将社会产品分为三类：纯公共产品、准公共产品和私人产品。纯公共产品具有两个基本特质：消费上的非排他性和受益上的非竞争性，如国防、国家安全、法律秩序等。但具有非竞争性和非排他性的纯公共产品并不多，更普遍的是介于私人产品与纯公共产品之间的准公共产品。准公共产品一般具有“拥挤性”特点，即当消费者的数目增加到一定数量后，就会出现边际成本为正的情况，这时每增加一个人，将减少原有消费者的效用[87]。传统的公共产品理论认为纯私人产品由私人部门通过市场提供；纯公共产品由于其规模大、成本高等特点，一般由政府提供；准公共产品既可由政府直接提供，也可以在政府给予补助的条件下，由企业机构通过市场提供。

埃莉诺·奥斯特罗姆（Elinor Ostrom）对公共品的提供者与生产者的差异进行了研究，她认为生产是指将投入变成产出的过程，通常表示为制造一个产品或者给予一项服务；而供给者是通过集体机制对公共物品的提供者、数量与质量、生产与融资方式、管制方式等问题做出决策[88]。公共产品的提供者、生产者、消费者是可以分离的，所以即使政府供给公共物品，其生产者也可以是另一方。生产者、提供者和消费者的分离理论为生态治理系统中政府、市场与企业进行“公私合作”提供了可能。在生态治理的模式下，政府或相关部门作为生态资源的提供者，市场企业作为生态产品的生产者，公众则作为生态服务的消费者，是提供者、生产者、消费者三者彼此分离的情况。如果完全由政府直接负责公共物品的提供和生产，将导致政府承担过多的对经济活动的规制、干预和生产功能，最终造成政府在行政事务与财政支出等方面的规模越来越庞大，反过来制约政府对公共事务处理的效率。交易成本是公共产品中需要关注的另一核心概念。公共产品理论中公共产品的供给主体有三种：政府、市场及自愿。其中，“自愿”是指在自愿的基础上，以社会捐赠或公益彩票等形式无偿或部分无偿地筹集资金用于公共产品。对于公共产品的治理方面，即生态治理，应基于政府、市场及自愿等方面确定治理主体，并根据交易成本确定治理主体的职责。简单来说，生态治理的交易成本主要包括下述方面的内容：①信息沟通成本；②谈判、协商、制定生态治理主体间各方权利和责任的成本；③执行治理行动所产生的执行成本；④排他成本，即阻止不付费者对公共产品消费所发生的“搭便车”成本；⑤监管部门监督供给者按所签订的协议供给生态产品时所发生的成本；⑥避免消费者退出契约所发生的成本。

（六）博弈论

博弈论又称为对策论（Game Theory），既是现代数学的一个新分支，也是运筹学的一个重要学科。博弈论是二方在平等的对局中各自利用对方的策略变换自己的对抗策略，达到取胜的目的，被广泛应用于多方利益对决格局之中。博弈论主要研究公式化了的激励结构间的相互作用，是研究具有斗争或竞争性质现象的数学理论和方法。博弈论考虑游戏中的个体的预测行为和实际行为，并研究它们的优化策略。博弈涉及均衡，具有利益平衡之意，强调的是博弈结果的稳定性。博弈论的最终目的是寻求各方利益最大化的一个均衡点，合作各方谁也无法通过偏离均衡点而获得更多的利益。生态学家往往使用博弈理论来理解和预测生态系统进化的某些结果。

博弈论具有三大研究假设。首先，假设各决策主体均为理性的，以最大化自己利益为博弈目标；其次，假设各博弈主体间完全理性是共同知识；再者，每个参与人被假定为对所处环境及其他参与者的行为形成正确信念与预期。博弈论可分为合作博弈与非合作博弈两种类型，其区别在于相互发生博弈作用关系的各主体间是否具有合作与协同关系。目前，学界多使用博弈理论来理解和预测某种行为可能产生的某种结果，进而对比其最终产生的实际结果，进而有针对性地研究其优化策略。多方博弈是指在博弈过程中，当每一方均具有参与权与决策权时，如何达到均衡的博弈效果。

博弈论的基本要素为“局中人”“策略”与“得失”三大方面。局中人即参与者，生态环境治理的参与者往往包括多个方面，通常为“多方博弈”局面，需要更全面、复杂的深入分析。策略是指每个参与者都应具有实际可行完整的行动方案，一个可行而又自始至终全局筹划的行动方案，称为这个参与者的一个策略。生态治理的“多方博弈”局面可由多个参与者的多个策略组成一个策略组合。得失是指在博弈过程中出现的结果。每个参与者在进行博弈后出现的得失，不应仅仅考虑参与者所选择的自身策略相关，而应根据所有参与者的策略组合全盘考虑。简单来说，多方博弈不应只是简单的竞争关系，而应将竞争与合作相结合，在做决策时应以适当的放弃部分利益为代价，激励更多参与者共同将整体规模做大，才有可能获得长久、持续的多方共赢。

生态治理是一个复杂并互相影响、互相关联的巨大系统工程，是以自然资源为基础，由政府、企业、社团、机构与市民等多方组成的巨大关系网络。每一利益集团在城市生态治理过程中均扮演着不同的角色，只有通力合作才能真正实现生态治理的理想状态。在生态治理研究中引入博弈分析能全面解析各方个人理性与集体理性的矛盾所在，并为促成个人理性与集体理性的统一、实现集体最优提供途径[89]。目前，经济学家们所研究的经济博弈多为非合作博弈，力求在经济活动中为一方获得最大经济利益。然而，在生态治理研究中所强调的博弈为较复杂的合作博弈，力求通过运筹学的理论分析生态治理多方主体的竞争与合作关系，实现均衡多方治理利益，达到生态治理能效的效率最大化。可见，多方博弈与合作博弈对生态治理研究具有明显的指导意义。

（七）多中心治理理论

多中心治理理论是公共管理研究的主流理论，起始于美国著名政治经济学家奥斯特罗姆夫妇。该理论的提出有效解决了20世纪公共治理研究中因单一治理主体所导致的治理问题。该理论认为个人是具有独立决策能力、能够计算成本收益的理性人，但却无法成为传统经济学意义上的完全理性人，是容易受环境影响，易犯错误和改正错误，受社群的非正式规范约束的社会人、复杂人。在多数情况下，如将某一问题交由单一部门或单一治理主体完成，未必能高效率解决。为有效应对这一问题，多中心治理理论应运而生。区别于传统的单一治理主体，多中心治理强调在公共治理领域中应由多个中心参与公共治理过程，合力解决公共治理难题。

多元主体共治是多中心治理理论的核心与关键，“多元”包括政府、市场与社会等主体。在公共治理的过程中，任何单一主体都有可能出现政府失灵、市场失灵或社会失灵的治理失效，导致“搭便车”问题的频繁产生。多中心治理理论倡导公共治理事务应由政府、市场、社会等多元主体参与，提倡多元治理主体协同共治公共治理事务，强调协同、自主、共治，以多元主体协同治理解决逃避责任、“搭便车”等问题，进而实现公共治理目标的有效达成。

多中心治理理论具有以下特征：治理主体的多元化、治理结构的网格化、治理目标的多元化，以及治理方式的多元化。首先，多元治理主体强调治理主体的多样性，反对传统的单一主体治理模式，要求多元主体共同参与公共事务。其次，治理结构的网格化强调多元主体共治应为一个有机整体，建立网格化治理结构，倡导各治理主体间的平行性与交叉性，可保证沟通的有效性与灵活性。再者，治理目标的多元化强调“以人为主”的原则性，治理目标可根据现实情况进行适当调整，但服务人民的中心性要求赋予公众更多的参与权与自主权，实现生态经济的双向发展。此外，治理方式的多元化强调多元治理主体间“竞争、协同、合作”的关系。公共产品和公共服务的供给需要多个治理主体共同完成。多中心以自主管理为基础，而各治理主体会追求自身利益最大化来发展自己[90]。通过竞争中求合作的方式促进多元治理主体间的协同，全面实现“主体共治、利益共享”的双赢局面。

生态文明建设是实现可持续发展的主要路径之一，其中生态治理体系构建是关键性内容。生态治理体系的构建需建立在多方利益相关者的均衡利益之上，应充分引入博弈分析构建相对稳定可靠的治理组织结构框架。对政府来说，生态治理既需要付出一定的成本，也能够获得一定的收益。中央政府与地方政府由于各自利益考虑的不同，有着不同的行为选择，但作为在公共治理中追求着自身利益的理性经济人，各级政府在生态治理中的行为选择，取决于其生态治理中的成本收益关系[91]。区域生态环境治理是一个综合性问题，需要整体性的治理框架。该框架应有效集成多目标功能，充分考量各利益相关者之间的沟通与博弈，在规划过程中平衡不同使用者的需求，才能合理制定治理框架。目前，生态环境治理相关理论研究较多，理论与实践相结合的实例研究需进一步加强，理论成果的实践推广力度有待提升。目前，生态治理体系的实施与执行面临着众多的现实难题，各方利益博弈的现实执行困境是解决治理难题的关键。提高公众参与度、引导公众关注从短期经济效应转变为长期生态效益、均衡不同利益相关者间的利益冲突等方面均应纳入生态安全格局构建的考量范畴，进一步推进格局构建的人性化、操作性与执行力。因此，下一步应积极推进生态治理体系的实践应用研究，逐步加强区域生态生态治理体系的多方参与机制。未来生态治理体系构建应充分考量各方利益相关者的需求并进行定量评价，采取先进的管理手段，更加人性化和便利化地构建区域生态生态治理机制，以改善规划结果的现实性和可持续性，这也是未来研究的关键与重点之一。

第三节 研究框架与主要创新点

一、研究思路与框架

本研究根据“理论分析—作用机制—效应评估—结论创新”的研究思路，通过整理相关概念与基础理论，理清多层级生态协同治理体系的运行机理，结合长江经济带生态治理的现状，找出其协同治理的具体困境，提出生态协同实现路径，最终构成长江经济带多层级生态协同治理新体系，总体框架图如1-2所示。

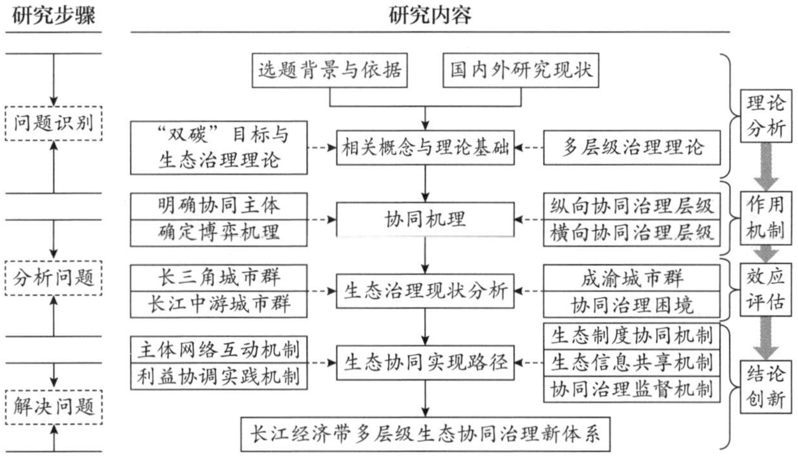

图1-2 研究思路与框架

本研究主要从“相关理论与研究基础、多层级生态协同治理体系的运行机理、莱茵河流域生态治理历程与经验借鉴、长江经济带生态治理的现状分析、构建长江经济带多层级生态协同治理新体系的构想、长江经济带多层级生态协同治理体系的实现路径”等六个方面展开，全面构建“长江经济带多层级生态协同新体系”。

（1）相关理论与研究基础。首先，通过梳理国内外文献资料，厘清多层次治理、生态治理、协同共治等相关概念、理论内涵与关系机理。其次，收集有关欧盟多层级环境治理机制、世界知名流域与湾区的生态治理方面的资料，总结其值得借鉴的治理经验，为后续研究奠定基础。最后，多层级气候治理体系的框架启示。多层级气候治理体系是西方学界应对全球气候变化的治理结晶，已形成横纵向相结合的多层级治理模式。

（2）多层级生态协同治理体系的运行机理。首先，明确生态协同治理的主体。生态治理体系的有效实施需形成多元主体生态共治的多维度综合性治理模式。通过明确政府、市场、社会所拥有的生态产品与生态权益，构建“有为政府、有效市场、有机社会”三位一体的生态协同治理新格局。其次，确定协同治理主体的多阶段博弈机理。首先，梳理协同治理主体的利益诉求与确定博弈主体。政府（a）、市场与公众（b）是多阶段博弈的主要主体，其期望的最大收益是价格（a1、a2、a3，b1、b2、b3）。最后，构建多阶段博弈关系。在一定的假设前提下，分析博弈主体价格关系对比的策略过程，并确定其期望收益，解决治理主体间的不协同等问题。

（3）全面梳理莱茵河生态治理的历程，并总结其经验借鉴。莱茵河是欧洲的重要航道及沿岸国家的水源地，对欧洲的社会、政治、经济发展均起着举足轻重的作用。然而，自19世纪中后期开始，莱茵河流域沿岸各国粗放的开发利用方式与各类污染物毫无限制的排放，导致了莱茵河产生了严重的生态环境问题。经过欧洲各国数十年的努力，如今的莱茵河已成为协同治理江河流域的典范。首先，全面梳理莱茵河流域基本情况，找出流域严重的污染事件与污染后果。其次，整理莱茵河流域生态协同治理模式，包括流域生态协同治理基本历程、具体措施与治理模式。最后，总结莱茵河流域生态协同治理经验借鉴，为长江经济带生态治理新模式的构建奠定基础。

（4）长江经济带生态治理的现状分析。首先，通过文献收集与实地调研，理清长江经济带现行的生态治理体系与流域沿线省市生态协同治理中的现实障碍，调研范围为长三角城市群、长江中游城市群、成渝城市群等三大主要区域。其次，针对长江经济带产业发展的总体概况与生态治理的现实困境，找出导致问题的症结所在且进行归因解析，进而构建本研究的基本框架。

（5）构建长江经济带多层级生态协同治理新体系的构想。首先，统分结合：

生态治理府际竞合权力配置。新治理体系应在国家层级即中央拥有生态治理的“所有权”，流域上中下游层级、省/市层级、社区层级具有逐级分权下放的“使用权”。通过倡导竞争的方式倒逼地方政府积极作为，通过任务驱动方式鼓励各政府主动合作，重塑府际生态治理权力配置结构，提高生态公共服务效益。其次，网格化协同：横纵层级结合的协同组织结构。理想的府际协同体系应优化中央政府与各级地方政府的关系，形成中央权威整体规划、长江沿线省市积极响应的府际协同权力体系。中央政府负责制定决策与监督考核，具体生态治理公共事务的生产与执行则由下层政府机构共同完成。最后，跨层级协同：生态治理过程中的综合执行力。在高位统筹的治理框架下，各级政府、市场、社会（民众）之间应形成三角关系结构的执行协同范式。通过“政治晋升、市场绩效、生态效益”等激励措施，保证治理绩效评估的有效性与一致性，提升生态治理能效。

（6）长江经济带多层级生态协同治理体系的实现路径。首先，构建长江经济带多层级主体网络互动机制。构建上下结合的多元互动网络化参与结构，内部建立纵向权力分配系统与横向协作行动系统，形成正式与非正式多维协作关系的立体化范式。其次，构建长江经济带生态环境利益协调实践机制。引入激励保障机制，建立以制度协调为中心的环境利益表达机制、共享机制、补偿机制和约束机制。再次，构建长江经济带生态环境制度协同机制。基于现有的生态环境制度与政策，结合长江流域的现实状况，构建整体统一、局部协调的长江经济带跨区域生态环境制度与政策。最后，构建长江经济带生态环境信息共享机制。建构多视角、立体化和全方位的信息共享机制，实现共享、约束、监督的信息一体化，减少或消除由于信息不对称而引发的机会主义行为，稳定生态合作治理秩序。另外，建立长江经济带多层级生态协同治理体系监督机制。监督机制的建立可有效推动生态治理的发展进程，助推长江经济带快速高质量发展。

二、主要研究方法

（1）文献研究法：文献研究法是指通过大量收集文献，选取与研究息息相关的信息的一种研究方法。该方法通过博览文献资料，了解与研究联系紧密的最新理论动态和实践手段。本研究通过对国内外相关理论与文献的梳理研究，找出多层级治理、协同治理等理论与生态治理体系的切合点，并对国内外相关生态治理案例进行梳理。

（2）实地考察法：实地考察法可通过实地调研取得第一手的资料与信息，来满足一般的问卷调研和文案调研无法满足的调研目的，使研究工作有效顺利地开展。长江上游城市群、长江中游城市群、“长三角”地区等长江经济带重点区域的现实情况具有一定的差异性，实地考察可以理清生态治理问题的具体差异，为综合构建长江经济带多层级生态协同治理体系提供真实的素材与资料。

（3）比较研究法：比较分析法即通过广泛阅读、收集和整理国内外相关文献、数据资料，大致掌握国内外尤其是西方发达国家在农村生态环境治理方面的研究进展、最新动态。本研究充分使用比较研究法，在宏观层面对比全球气候治理体系，在微观层面对比长江上、下游生态治理模式，提炼与归纳出适合长江经济带跨区域多层级生态治理体系，并强化各区域间的协同与推进作用。

（4）实证研究法：实证研究法是在价值中立（价值祛除）的条件下，以对经验事实的观察为基础来建立和检验知识性命题的各种方法的总称。所谓价值中立，指的是在研究的过程中研究者不可以用自己特定的价值标准和主观好恶来影响资料和结论的取舍，从而保证研究的客观性。本研究引入演化博弈理论、采取多重中介效应模型等，对长江经济带跨区域生态协同治理的效果进行分析，对样本数据进行多元回归研究，找出政策与效应之间的因果关系，为优化区域生态治理机制提供科学支撑。

三、主要创新点

（一）学术思想的特色和创新

基于国内外学者对世界知名湾区生态治理模式的研究，将“乘势发展原则、协同发展原则、以人为本原则”确立为跨区域生态治理的具体指导原则。此外，多层级治理理论对跨区域生态治理工作与区域经济发展具有重要意义。多层级气候治理体系对全球控温所需要的减排力度效用明显，是促进“双碳”目标达成的有效途径之一，可避免单一区域问题导致整体治理体系陷入风险，治理稳定性较强，对跨区域生态治理工作与区域经济发展具有重要意义。目前研究主要集中在生态补偿、区域协同治理机制与长三角生态绿色一体化等领域，但长江经济带生态一体化的保护与治理工作仍呈“碎片化”特征。本研究将“系统理论”“绿色发展理念”“多层级治理理论”“协同治理”“博弈论”“西方多层级气候治理体系”等视角进行叠加，对长江经济带生态治理机制进行重新审视，具有一定的学术思想创新与特色。

（二）学术观点的特色和创新

通过对比分析、互补分析，确定长江经济带生态治理不同区域的具体对接治理模式。将“互利共生”与“融而不同”的理念融入对接治理模式建构。在既保存不同区域中各自领域的特点，又充分发展联动特色的基础之上，规划出具有“创新与传承”的融合模式。现有研究多集中于对生态治理的协同效应评估与政策机制评价，本研究从生态治理执行力的现实问题出发，结合西方治理先进经验，倒推长江经济带生态治理体系框架。本研究强调跨区域、多主体、多层级协同治理的平等性、交互性、网络性，通过中央政府、各级政府、企业、社会组织与公众等各方力量的协同合作，形成跨区域、多中心、多层级的生态治理主体网络互动机制、利益协调实践机制、环境制度协同机制、环境信息共享机制、治理体系监督机制等“五体合一”的全新治理体系，实现主体协同与过程协同的全面协同，可有效提升治理能效，具有一定的学术观点创新性。

（三）研究方法的特色和创新

跨学科交叉的研究方法有特色。生态治理从区域环境、生态资源、社会经济以及生态治理的现实需求与特点出发，具有生态、经济、社会等多重属性，需要从跨学科交叉的角度进行深入研究。本研究基于长江经济带地理状况、生态资源、社会经济以及环境治理现实需求的差异性，针对传统治理方式的不足，采取较丰富的实证研究法，将实地调查法、比较研究法、学科交叉研究法相结合，引入演化博弈理论、多重中介效应模型等对协同治理的效果与机制进行评估，发现优势与不足，提出双边互补的对接点，综合构建生态治理的协同机制与实现路径，以达到优化和提升的作用，更具参考性。

第二章　多层级生态协同治理体系的运行机理

维护生态系统的稳定性和可持续性是生态协同治理体系构建的核心要义，其概念内涵可归纳为：在社会可持续发展的背景下，以关键生态治理问题为研究对象，从审视生态治理方式与治理效果的相互关系入手，探究生态治理体系中重要组成机制与协同方式，进一步合理优化生态治理过程，从而达到改善与修复生态薄弱环节与受损生态功能的目的。其研究目标为针对错综复杂的区域生态环境问题，通过生态调控机制与治理方式来保护和恢复生物多样性，维持生态系统结构过程的完整性，从而有效控制和持续改善生态环境问题，促进区域生态经济可持续发展。生态协同治理体系应运用多学科交融的研究方法，基于对区域生态变化的趋势和治理能效的内在关系理解，理顺生态协同治理体系的运行机理，充分发挥人的主观能动性，促使生态治理机制向健康、稳定和可持续方向发展。

第一节　生态协同治理多元主体

生态文明建设是关系中华民族永续发展的根本大计，良好生态环境作为人类生存发展的重要基础，既是我国当前最稀缺的公共产品，也是改善民生福祉的重要内容。生态治理的公共性决定了治理主体的协同性与多元性，生态治理是生态文明建设的重要路径，应长期做好生态修复的“加法”、节能降耗的“减法”、生态经济的“乘法”和综合治理的“除法”；生态协同治理应做好制度创新，包括生态产业发展制度、生态保护市场化制度和生态补偿制度的创新。加快构建生态协同治理体系是新时代的要求，建立多层级生态协同治理体系，有利于加快政府生态管理职能转变，有利于引导社会资本投入生态环境建设，有利于提升政府生态服务产品供给水平，有利于协同推进生态建设与绿色发展，是促进生态文明建设和绿色发展的重要手段与有效途径。

一、生态环境共治机制的主体困境

生态环境治理是一个巨大的系统，需多方主体协商共治才能彰显其能效。绿色发展战略是当前社会发展的关键，建立环境治理的综合整治制度，以政府、市场和社会多元主体共同治理环境，推动美丽中国建设。环境治理对我国的稳健发展具有重大影响，环境治理的体制、机制建设关系治理改革的成败。长江经济带覆盖上海、江苏、浙江、安徽、江西、湖北、湖南、重庆、四川、云南、贵州等11个省市，涉及面积约205.23万 km^2，存在各级政府部门协同不紧密、权责分配不明晰、调度难以跟上进度等现实问题。多年来，长江经济带一直存在生态环境共治机制的主体困境，各省市之间协调发展政策与举措较少，责任主体欠明确。从目前情况来看，长三角区域生态一体化建设更多的是一种以跨区域、多政府主体为架构的制度摸索。其中，最能够代表长江沿线区域生态一体化制度建设成果的是由多方主体签署的一系列协议。例如：《长江三角洲区域环境合作宣言》《长江三角洲地区环境保护工作合作协议（2009—2010年）》《长三角城市环境保护合作（合肥）宣言》等[92]。然而，这一系列协议的签订同时存在跨区域执行的困境与监管无法有效实施的难题。生态环境共治从本质而言，是一种公共产品的共治，而现行的治理主体多为各省市相对独立与封闭的行政单元，若长江流域各级政府无法形成多元主体共治的治理模式，则很有可能重现“公地悲剧”的现象，区域环境治理更无法取得实质性的进展。此外，长江流域沿线11个省市的社会经济发展水平存在一定差异，导致执行力度、财政支持、治理的积极性无法达成一致。更重要的是，生态环境共治机制的主体并不单单只有政府，市场与社会也成为参与共治的主体，形成了“政府—市场—社会”三个既紧密相连又具有不同利益诉求的主体，为生态环境共治机制的主体责任划分增加了一定的难度。

长江经济带是依托长江这一黄金水道，由沿线各省市共同构建的区域一体化经济带。然而，由于长江上中下游的社会经济与产业布局的现实情况不同，导致位于上游的各地方政府所规划的环境功能区域、水资源保护、生态补偿等相关标准明显松于下游地方政府。尤其是在经济社会发展相对落后的地区，局部对一些污染产业的经济依赖程度过高，并已形成一定规模，整体治理将会在短期内影响部分群众的就业需求以及地方经济发展，致使某些地方政府“无力治理”的局面产生。近年来，随着经济带内江浙沪等经济发展较好的区域对生态环境治理力度的逐年增加，一系列严厉的环境保护制度与条例出台，增加了其区域内污染类高能耗企业的运营成本，促使这类企业陆续向长江流域沿线其他省市“外迁”。然而，长江流域呈多级阶梯性地形，水流自西向东，上游区域的污染问题势必对下游区域的生态环境造成一定的破坏，影响长江经济带的整体生态环境。总体来看，长江上游各地方政府在生态治理方面的标准与要求明显低于下游地区，从整体来看其承担的污染治理责任也少于下游政府，生态环境协同机制由于“制度不一致”而导致治理困境。此外，“制度不一致”所带来的“考核困境”是制约区域生态一体化发展的另一障碍。目前，长江经济带内各区域生态治理制度的不一致造成考核制度的不统一，导致现行考核制度往往不能真实、客观地反映出不同区域政府在同一时间内在生态治理、生态保护、生态管理方面所取得的成绩，不利于经验教训的总结与奖惩措施的落实。

长江经济带生态治理面临的三大难题为“水土流失与污染物扩散”“自然生态空间不足”“跨区治理行政壁垒”。首先，由于长江流域生态治理总体投入不足且跨区投入不均，致使金沙江下游、嘉陵江和岷江沱江中下游、乌江和赤水河上中游以及三峡库区等区域水土流失严重，面积占流域土地总面积19.36%[93]；流域沿线分布我国五大主要钢铁生产基地、大量化工产业基地以及粮食生产基地，污染源可能会随生态资源的流动在相邻的行政区域或多地集中爆发，造成了该流域点面型跨区生态环境的治理特征。其次，沿线自然生态空间不足。长江上游大规模的水电水利工程建设以及中下游经济发达地区沿岸两侧建设用地均已超过用地总量的1/3，工程建设剩余自然岸线不足10%[94]。由于长江流域上下游河流功能定位差异、水环境差异、沿线滨岸土地利用差异，以及上游突发环境污染风险会直接导致下游取水安全无法保证等原因，导致该流域形成了典型的上下游跨区生态环境治理特征[95]。

此外，长江流域作为一个有机整体，长期以来在生态治理方面存在着“区域分割”“单独为政”“单一主导”等现实问题，直接影响了流域生态系统治理和高质量发展。协同共治理念与国家对长江流域“共抓大保护”的基本定位高度契合，流域生态治理工作应坚持“统筹协调、科学规划、创新驱动、系统治理”等基本原则，在关注生态系统整体性、生态要素多样性和区域利益多元化的特征基础上，坚持系统化治理理念，构建跨区域、跨部门、多主体共同协作的生态治理体系，提升协同治理能力和水平。从具体治理问题方面考量，流域生态环境共治机制的主体困境存在以下现实问题：

（一）流域区域整体联动不足

长江流域长期以来受到资源条件和发展水平等多重因素的影响，导致保护和管理模式呈现碎片化状态。目前，流域生态系统的治理工作往往按照行政区域、部门职责和区域资源特征进行人为划分管理，碎片化治理特征明显。虽然在“共抓大保护”理念的指导下，流域区域分割治理的现象有所改善，但整体区域联动的机制尚未得到充分建立，各省市区和各部门之间的生态治理任务与目标仍然存在壁垒。究其原因，或与流域跨区域治理面临着复杂的利益矛盾有关，导致各区域间协同治理动力缺失。利益冲突体现在不同层面上的矛盾，包括短期利益与长期利益、全局利益与局部利益、核心利益与次要利益之间的矛盾。值得关注的是，区域治理工作往往受固有政绩观的影响，导致区域内部短期利益占据主导地位，从而削弱了生态治理的参与度与执行力。另外，目前，流域现行生态协同治理主要采取政府主导的方式，具体体现为自上而下的“中央——地方”的层级联动模式，流域协同治理机制活跃度不够。特别是，流域生态治理工作的市场式参与和企业个体自发式参与较少，大多数仅停留在协商讨论的层面，缺乏具体实施和执行到位的问题，且协同治理的协调难度较大。主要是因为流域不同区域资源禀赋、发展水平、治理能力存在明显差异，尽管近年来各省市间签署了一些意见、协议和方案，但在合作实施和监管执行方面仍然面临重重困难。

（二）多元治理主体参与不足

多元主体共治是流域生态治理工作的主要发展趋势，“政府、市场、社会、公众”全面参与有利于流域生态治理能效的提高。

（1）政府方面。政府在流域生态治理工作中扮演着关键角色。鉴于生态资源是非排他性的公共产品，市场机制在这一领域的作用有限，我国采取了政府主导的生态治理模式。这意味着生态治理（如污染控制、生态修复、改善人与自然关系等）相关工作以政府环境规制为主导，并在政府的组织下具体实施。目前，大多数民众认为流域保护自然资源和生态环境是中国政府的责任。国务院在《关于印发节能减排综合性工作方案的通知》中明确提出了节能减排一票否决制，反映政府主导模式的确实存在。当前，中国仍然是政府管制型社会，政府在社会公共事务治理中扮演主导角色，特别是在生态治理工作中扮演着关键性角色。然而，转变政府职能和观念、倡导生态协同治理的过程中还面临着众多挑战，这需要从传统的官僚主义思维中走出来，适当减弱地方政府在生态文明治理方面的话语权，激励其他治理主体共同参与流域生态治理工作。为了更好地实现生态治理目标，政府需要加强顶层设计，制定科学的政策措施，提升生态文明建设的指导性和协同治理的能力，加大监管力度，推动地方政府履行生态保护和治理的责任，促进政府与各利益相关方的合作与协调，实现流域生态治理的可持续发展。

（2）市场方面。市场在生态治理工作中扮演着重要角色。考虑到生态资源的修复和治理工作往往极为困难，需要耗费大量的人力、物力、财力和时间进行恢复。因此，应从市场这一源头遏制企业的污染与破坏行为，坚决杜绝企业“先破坏再治理”的现象产生。事实上，长江流域已经饱尝试“先污染再治理”的苦果，然而流域现行市场治理机制尚未完善，企业和消费者对生态资源的环保集约利用观念尚未完全形成。一些企业利用市场机制的不完善和存在的漏洞进行垄断竞争、暗箱操作等违法行为，进一步加剧了生态环境的恶化。这突显了市场机制在生态治理中的薄弱性和不完善性，需要政府进一步加强监管力度，完善相关法律法规，引导企业树立生态环保的意识，推动市场主体更加积极地参与生态保护和治理。

（3）社会方面。社会组织的发展也是流域生态治理工作的重要支撑。目前，我国的社工、公益性组织、青年志愿者队伍等社会组织还不够健全；相较于发达国家，社团发展水平仍处于初级阶段，发展成熟度不足。现存社会组织普遍存在自身建设薄弱、服务水平不足、资金短缺、人才流动快等问题，发展能力明显受限。

在社会公众方面，流域保护自然生态的理念尚未在全社会形成共识，公众的可持续发展理念仍然不够深入，导致流域沿线居民往往更加关注短期与个体利益，缺乏对整体生态环境的关注和责任感。例如，一些村民为了省事，直接将生活垃圾、污水倾倒到附近的河道，不仅造成了河道的污染，也反映了公众对环保的重视程度较低。这种行为不仅加剧了生态环境的恶化，也损害了周围地区居民的生活品质。因此，需要加强对社会公众的生态意识教育和宣传工作，提高公众对生态环境保护的认识和重视程度。通过开展环境保护主题的教育活动、举办环境保护宣传展览等方式，增强公众对生态环境保护的认同感和责任感，促进公众行为向更环保、更可持续的方向转变。同时，建立健全的法律法规和监督机制，对违反环保法律的行为进行严厉打击和惩罚，提高违法成本，加强公众的环境保护意识和行为规范。

整体而言，目前长江流域生态治理主要由政府主导，市场与社会参与程度不高，尚未完全形成多元共治的生态治理体系。各利益主体的行动目标存在不一致的现实情况，政府、企业、公众各自具有不同的利益诉求和利益倾向。尤其是企业，在缺乏有效激励机制的情况下，参与生态治理的动力较弱，甚至存在敷衍塞责或逃避责任的行为。另外，各主体参与生态治理的渠道也存在着不畅通的现实难题。虽然，各省市区通过成立生态环保志愿队、开展环保宣传活动等方式扩大了公众参与面，但这些活动的覆盖率和知晓度较低，缺乏常态化的参与和监督机制。同时，各主体协同效果不明显。社会组织、公众等主体的参与度更多的是在科普、宣传和教育工作方面，参与决策和监督的行为较少。实施监督以及对监督结果的回应和整改落实也难以达到理想水平，缺乏有效性和互动性。

（三）治理技术支撑能力不足

生态水环境治理技术是推动生态治理工作的有效支撑。生态水环境治理技术通过一系列科学的方法和手段，能够有效地改善水环境质量，保护水生态系统的健康和稳定。这些技术包括水生态修复、湿地保护、水体净化等，它们能够恢复水体的自净能力，提高水资源的利用效率，为水生动植物提供一个良好的生态环境。生态水环境治理技术还能够促进经济的可持续发展。通过改善水环境，可以提高水资源的利用效率，减少水资源的浪费和损失，为经济发展提供稳定的水资源保障。同时，生态水环境治理技术还能够促进生态旅游业的发展，为流域经济带来新的增长点。具体而言，生态水环境治理技术包括物理、化学、生物和生态学等多种技术手段。物理技术主要包括筛分、沉淀、过滤、逆渗透等，通过这些方法可以有效地去除水中的悬浮物、颗粒物和浊度等污染物。化学技术则包括氧化、还原、沉淀、络合、离子交换等，通过化学反应改变污染物的性质，从而达到去除污染物的目的。生物技术则主要利用微生物、植物等生物体的代谢活动来降解和转化水中的污染物，如生物降解、生物吸附、生物膜反应器和植物修复等。生态学技术则主要通过构建湿地、人工河流、生态园林等生态系统来恢复水环境的生态平衡，提高水体的自净能力。目前，一些新的生态技术也被应用于生态水环境治理中，如微生物技术、纳米技术、污泥生物膜技术等。这些新技术在水环境治理中发挥着越来越重要的作用，为水环境的改善和保护提供了新的思路和方法。新的生态治理技术手段不仅可以单独使用，也可以组合使用，根据水环境的不同污染物和污染程度，选择相应的技术手段进行综合治理。

长江流域生态治理工作面对着广阔的治理范围、众多的管理部门以及宽泛的涉及领域。如果缺乏有效的治理技术和信息数据，将会直接影响上下游、跨区间以及部门间的协同治理效率。在生态治理技术和信息数据共享方面，流域已在某些局部和特定领域取得了一些关键进展，但仍存在与预期目标之间的差距，主要体现在实用技术的攻关和推广尚不充分、生态系统监测预警机制尚未完善，以及信息共享平台建设相对滞后等三方面。首先，生态治理实用技术方面。长江流域生态治理涉及生态保护、资源利用、环境治理以及绿色发展等多个领域，这些领域的突破性进展需要技术的有力支撑。然而，在整个流域范围内，尤其是在上中游地区，缺乏经济实用且针对性强的流域治理技术。其次，生态系统监测预警机制方面。目前，长江流域已经积累了大量的监测数据，覆盖范围极广，包括水利、水文、生态环境、农业、能源、气象等多个行业部门。然而，这些数据分散在各个部门之间，缺乏统一的监测预警机制。虽然在2018年，水生态环境预警机制取得了一定的突破，但类似的预警机制仍然存在综合联动不足等问题。最后，信息共享平台建设相对滞后。各地区和部门根据各自的管理职能收集了大量的数据，但这些数据缺乏系统性和应用性。尤其是全流域、全要素、实时信息数据库和共享平台尚未建立，导致跨区协同、省市协同、上下游协同以及水岸协同的信息支持不足。未来，流域在信息共享平台建设方面需要加大投入，促进数据的共享和流通，更好地支持长江流域生态治理工作的有效开展。

（四）依法治理力度不足

生态治理的核心在于建立严格的治理制度与法律。《长江保护法》第六条规定，长江流域相关地方应根据需要在地方性法规和政府规章的制定、规划编制、监督执法等方面建立协作机制。虽然流域在立法方面明确了协作机制建立的必要性，但在具体实施层面仍需进一步完善。在立法方面，长江流域的资源开发、利用和保护涉及多部法律，不同地方政府需根据不同法律对流域实施治理保护工作，但多部法律间仍存在目标间缺乏协调统一的问题。《长江保护法》作为我国首部流域法律，对其他众多法律具有统筹推进的作用，但在分散立法的模式下，要形成自上而下的协同治理法律体系，确保相关法律的有效实施，仍需一系列配套立法的支持与支撑。在执法方面，生态治理综合执法在一些地区取得了进展，但流域整体的执法机制尚不完善，需要加快综合执法队伍的建设。此外，在司法方面，尽管早在2018年，长江经济带11个省市及青海省的12家高级人民法院签署了《环境资源审判协作框架协议》，但全流域环境资源审判协作机制仍未健全。流域生态治理工作的落实与推进工作需要流域协调联动机制、司法服务机制以及与公安机关、环境资源保护主管部门的沟通协调机制等方面统筹推进，然而生态治理的“法治合力”仍尚未形成，生态治理能效具有一定的推进壁垒。为有效推动长江流域的生态治理进程，需要在法治建设方面进一步加大力度，完善相关法律法规体系，提升执法效能，加强司法协作，以确保生态环境保护和治理工作的顺利实施和执行。

归纳而言，长江经济带面临的跨区生态治理主要特征为“上下游”“点面型”“交叉型”，其治理困境具体表现为：流域区域整体联动不足、多元治理主体参与不足、治理技术支撑能力不足，依法治理力度不足等四方面。目前，流域治理现状可分为三个方面：其一，省际合作协议的全面签署。目前，各省市签署的合作协议多为以流域不同区域为基础的“方案、意见、协议、备忘录、宣言”等[96]。

其二，省际生态补偿协议的全面签署。长江上中下游经济发展的巨大差异决定了不同区域生态治理目标的明显不同，当前治理工作主要聚焦于省际生态补偿协议的签署。其三，省际生态法治行动的全面合作。长江流域法治化工作已由跨区协同治理阶段步入国家层面协同治理阶段。《长江保护法》的正式实施标志着长江流域全面步入跨界法治时代。

二、权责分明的三位一体治理主体

生态一体化协同治理思想的提出是区域治理改革的现实需求，更是生态环境治理领域告别由政府或市场单一“主宰”的传统治理模式，步入“多元主体共治”的善治时代的典型代表[97]。生态治理是一个复杂的系统性工程，涉及多元化社会主体的利益，这使得生态治理无法单纯地依靠市场或者政府，而需要寻求多元主体的协同。长江经济带生态环境的治理问题是一个急需跨区域多方共同协作，才能达到政府、市场、社会共治的“善治”理想状态。

生态治理主体的多元化与治理手段的多样性是协同治理的关键环节，政府应承担生态治理中的核心环节，并充分发挥引导和调控等主导作用；企业、市场、公众等社会组织应逐步参与到生态治理的具体环节之中，全面发挥协同共治的整体能效；生态治理主体间的协同与合作程度决定了生态治理的执行力度。为进一步融合多元主体间协同治理的障碍，应明确治理主体的权责范围，建立决策一体化机制，以科学的决策方法协同政府间、市场间、公众间的多维治理行动，有效推进生态治理多元主体间的协同能效。

“良好的生态环境是最公平的公共产品”是习近平总书记在海南考察时所提出的论断[98]。良好的生态环境意味着清洁的空气、干净的水源、安全的食品、丰富的物产、优美的景观，展现了明显的普惠性和公平性，具有典型的公共产品属性。可见，生态环境作为一种特殊的公共产品比其他任何公共产品都更加重要。公共产品的公共性决定了长江经济带生态治理问题需构建政府、企业、公众“三位一体”的协同治理机制，才能持续实现生态环境改良与优化。然而，多方主体共治需要更加分明的权责体系，才能保障协同治理机制的有效运行。因此，确立权责分明的三位一体治理主体是构建长江经济带生态一体化协同治理机制的前提条件与核心治理思路。

首先，生态环境治理机制中政府应占据三方合力共治的主导地位，将政府、企业、公众等三方权责明确界定，确立三方权力、归属以及治理机制的职责范围与配合度。同时，在健全生态治理制度的前提下，制定有效的信息传递、监督与考核机制。例如，将绿色政绩考核与绿色 GDP 核算纳入生态治理考核制度，积极推动企业与公众的参与。其次，明确企业在三方合力共治中的协同地位，并根据企业参与共治的情况与能力，逐步赋予企业更多自治权限，进一步调动企业自治的积极性、强化其协同治理能力与意识、规范其生产废弃物排放行为、提高其生态治理利益获得，以达到区域生态环境治理效益的最佳效果。再者，应将社会组织和公众等主体围绕生态环境治理问题整合起来，确保生态环境治理不偏离公共利益。然而，由于不同治理主体的利益诉求不同，往往造成生态环境治理的诸多局限与困境。

生态治理应以维护生态环境的稳定为原则，以“风险管理”为方法，调动体制内资源，针对各类生态问题采取一系列行政举措，形成“系统完整的生态治理体系”，降低治理主体间的“风险冲突”。为进一步管控生态治理中多元主体共治间可能产生的风险冲突，应全面落实“生态稳定风险冲突管控”，真正实现多元生态主体共治的能效性。风险冲突管控主要分为四个环节。

（1）确定生态治理目标。政府应将“风险冲突”定义为生态治理的风险事件，将“主体间冲突的可能性”定义为“生态稳定风险”，明确“降低和消除发生生态主体间冲突可能性”的管控目标。

（2）生态责任分配。政府应将“维护生态系统的稳定性”作为各地方政府的根本要务以及影响官员绩效考核的重要事项，建立相应的事后问责制度。若某地发生破坏生态公共秩序的事件，就意味着该地区“维护生态系统的稳定性”工作的失败，地方政府负责人将受到上级的问责和调查，从而影响其政治生涯。在生态治理过程中，责任应被分配至各地方政府负责人和相关执行部门负责人，让“维护生态系统的稳定性”成为一种“自上而下”的管理压力。

（3）生态风险评估。政府应在经济建设项目开展之前，开展生态稳定风险评估来提前预判可能产生的生态风险。各地方政府在作出影响群众切实利益的重大决策之前，必须对“决策是否会引发生态风险”进行全面评估。该项评估工作可以由决策相关部门组织，或由相关部门聘请第三方进行，评估结论应形成相关报告，呈送至当地生态治理部门进行备案。

（4）生态风险应对。政府一般会同时采取两种手段进行生态风险的化解与防范。一方面，政府依据生态风险评估报告中的建议，成立生态治理应对专班，平衡解决生态治理工作中可能产生的冲突事件。另一方面，政府针对可能出现的生态冲突状况，制订应急预案，做通各方治理主体间的工作。

权责分明的三位一体治理主体应遵循“生态优先、多元共治、系统推进、科技创新”四大治理优化原则，形成各主体间协调配合的治理优化路径。首先，生态优先，合力推动生态治理的目标协同。长江作为中华民族可持续发展的重要支撑，在资源约束和环境压力不断增大的现实情况下，流域上中下不同区域应始终坚持生态优先、绿色发展的生态治理道路。这意味着流域各省市必须深刻认识到共同保护、避免大规模开发的重要性。因此，凝聚共识、遵循治理规律，以及重视大规模保护等治理相关工作至关重要。在推动生态治理目标协同方面，流域应该着重解决环境污染难点和重点问题，强化生态系统保护力度。特别是针对化工污染、固体废物排渣、面源污染等方面，需要进行突击排查与治理工作。此外，在生态治理理念上需要转变思维，在坚持绿色发展的基础上，不仅要解决治理难题，更要突出协同发展优势，进而形成流域一体化的整体发展格局。其次，多元共治，全面推动治理主体的多方协同。生态治理是一项复杂的系统工程，生态治理协同的实现需要从治理体系与机构改革入手，将传统的政府单一主导向多元主体共治方向转变，构建政府、市场、社会共同参与的生态治理主体框架。在优化政府协同机制方面，应该建立长江流域协调机制，实现中央统筹规划、地方因地制宜的生态环境协同发展。同时，需要完善企业主体责任，强调激励和约束并重，建立激励机制，以提高企业生态治理参与的积极性与能动性。同时，应加强污染防治主体责任体系建设。此外，还需要深化全民共同参与机制，拓展公众和社会组织的多方参与渠道，形成生态治理的整体合力。再者，系统推进，全面推动生态治理的内容协同。长江流域作为一个综合性的流域单元，既具有独立生态系统的明显生态功能，又具备突出的经济价值，是“自然生态、水利枢纽、人类生活”

的多重复合生态习题。流域生态治理工作应始终从系统的整体性观念出发，以统筹协调为治理工作主题，系统推进资源保护、污染防治、生态修复，以及绿色经济的统一发展。特别是治理规划方面，应围绕治理重点区域进行流域整体的治理规划，充分发挥国家高位统筹功能，形成山水林田湖草等资源“齐抓共管”的保护格局。在绿色经济发展方面，除了加快流域生态治理与修复工作，还应协同推进流域沿岸区域基础设施建设和产业发展。最后，科技创新，共同推进生态治理的技术协同。长江流域的生态治理面临着复杂的环境污染形势，是流域沿线多年历史问题的累积和叠加。重塑流域生态环境的碧水蓝天需要加强科技创新驱动，以高质量人才的智力资源驱动流域生态治理问题的高效解决。因此，流域需建立“智力、科技、资金”全方位的治理支持机制，建立生态治理智库，整合全流域科研力量，组织专业机构参与生态治理，优化生态治理技术。同时，应完善信息共享平台，实现监测信息自觉公开，促进生态环境监测网络体系的建设。另外，在创新生态治理融资机制方面，应通过建立生态保护修复基金的方式，发挥财政资金的撬动作用，吸引社会资本参与生态治理工作。

三、多层级治理主体决策一体化机制构建

决策机制是指决策组织有机体系的构成、功能及其相互关系。它首先是指决策组织机体本身固有的内在功能，即决策组织本身渗透在各个组成部分中并协调各个部分，使之按一定的方式进行的一种自动调节、应变的功能。其次是指决策组织形式、决策体系、调控手段等互相衔接所形成的一整套管理机能。

生态治理过程中，决策一体化机制的构建决定着生态治理决策行为的有效性。这取决于决策系统各要素之间的相互关系和内在机能，并客观地反映着决策机体的运动变化规律。健全的决策机制是生态治理有效决策的必要条件，其衡量标准就是看其是否与决策的运行规律相符。决策应遵循民主集中制、科学决策、民主决策、依法决策等四项原则。

（1）民主集中制原则。生态治理的多元属性决定了生态治理的决策机制应坚持民主集中制，按照集体领导、民主集中、个别酝酿、会议决定、多元共治的原则，完善并严格执行生态治理的议事规则和程序，保证各项治理工作高效运转，

保证决策事项实施的有效监督。

（2）科学决策原则。任何重大事项决策前都应当充分调查研究。生态治理与生态修复等生态工程建设关乎民生，更应在决策前进行专家论证、技术咨询、决策评估等一系列工作，确保生态工程建设的有效性。

（3）民主决策原则。生态治理涉及政府、市场、公众等多元主体，应在集体决策过程中，广泛征求各方意见，必要时可进行听证和公示，并对表决意见和理由等做会议记录，以供决策参考。

（4）依法决策原则。生态工程建设涉及区域经济、民生、可持续发展等关键方面，重大生态治理事务必须严格遵守国家法律法规、党纪党规和有关条例条规进行决策。

生态决策机制应将决策机制与执行机制相联系，决策时须从执行角度考量才能制定出更具有执行力的治理方案。现代生态决策机制应做到对上执行其决策，对下实施其决断。任何一级组织，在执行上级决策时，不是单纯的执行，而是应根据本组织内外的实际情况，把握对象的特殊规律，独立自主地作出实现上级决策目标的方案，即“创造性地贯彻上级的决策”，才能解决治理机制中沟通滞后等问题。因此，生态治理主体决策一体化机制的构建应在执行中同时履行决策职能，达到执行职能和决断职能的有机统一。

多层级生态协同治理体系的构建核心在于治理主体决策一体化机制的建设。包括中央政府、中央部委等，还涉及区域沿线各级政府部门，是典型的由多层级组织构成的政府关系网络。根据《长三角生态绿色一体化发展示范区总体方案》，长江经济带应遵循“多中心、组团式、网络化、集约型”的空间格局，形成“两核、两轴、三组团”的功能布局，并在此基础上构建决策一体化机制。中央政府应充分做好顶层制度设计，并明确各地各级政府的利益诉求与权责规范。根据长江沿线不同区域的社会、经济、文化状况，构建生态保护专门化的分工格局，建立多层次、网络化的联席决策制度，进而共同处理跨界生态环境问题及冲突。

治理主体决策一体化机制可分为三个层次统筹构建，顶层决策由中央政府牵头，财政部、自然资源部、生态环境部具体执行，水利部、交通运输部、住房和城乡建设部、农业农村部、应急管理部协助实施；中层由各区域主管政府联席会协同参与决策；底部由市场与社会公众共同参与、监督、反馈；全方位考量“政府——市场——公众”等多方诉求，建立多主体、多层级、网络式的府际协调机制，进而形成整体、系统的多层级治理主体决策一体化机制，充分发挥多元治理主体共治的决策能效，具体由图2-1所示。

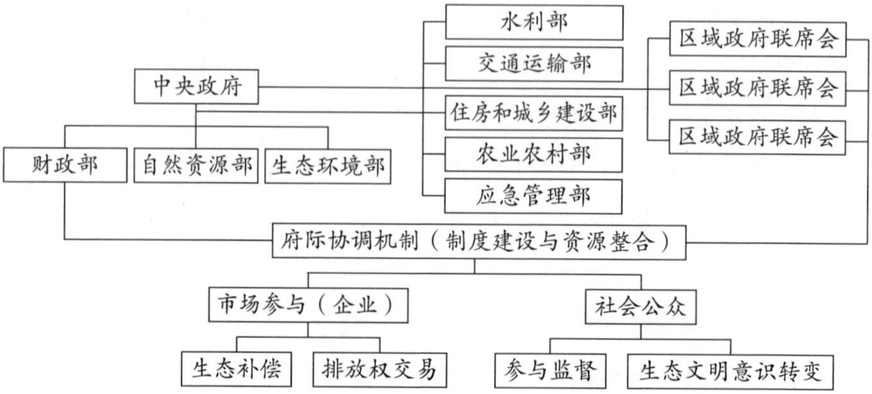

图2-1　多层级治理主体决策一体化机制示意图

此外，“政府——市场——公众”在协调决策的过程中，应关注不同区域在自身发展与治理中利益的表达。在制度建设与资源整合过程中，建立公平多样化的利益表达渠道，平衡跨区域利益失衡问题。同时，积极建立“专治委员会”与“专项基金”，减少跨区域各级政府的沟通、协商与利益分配成本，实现利益保障多样化。目前，多层级治理主体决策一体化机制构建的最大难题就是如何解决跨区域利益失衡的补偿问题。可采取深化区域利益补偿机制、构建流域区域间生态治理任务的转移与协调、整合生态产品认证机制等多种方式，尝试推动生态一体化协同治理机制的完善。

第二节　生态协同主体多阶段博弈机理

区域经济与绿色发展不平衡是多年来长江经济带面临的另一大治理难题。目前，长江经济带以下游地区江浙沪一带为经济带“龙头”区域，上海、南京、杭州不仅是长江经济带的引领者，更是我国经济发展最好的区域之一。相对而言，长江中上游区域较下游区域则相对经济发展落后，长期存在局部区域发展不均衡等问题，进而造成长江经济带局部发展目标不一致、生态环境利益结构不同、局部生态环境治理方案具有一定的差异性。当前，长江经济带内各省市地方政府受自身生态环境利益和经济利益的支配，通常以本地区利益最大化作为跨界生态环境共治的合作起点[99]，往往将区域自身利益设置为核心主要利益，而将整体生态利益设置为次要协商利益。这导致长江经济带内跨区域生态环境协调机制普遍存在错综复杂的利益冲突与矛盾，已实际成为经济带内跨区域生态环境共治目标实现的壁垒。其次，由于长江经济带覆盖的11个省市在地理位置、生态环境承载力以及污染源对源头地区与潜在受影响地区具有一定程度的污染差异，导致各区域行政主管部门存在重视程度的“短视性”与治理力度的“差异化”，并可能产生跨区域生态环境治理与协调的消极处理方式，特别是在行政区边界与边缘地带的生态环境治理中尤为常见。此外，“政府——市场——社会”所构成的多元主体共治模式使企业、市场、公众等更多利益相关群体参与到生态环境协调机制的利益协调之中，无形中使原本错综复杂的利益冲突变得更加纵横交错。

一、生态环境协调机制的利益冲突

不同区域与不同主体造成的利益冲突是生态治理过程中不可避免的治理难题。所谓利益冲突（Conflict of Interest），是指政府、市场、公众等不同主体所代表的公共利益与自身利益间所产生的利益冲突。生态利益冲突属于“社会冲突”的范畴，具体是指不同主体间因生态工程建设项目而引发的利益冲突。需要说明的是，这里的“冲突”指的是一种“现实的争斗”；它的结构（主体间的对立关系）和过程（冲突事件的发展）决定了它的具体表现。

生态治理的利益冲突事件往往发生在影响生态工程建设的组织、企业或个人之间。在本土情境中，生态治理的利益冲突中组织、企业或个人往往由于生态治理的局部影响而认为自身的利益受到了具体的侵害。其更倾向于认为生态治理的短期影响强于其长期正面效应，或往往刻意忽略其长期能效，将双方关系置为对立关系。一般而言，利益冲突的过程分为矛盾形成、公开对立和冲突爆发三个阶段。矛盾形成阶段是指政府与其对立方之间对生态工程建设项目产生认识分歧的阶段。

达仁道夫认为，社会冲突一般是由应得权利和实际供给之间的差异引起的。在利益冲突中，企业或公众相信生态工程建设项目会给他们的生活带来某种威胁或利益丧失，从而抵制生态工程建设；生态治理主管政府或部门应充分认识到这种威胁程度的具体可控性，决定是否需要做出具有实质性的回应。简而言之，这种组织、企业或个人“捍卫个体现实利益”的权利诉求与政府“保护居民免受威胁”的实际供给之间的差异是造成生态治理的利益冲突事件产生的根源。在其后的公开对立阶段，这类组织、企业或个人往往将可能受到的利益影响归因于治理机构或政府，认为政府不但难以使居民“免于威胁”，而且还“制造威胁”，认为治理机构或政府应当对此负责，并对治理机构或政府产生不满情绪。如这种不满情绪未能得到及时处理，将会持续积累；当积累到一定程度，双方对立关系就会转变为公开对立的表现；如果这种公开对立的状态不能得到改善，则会发展到冲突爆发阶段。在这个阶段中，双方矛盾日趋激烈，如对立关系持续或由兴建生态工程项目所带来短期效益丧失的担忧日益上升，最终通过某个偶然事件的诱导而爆发冲突，甚至可能出现阻碍生态工程项目建设的群体聚集性阻工事件。

纵观目前产生的生态工程项目建设的群体聚集性阻工事件可知，导致利益冲突事件产生的原因有以下三点：

（1）缺少企业与公众参与。在生态工程项目建设的决策过程中，生态治理机构应摒弃“政府主导决策”的模式，在与相关各方进行充分沟通的前提下，决定项目的选址与建设的基本内容。在生态治理工作推进的过程中，充分将企业与公众纳入决策体系中，建立有效的沟通协商机制。如生态工程项目将对企业与公众将产生短期的利益影响，应提前与被影响方进行信息沟通，使其充分建立心理预期，适度满足其利益诉求，减少利益冲突与矛盾激化。

（2）利益冲突沟通不佳导致应对行动失准。利益冲突沟通又称风险沟通，指的是围绕风险的相关信息，个体、群体和机构之间交换信息和意见的互动过程[100]。风险沟通是风险信息在参与应对生态治理问题的主体间的互动与共享，主要涉及横向与纵向两个层面。横向的风险沟通是指在政府和其他实际参与应对行动的行为主体之间风险信息的互相传达与分享；纵向的风险沟通是指在政府内部的不同层级之间风险信息的互相传达。风险沟通是发挥信息资源的关键手段，贯穿了全过程，风险沟通的质量直接决定了行动主体能否及时对风险作出反应，以及能否在应对行动方面作出正确的策略选择。生态治理工作涉及多个利益相关方，应构建具体的生态环境协调机制与管控体系。政府作为协调生态环境利益冲突的权力机构，对维护生态利益平衡具有主体责任。生态环境协调机制与管控体系中利益冲突沟通也可分为横向与纵向两个层面，除了政府与企业、公众之间的横向沟通，政府内部上下级之间的纵向沟通也非常关键。在纵向沟通中，由于科层制结构中上下级之间在权力纬度的不平等关系，可能会导致下级在选择向上级传递负面信息时会面临心理压力，从而采取一种审慎和保守的汇报方式。这种方式往往会导致相关信息不能及时且完整地向上传递，进而造成利益冲突事件的发生。为避免这一情况，生态环境协调机制与管控体系应形成横纵交错的层级交叉汇报制度，多方收集相关信息，避免“信息失灵”的状况发生。

（3）政府公信力缺失导致应对行动失效。政府应致力于树立其公信力，这不仅有利于沟通、劝导与协调行为的实施，更有利于生态治理项目执行的落实。否则，政府宣传可能会受困于“塔西陀陷阱”，政府对利益受损的区域、企业、公众的福利允诺则很可能会被当作“另一次欺骗”。信任链条的断裂，导致冲突失去了协调的基础，最终导致生态环境利益协调行动的失效。

二、利益均衡的多元主体治理模式

利益均衡带来的不仅是高配合与高效率，更是推动生态环境治理可持续发展的有效动因。从生态环境治理长久发展来看，明确识别整条利益链条上所有治理主体的需求层次与利益诉求，是建构利益均衡的多元主体治理模式的关键所在。利益均衡的多元主体治理模式打破了传统“主宰型”的单一治理模式，将其置于一种整体的、多方协作的系统关系模式中进行考量。

对于政府而言，其核心利益诉求在于经济稳定发展与生态环境保护的协调；对于企业而言，其核心利益诉求在于利润获取、政府关系维护、生态道德约束与公众形象树立等；对于社会团体与公众而言，其核心利益诉求则在于居住环境的优美与宜居。联动利益是政府、企业、公众协同治理机制构建的前提，梳理可得经济利益与生态宜居是利益均衡的关键协调点。

利益均衡的多元主体治理模式需要政府、企业和居民共同参与，对环境安全与生态整体利益进行评估，通过生态治理网络互动，平等协商并达成共识，降低利益冲突风险。归纳而言，多元主体治理模式应注重以下四个方面的实践：

（1）政府应引导企业与居民参与生态治理，建立完整的生态治理网络。一个地区的企业在一般情况下是具有一定“关联纽带”的，但公众在一般情况下，往往可能处于“零散”状态。在政府主管部门确定生态治理区域后，应在生态治理项目完成具体选址工作之后，由政府牵头引导当地商会和社区居委会组建专门的代表委员会，厘清各方利益诉求，且区别各方不能协商的核心利益与可协商的附件利益，建立“利益诉求全面清单”，鼓励多方治理主体全面参与到生态治理相关工作之中。专门的代表委员会中必须包含没有在企业或社区委员会中任职的成员，以保证代表委员会具有广泛的社会基础与群众基础，能真正代表当地居民群体的意见。此外，在生态治理的多元主体模式中应建立三方参与的讨论会议机制：由政府负责领导组织，企业和居民列席参加，对当地的群众意见情况、项目计划采取的环境安全控制技术和措施、项目建设与运营所附带的地方性福利条件等重要问题进行定期讨论，均衡调整“利益诉求全面清单”。

（2）应在利益均衡的多元主体治理模式中建立利益冲突沟通机制。首先，政府、企业和公众会应共同成立“利益冲突感知治理工作小组”，制订好多方利益沟通计划。例如，可在生态治理项目的规划期，组织企业与治理地居民代表赴示范项目实地考察，近距离地了解生态修复措施与治理项目的真实情况。同时，还可在生态治理实施地召开生态治理座谈会并发放宣传资料。座谈会可采用邀请的方式，广泛吸引当地居民群众参加；由生态修复技术专家向当地居民群体详细讲解生态治理项目的具体技术和措施。宣传资料可由负责项目技术治理的企业制作，经过政府认证，最终由民意代表委员会负责张贴和发放。此外，政府内部应该建立相关沟通准则：明确各部门的沟通责任、规定沟通的时间限制、规范沟通的汇报形式；保障决策者能及时洞悉“一线情报”。最后，政府应完善“生态治理社会稳定风险评估”制度。一是要明确规定由政府履行生态治理风险评估的责任。二是要明确规定在制定生态治理相关措施或决议之前，必须具备相关的生态治理社会稳定风险评估报告，确保将生态治理项目的实施对治理地居民的短时间影响降到最低。

（3）可将“生态治理项目建设”与“地方性福利”进行“捆绑结合”。对于生态治理项目的实施应充分考量其对利益相关者的影响与其相应的社会功能。生态治理项目的选择往往取决于污染区域或修复区域，以及生态资源相对集中的偏远区域。特别是在距离城区较远的城郊或农村地区，此类地区的基础设施往往相对落后，其居民缺少当地就业的机会。因此，可在项目规划期，通过公开签署“保障协议”的方式，由政府向当地居民群体作出“在同等条件下优先招聘当地居民”的就业保障承诺。另外，多元主体间的利益平衡是流域协调机制立法的基础。长江经济带生态多元共治是一个涉及多个层面、多个主体的协同过程，是一种超越具体行政边界的多层次互动关系，具体反映在生态治理、经济发展、社会进步等众多领域。但由于流域不同区域与不同主体在治理目标、治理方式、治理理念上存在着现实的差异性，因此其互动关系或以利益博弈的形式存在于流域实践工作中。若不能采用正确的治理理念对流域中存在的利益博弈进行一定的修正，则会出现生态治理困境。

三、生态协同主体多阶段博弈机制构建

博弈机制通常被认为是协同治理研究的关键所在，对其构成机理与博弈过程全面审视是搭建生态协同治理平台的“钥匙”。党的十九大以后，我国“生态环境多元共治理念”的提出，为解决日益复杂化的环境治理问题提供了新的方向，成为我国应对长期性、全局性、复杂性生态环境问题的科学思路，也成为实现生态环境治理现代化的必然选择。然而，生态协同主体多阶段博弈机制的构建是“生态环境多元共治理念”有效实施的前提条件。“政府主导、企业主体、社会与公众参与”是当前跨区域生态治理的核心理念，政府、企业、社会、公众等利益博弈主体的诉求是构建生态治理利益分配机制的核心要素。但是，合理分配生态资源与利益补偿是一个极其复杂的问题。长江经济带地域辽阔，覆盖上海、江苏、浙江、安徽、江西、湖北、湖南、重庆、四川、云南、贵州等11个省市，各省市面积不同、自然环境不同人口与生产总值更是具有一定的差异性，加上生态资源的相互影响导致生态利益分配难以精准确定，且生态利益补偿方案难以量化与可操作性

差，区域生态利益认知也存在差异性，达成共识难度大。特别是，生态利益分配主体众多，实现主体间的利益均衡极其困难，且收益与补偿分配对象不仅是对生态资源、附属物等的权益划分，还需要考虑公共目标实现与公共利益保障等问题。

利益相关者理论20世纪60年代首次出现，20世纪80年代弗里曼（Freeman R. Edward）将其明确界定："所谓利益相关者是能够影响组织目标的实现，或者被实现目标所影响的所有个体与群体"[101]。利益相关者的核心要义直接影响着企业目标的实现。企业通过识别各方的利益诉求，寻求到与消费者之间的均衡双赢关系，才能真正实现企业的长久可持续发展。随后，利益相关者理论也被逐渐引入生态治理领域。从生态治理的长久发展来看，识别与明确整条利益链条上所有利益相关者的需求层次，是建构生态协同主体多阶段博弈机制的根本所在。相对均衡的利益关系所带来的高配合与高效率，不仅是提升生态治理能效的核心动力，更是推动其可持续发展的动因。因此，根据主体互动关系，全面识别生态治理中不同层次利益相关者的利益诉求，可将政府、企业、社会、公众等主体间博弈划分为内外两个利益博弈机制，并在利益博弈机制中分析主体的核心利益诉求与附加利益诉求，可有效构建生态协同主体多阶段博弈机制。

均衡利益带来的高配合与高效率不仅是生态治理的核心动力，更是推动其可持续发展的动因。尤其是在研究跨区域生态治理的过程中，应充分识别其整条利益链条上所有利益相关者，视其为研究前提，更为创新生态协同治理体系的起始。长江经济带协同治理模式应以识别与明确生态治理整条利益链条上所有利益相关者的地位与诉求为基点，以寻找各机构与组织的需求为起始，通过联动与共性的利益诉求，寻找到协同互促作为立足点，分析并总结出生态共治的利益相关者与其参与方式。生态治理项目的外部博弈机制主要涉及政府、企业、项目实施地居民，内部机制则主要由企业、社会组织、居民等公众组成，应全面审视不同博弈机制的内部构成与其利益诉求，使其在外部与内部博弈中获得利益进行再分配，其具体利益诉求如下：

首先，政府治理的主体诉求。毋庸置疑，政府是生态治理的实施主体，其治理主体地位不可动摇。政府在生态治理中一般是中央政府与地方政府两级，不同政府层级对生态治理的诉求具有一定的差异性。中央政府的核心利益诉求则为优化国民生活环境与促进生态经济可持续发展，主要体现在整体宏观层面；地方政府的核心利益诉求则集中于地方区域性建设与发展之上，更关注地方性长期与短期利益，其中具体的生态治理实施者则更关注短期地方利益补偿。因此，中央政府与地方政府间的利益平衡应在政府层面首先明确并达成共识。其次，企业与社会组织的主导诉求。在生态治理工程实施过程中，企业与社会组织的利益诉求不仅占据着主导地位，而且直接影响着生态治理能效的达成效果。企业是生态治理项目的执行者与影响者，社会组织则是生态治理项目的引导者与监督者。企业对生态治理项目的主要利益诉求集中于企业利润与效益，而社会组织的利益诉求则主要集中于社会责任方面。最后，公众参与的核心诉求。生态治理项目的建设对实施地居民的生活具有显著的影响。生态治理项目建设方必须协调实施地居民利益，减少牟利性抗争事件，缩短建设改造周期，减少资金压力，争取生态治理能效最大程度最快速度落实。土地是生态治理项目的承载者，村集体与当地居民是土地的所有者，更是生态治理项目建设不可或缺的要素。因此，公众——特别是具有土地所有权的项目实施地居民对生态治理项目建设存在着确切的利益诉求。村集体可收集具体的居民意见与利益诉求，积极寻求居民与项目治理的利益平衡点。只有充分识别每一类利益相关者，在利益关系链中所占据的不同地位和不同的需求层次，才能最大程度地调动这一链条上所有利益相关者的积极性，建立起一种适合我国现阶段国情的生态协同主体多阶段博弈机制。

归纳而言，长江流域生态治理问题需要平衡各方利益与价值偏好。此类问题的复杂性主要源自涉及众多的利益相关者以及价值观念的多样性。基于生态环境系统的维度衡量，涉及的利益相关者包括生态环境消费者、破坏者、受害者与保护者等，形成了错综复杂的利益关系网络；基于政治社会系统的维度衡量，涉及的利益相关者包括政府、企业与公众等利益相关者的参与，形成了中央政府与地方政府、跨域地方政府间、政府与企业、政府与公众、企业与公众等多层次的利益关系网络。众多的利益相关者之间存在着多样化的价值偏好，而这种多样性往往成为协同治理的挑战。例如，在跨域地方政府间的关系中，不同地方政府可能会对经济利益和环境利益有着差异性的价值偏好和优先顺序。经济基础较弱的区域往往更加注重经济利益的最大化，可能愿意牺牲某些环境利益换取一定的经济价值。经济基础较好的区域则往往由于经济与生态利益的失衡，导致经济发展面临掣肘，在生态治理方面主动性更高。另外，在同一政府内不同行政区也可能存在不同的价值偏好与利益追求，导致流域整体性环境治理工作复杂而困难。因此，明确不同利益主体的利益诉求与包容不同的价值偏好与利益目标，是协同共治的基础。或因不同文化背景、价值观念、利益诉求、行动方式存在的差异，导致不同利益相关者对生态治理问题缺乏共同的价值认知。即流域整体生态环境是一体的，但不同治理主体的价值认知确是分散的。正因为在跨域生态环境问题上，不同利益相关者在整体利益与个体利益的权衡、经济利益与环境利益的取舍、短期利益与长远利益的考量、环境消费与环境保护的平衡等方面存在着明显不同的认知，导致多元主体共治间始终存在“利益失衡”的困局，才需要对多方利益相关者进行深度的调查与研究，形成一致性的“共同理解”状态。

所谓“共同理解”，建立在利益相关者价值认同与互相信任的基础之上。在多元共治体系中，需要形成多元主体间的有效信任，才能真正开展有效行动。信任是一种态度，即相信他人的行为或周围秩序符合自己的期望，这是人类社会交往的基石；缺乏信任的社会将导致恐惧心理加剧，会在不同程度上妨碍人类正常生活的进行。在长江流域生态环境治理中，信任则是不同利益相关者协调与交流的重要资本，是维护利益相关者稳定伙伴关系的基础。如果在跨域生态治理中各方利益相关者能够建立起高度信任的互动关系，能够按照承诺执行具体工作，能够对彼此身份和行动计划产生认同感，并以公共环境利益为整体价值取向，则有助于生态治理效率的提高，为解决跨域生态环境问题的集体行动奠定基础。

第三节　横纵交错协同治理层级机理

系统论为协同学的产生奠定了坚实的基础。协同治理机制在本质上是一种合作治理机制，是一种系统性的政府治理模式，其核心思想为通过政府与其他社会参与者之间的合作、协商、沟通，共同参与和实施政府治理的相关事务，以期达到对公共事务的多方共治，促使国家对公共事务的治理更加有效、透明与公正。

目前，学界普遍认同协同治理机制的多主体性与多方利益诉求，如何使政府和其他社会成员在共同参与的过程中有序地发挥各方作用，以实现政府治理目标为导向，帮助多方获得更有效的公共利益，已成为这一领域研究的热点。多元主体协同共治的核心在于全面推动政府与其他社会成员间的有效合作，既有“协商”又有“同步”之意，然而“合作的有序性”是达到协同治理共治目标的关键。从协同治理实现的动力机制来看，国内外学者将“有秩序且平等参与”提炼为协同治理实现的核心要义，强调只有在整合和聚集之间找到平衡，把握协同动机，有序并有原则地参与，协同才能持续循环发展，最终达到治理效率的最优。

一、系统与层级机理的有序性

系统论自20世纪中期由奥地利著名生物学家贝塔朗菲提出以来，在各国学者的不断完善与努力下，已形成了一套完整且统一的理论，并在实践中被广泛应用。概括而言，系统论是研究系统的结构、特点、行为、动态、原则、规律以及系统间的联系，并对其功能进行数学描述的一门新兴学科，其基本研究思想是将研究对象看作一个整体系统进行深入研究。贝塔朗菲对系统的定义是“系统是相互联系、相互作用的诸元素的综合体”[76]。整体性、开放性、层次性、相关性、目的性与环境适应性是系统的六个基本特征。整体性强调系统要素间的整体功能，在认识与调整系统时应从系统要素之间的相互关系和要素与系统之间的关系入手，以整体为主，局部服从整体，统筹考虑，各方协调，达到整体的最优化。开放性强调完全封闭的系统是不可能存在的，没有任何一个系统可以脱离与外部环境的交换而存在，系统只有不断与外部环境交换物质、能量和信息，才能维持正常运转；只有当系统从外部获得的能量大于系统内部消耗散失的能量时，系统才能不断发展壮大。层次性强调由于组成系统的各个要素存在各种差异，系统组织在地位和作用、结构和功能上表现出具有质的差异的等级秩序性即层次性。相关性则强调系统内部各要素之间的联系是有机的，它们相互关联、相互作用，共同构成系统的整体。目的性强调系统在与环境的相互作用中，在一定范围内始终表现出对预期目标的坚持性。环境适应性强调系统应与环境在进行物质、能量和信息的交流的过程中，不断自我调整以保持对外部环境的最佳适应状态。

生态文明是人类迄今为止最高阶段的文明形态，其核心思想为“和谐共生”。生态文明建设的目标是建立人与人、人与自然、人与社会的“共生秩序”；既要遵循自然的科学性，又要遵循人文的道德性；并可促进建设有序的生态机制，实现经济、社会自然环境与人的可持续发展。生态治理机制的建设应遵循生态文明思想中“人与自然、人与人、人与社会和谐共生”的思想，将系统论中强调的整体性、开放性、层次性、相关性、目的性与环境适应性等原则运用于生态协同治理体系之中。从现实情况来看，生态协同治理体系就是一个由各方参与主体共同治理的过程，在治理过程中形成了一定的规则，治理主体遵循与模仿这一规则，逐渐形成了一种通用与共享的治理秩序，以达到一定的理想治理状态。

秩序或显性或隐性地存在于世间万物之中，但却拥有其自身的发展规律和规则。生态治理系统与世间万物一样，不可能独立存在，而是始终与外部环境以及治理主体的各种治理活动紧密联系在一起。生态治理的目标、方式、形式与意义，决定了治理活动的规模、内容、方法、手段与速度，而生态治理层级与治理秩序正是由这些事物之间的组织关系而产生的。生态治理是由多项具体的治理活动组合而成，各类治理活动间互相影响、互相关联，形成了一个复杂的治理系统。在各种治理活动互相影响与作用的过程中，势必会出现某种治理活动凌驾于其他治理活动之上的情况，成为主导生态治理的核心活动，而其他治理活动则会演变为服务于核心活动的衍生活动，逐渐形成了核心治理活动与衍生治理活动两种形式，生态治理的层级有序性也逐渐凸显出来。生态治理是一个庞大且复杂的整体性工程，必须从整体的角度对系统内各组成要素进行整体的审视与掌控，并识别清楚系统内不同要素所处于的不同层级位置，以及基于层级之上厘清其有条理、有组织、有顺序、不混乱的运行规则。长江经济带覆盖面积较大，涉及省市较多，其生态协同治理主体较多且处于不同层级，因此其生态协同治理应在满足系统论特征条件的前提下，着重强调其层级结构、层级机理与运行秩序，系统分析治理结构和功能，研究治理、主体、环境三者间的相互关系和变动的规律性，构建横纵交错的生态协同治理机制，最终实现生态治理目标。

二、纵向层级构建区域治理机制

多层级治理可理解为针对传统治理方式的一种强化机制，它可覆盖的治理面积较广，涵盖全球范围到局部区域等各个层级。这种纵向层级较好地解决了治理区域面积较广、治理机制无法较好渗透实施等问题。纵向多层级的治理模式不仅是一种创新，更增加了与横向层级多方面交互的可能性，对治理机制中同层级间也具有一定经验借鉴的学习意义，学界称之为“同行学习”（peer-to-peer learning）[102]。在这方面，欧盟是多层级强化机制的一个典范，其较高层级（区域联盟、国家、民族等）的政策制定往往能够激发较低层级在横向上的动力。同样，全球多层级气候治理体系根据区域层次在纵向层级建立了“全球层级、区域层级、国家层级、省 / 州层级、城市层级、社区层级”等六个层级，全面覆盖了气候治理的不同区域。生态治理与气候治理具有较强的相似性，其特征均为区域相互影响性与流动性较强，需系统审视治理机制间的互动性。

气候治理的多层级体系之所以是全球性系统，主要是因为它具有与全球相关的气候知识、动机及其合法性的坚实基础。生态是统一的自然系统，是各种自然要素相互依存而实现循环的自然链条。生态治理体系之所以需要建立多层级结构，是基于生态资源的区域相互影响性。在全球跨区域范围内，生态治理友好型技术市场已经和生态治理政策一同建立起来了。多层级治理在不同层级政府的公共行为者之间塑造出了相互独立的治理关系与网络。对于生态治理的多层级构建应根据区域治理具体情况进行制定，进而解释国家层面和次国家层面的动力机制的交互作用。从宏观行政地域来看长江经济带，其涉及的行政权力机构包括流域沿线省级、市级、地级、基层（社区）等部门，并统一由国家层级的中央行政机构统筹管理。其中，由于长江经济带划分为上游、中游、下游等三个区域，可在中央层级与省市层级间构建上中下游层级以分区统筹管理，有利于区域利益协调、政策沟通与意见反馈。因此，长江经济带生态协同治理机制的纵向层级可构建为国家层级（中央）、上下游层级、省市层级、地级与基层社区层级等多个层级。在生态多层级治理体系中，每一个层级都应有相对应的激励与机遇，才能从根本上推动各层级间的治理动力。在国家级层面的中央治理机制，应具体负责统筹制定生态治理政策，包括排放权交易政策、生态保护红线划定、生态环境污染责任等各类环境规划法规，以及生态治理与生态修复项目的实施等。在上下游层级方面，根据上中下流域分界点将区域不同行政权力机构组成上中下流域联合委员会，负责协调区域利益与补偿政策落实。在省市层级方面，可通过生态治理技术将发达地区的成功经济政策转移至生态治理领域，鼓励区域自治与引进企业等多渠道筹措生态治理资金，逐渐将生态治理向市场化转型；在相对欠发达地区，可通过借鉴发达地区生态治理经验与借助中央生态治理项目的支持，推广可再生能源或节能型投资建设，引导当地居民参与生态治理项目建设与运营，提高欠发达地区就业率。在地级与基层社区层级则应着重关注生态治理项目实施的具体方案、实施进展与实施反馈，其建立的网格化执行模式是低层级治理的典型代表，其中德国“百分百可再生能源社区网络”便是低层级治理的优秀实践范例。

早在2010年，德国就提出计划于2050年实现全域100% 可再生能源供给的清洁能源目标，并明确指出在2022年应完成全域多座核电站的停用。近年来，随着欧洲新能源普及率与覆盖率的加速，德国在2021年将原定“2050年实现100% 的新能源供给”目标提早至2040年完成，随后在2022年将这一目标提至2035年完成[103]。为推进这一目标的实现，德国以社区为具体实现单位，扩大风能与光能在居民生活中的应用，并进一步由社区作为具体实施单位，负责城镇每一户居民家庭安装光伏发电板与每一区域安装风能发电装置，充分利用输配电网、热管、燃气管道这三大网络，制定电、热、燃气的最佳调度计划，在区域内建立能源循环，保证能源互换的绿色供给。为此，德国研发了一种可以自给自足的高效房屋系统，称为“绿色房屋”，它完全利用可再生材料搭建，利用太阳能光伏发电和能源管理技术，能够产出两倍于普通四口家庭所需的电量，并配有电动车自动充电系统，实现了整个房屋电量的自产自用。各州县通过社区网络向各区具体推广“绿色房屋”的应用，并由社区负责落实政府资助资金的拨发与居民对资助资金的应用，得到了较好的实践成果。可见，低层级治理特别是以社区为具体推进单位的实施模式，叠加政府颁发的一系列优惠政策和资助措施，对实现全域治理目标起到了关键性作用。另外，多层级治理体系还应具有一定的动态性，层级间在不同情况、不同背景、不同原因下应具有一定的流动性，网络层级间的具体流动应实时审视并及时调整。

三、横向层级构建区域治理机制

生态治理体系的横向层级则由不同类型的治理主体构成，主要由“社会——政府——市场”组成，并可结合纵向层级上权力机构中与生态治理密切相关的政府职能部门，例如自然生态保护部门、水生态环境部门、海洋生态环境部门、大气环境部门、土壤生态环境部门、环境影响评价与排放管理部门，全面形成多层级、多主体、多部门联合的网络互动生态治理体系。值得注意的是，在构建横向层级治理体系时应明确纵向与横向层级间权力、主体、任务的网络对应关系，形成多元主体共治的多维度综合性生态治理网格框架，最大程度促进层级间各主体的互动与联合。同时，通过明确政府、市场、社会所拥有的生态产品与生态权益，构建“有为政府、有效市场、有机社会”三位一体的生态协同治理新格局。同时，横向层级治理主体间的协同关系应基于多阶段博弈机理构建博弈关系网络。通过分析政府、市场、社会等治理主体间的博弈关系与期望收益，解决主体间的利益不协同问题，鼓励将社会资本引入生态建设中与政府生态购买之中，构成生态治理经费的多方来源和渠道，进一步调节各主体对经费投入与预期收益间可能产生的差距问题。此外，在多主体治理结构中应充分考量生态治理过程中的执行协同。在梳理、识别、分解生态治理执行中各实施环节间的联动关系之上，将其归纳至具有“资源保护、生态修复、统筹协调、绩效评估”等功能的行政部门，尝试从根本上解决治理执行的不协同，全面完成治理协同体系的盲区审视。

横向层级构建应强调不同层级间的强化作用，充分发挥高一层级对低一层级的支持与激励作用。同时，一定要在同层级之间发挥“先行者”的模范、合作或竞争的功能。高层级“典范者”与同层级“先行者”的标杆作用可强化不同层级与同一层级间的沟通与支持，产生横向的经验学习、合作交流与竞争关系，例如：在低级层面推出“先进城市”“基层标杆”或“社区典范”等示范基地；高一层级为支持低一层级区域提供生态治理友好型创新技术，低一层级为高一层级的生态治理决策提供具体的实践路径与反馈意见。从经济学的角度而言，生态治理多层级体系应包括政府治理向市场区域拓展的具体实施方式。在所有层级上，经济利益的驱动和生态治理政策目标向市场动力的转化，都应将生态治理多层级体系构建的综合性共同因素作为重点考量。

此外，“政府、市场（企业）、社会（公众）”三大主体间具有极端复杂性，也可能会引发最终的责任问题。正如“公地悲剧”，如果各个治理主体都负有责任，则可能导致最终出现无人负责、无人治理的悲剧情况。因此，国家层面的政府权力机构仍应作为生态环境治理的首要责任方，承担更多的治理责任与义务。因为政府相对于市场与社会而言，具有更加充足的财力、人力、物力以及惩罚权力，可更好的引导、调配、统筹生态治理项目的实施。然而，生态项目的具体实施则须交由市场中的具体企业执行。如能将企业利益与生态治理项目较好的捆绑在一起，在生态治理与修复的同时获取更多的市场收益，不仅可以扩宽生态治理基金渠道，还可以提升生态治理能效与企业盈利目标。再者，生态治理项目的具体执行与实施势必会影响治理地居民的生活。因此，社会与公众应广泛参与生态治理项目的决策、选址、实施、执行，做到更全面的监督。可见，生态多层级治理体系应倡导横向层级间“市场引领、中央统筹、社会参与”三者间主体的叠加效应，进一步实现纵向层级间的强化作用与横线层级内的交互作用，为提高区域生态治理能效奠定坚实的基础。另外，还应关注除“政府、市场、社会”三大主体之外的生态治理利益相关者，将其纳入生态治理主体结构的范畴之内予以考量，例如生态环保组织、社会媒介、相关科研机构等。

对于不同主体的利益相关者，流域生态治理应加强组织管理，实行一体化的协同治理组织机制。由于不同主体的发展目标和环保投入产出效率存在差异，如各主体之间的权责关系不够明确，则会直接降低组织效率。为确保生态一体化的有效推进，流域必须加强多元主体间的协调与合作。因此，需要在国家层面进行顶层设计，建立一个高于省（市）层面的跨区域管理机构，负责对长江经济带生态治理进行一体化管理。具体而言，可由国家发展与改革委员会、环境保护部、水利部等中央有关部委与长江沿岸的11个省市共同组建“长江经济带自然资源与环境保护委员会”。该机构将行使统一的全民所有自然资源资产所有者职责，负有国土空间用途管制、生态保护修复以及监管城乡各类污染排放和行政执法等职责。此外，该机构还应结合整个流域的生态与经济发展情况，统筹考虑沿岸产业布局态势，协调解决生态保护问题。在合理划分各省市政府部门责任的基础上，组织和监督各级政府的生态治理行动，并定期召开治理会议以交流治理经验，提升整个流域跨区治理的组织化水平，从而更有效地推动“政府、市场、社会”等多元主体间的协同合作。

第三章　长江经济带生态治理现状分析

生态一体化是长江沿线区域高质量、共同发展的重要维度与内容。长江经济带生态一体化协同治理机制应结合长江上中下游各地政府、企业以及社会力量共同参与、有效治理生态环境污染问题。这不仅是环境治理的重要内容，更是协同推进生态建设、绿色发展与经济效益的关键环节。目前而言，如何进一步协调长江经济带内社会经济与生态环境之间的良性互动关系，是影响长江经济带快速与可持续发展的关键性要素之一。

近年来，随着长江经济带经济一体化的加深，其局部区域逐渐显现出跨界生态环境问题。高强度的区域开发建设与高密度的人口与产业结构，导致流域生态功能退化、生态资源面积局部萎缩、生物多样性下降、污染物排放强度较高、局部空气质量下降等一系列环境问题频出。针对这一现象，党中央、国务院高度重视，出台了一系列相关治理政策与文件。目前，长江沿线区域经过阶段性整治，生态环境改善取得积极进展与成效。特别是在2016年长江环境大保护战略实施以后，已基本形成以大中型骨干水库、引水、提水以及调水工程为主体的水资源综合利用体系，治污工程建设速度迅速提升，治污能力提高[104]。此外，长江流域天然林保护工程的实施，明显改善了空气质量、治理了局部水土流失，使长江流域生态环境恶化得到了有效控制。2018年“共抓大保护、不搞大开发”的生态优先战略确定为长江经济带的重要发展导向之后，其生态环境管理制度与机制不断完善、产业发展与生态环境关系不断改善，长江上中下游跨区域生态补偿与绿色金融政策的有益探索持续开展。但是，长江经济带绿色发展与流域生态一体化的治理措施仍存在诸多障碍与壁垒，急需构建完善的生态一体化协同治理机制，以推动沿线区域进一步高质量发展。

第一节 长江经济带生态治理元问题

改革开放四十多年来，长江经济带的快速工业化与城市化为沿线区域经济社会发展做出了巨大的贡献。长江三角洲城市群、长江中游城市群和成渝城市群等经济发达区域，促使长江经济带发展成为我国综合实力最强、战略支撑作用最大的区域之一。多年的经济发展优先模式导致长江流域沿线面临诸多亟待解决的困难和问题，主要表现为生态环境状况形势严峻、水道存在瓶颈制约、区域发展不平衡问题突出、产业转型升级任务艰巨、区域合作机制尚不健全等。

植被覆盖变化是评估生态效应与治理成效的关键性因素之一，在维护陆地生态系统碳平衡与气候系统的能量平衡间发挥着关键作用，一定程度上可反映区域生态环境的总体情况，为地表其他生物的生存提供了良好的栖息环境 [105]，在全球变化研究中起着“指示器”的作用 [106]。一方面，植被覆盖变化直接影响地表反照率、温室气体、生态功能等地气系统特征的改变 [107]；另一方面，气候与人类活动又直接影响着地表植被的构成与生长量。动态且长时间序列的监测植被生长变化情况，能有效反映研究区气候因素与人类活动对陆地生态系统演变的影响，有助于人类更好地模拟生态环境变化趋势，是评估生态系统的功能性与服务性的有效指标 [108]。从某种程度上而言，植被覆盖变化反映了生态环境演变的过程以及生态治理的客观成效，对其进行深入的驱动因素分析不仅有利于区域生态环境综合治理的科学规划与决策，也有助于生态治理体系的审视与调整。我国自2000年针对长江流域开展了一系列退耕还林还草工程和天然林保护工程，对流域植被覆盖结构与生态修复影响显著。

归一化植被指数（Normal Difference Vegetation Index，NDVI）是监测植被与研究生态系统变化最常用的参数之一，能客观呈现较大范围内植被覆盖的具体信息 [109]，在植被覆盖的年际变化、时空分异特征以及其驱动因素等相关研究之中得到广泛应用 [110]。现有大量研究表明，气候变化与人类活动是植被覆盖变化的关键影响因素，但不同时空尺度下其研究结论具有一定的差异性。Fensholt 等 [111]

指出气温与降水是影响1981—2007年全球半干旱地区植被生长的主要限制因素。Mohammat 等 [112] 指出干旱与春冷是导致1982—2009年亚洲内陆地表植被生长速度减缓、绿化程度降低的主要原因。信忠保等 [113] 发现气候变暖延长了黄土高原植被的生长期，农业生产、退耕护林等人类活动对植被变化具有正面效应。穆少杰等 [114] 发现影响内蒙古植被生长的关键因素为水热组合的共同作用。易浪等 [115] 发现影响黄土高原植被覆盖变化的主要驱动因素为降水与人类活动的正负效应。邓晨晖等 [116] 发现秦岭地区植被覆盖变化的主要贡献因子为“人类活动 > 降水 > 气温 > 潜在蒸散量”。对比已有研究可知，我国现有植被覆盖研究成果多集中于黄土高原、青藏高原、内蒙古等西北生态脆弱区与华东、华北等人口密集区 [117]。近年来，大尺度下长江、黄河、海河、淮河等流域植被覆盖研究逐渐受到关注 [118-119]。

一、长江流域植被覆盖时空演化与变化趋势

“共抓大保护、不搞大开发”不仅是推动长江经济带发展的战略导向，更是指导长江流域沿线生态经济协同发展的主导思想。长江流域具有相对独立的生态系统，植被资源丰富，地形地貌多样，复杂多变的流域气候特征孕育了丰富多样的生态系统类型，气候和非气候要素变化对植被覆盖变化的空间差异显著，是研究植被覆盖变化对气候响应与人类活动的理想区域之一，更为研究长江流域生态治理元问题提供了科学支撑。

随着全球气候变暖和人类活动加剧，长江流域生态环境压力陡增，生态安全屏障功能面临巨大挑战。在气候变化和人类活动双重因子的作用下，长江流域植被覆盖变化受到了国内外学者的广泛关注。现有大量研究表明，气候变化与人类活动是植被覆盖变化的关键影响因素，但不同时空尺度下其研究结论具有一定的差异性。近年来，大尺度下长江、黄河、海河、淮河等流域植被覆盖研究逐渐受到关注。目前，关于长江流域长时间序列的植被覆盖时空变化研究多以分区域为主，而有关全流域植被覆盖变化及其对气候和人类活动影响的研究尚存一定空间，造成学界对流域植被覆盖变化规律与形成机理的认识相对薄弱。本章基于2000—2019年 MODIS-NDVI 与相关气象等数据，对2000—2019年长江流域植被覆盖变化和空间格局展开分析，系统深入探讨了流域植被覆盖的时空演化和驱动因素，定量分析了植被覆盖对气候

和非气候要素变化的响应，评估了不同驱动力对植被覆盖时空变化的贡献，总结归纳出长江流域植被覆盖变化的空间异质性及阶段性特征，以期为长江流域生态工程建设提供有效的参考与借鉴。未来，流域应基于人地协调理念，并充分考量流域生态治理重点区域与协调治理格局的制度困境，探索长江流域生态协同治理的新模式。

（一）研究区概况

长江流域指长江干流和支流流经的广大区域，介于90° 30′ ~122° 25′ E、24° 30′ ~35° 45′ N之间，流域总面积达180万 km²，占中国国土面积的18.8%。长江发源于唐古拉山，横跨中国三大地形阶梯，自西北向东南流经青海省、四川省、云南省、重庆市、湖南省、安徽省、上海市等19个省、市、自治区。横贯中国东部、中部和西部三大经济区，素有黄金水道之称。长江流域复杂的地形地貌、丰富的自然资源和多变的气候类型孕育出流域丰富多样的生态系统类型。

（二）数据来源与处理

本章采用的 NDVI 数据来源于美国航空航天局（NASA）EOS/MODIS 数据产品中的 MOD13A3 NDVI 数据，时空分辨率分别为月度和1 km，时间跨度为2000—2019年。利用 MRT（MODIS Reprojection Tools）软件对所获数据进行格式转换、投影转换及拼接等预处理，选取植被生长季（4—10月）的 NDVI 数据进行分析，通过 Arcgis 10.3软件采用平均值合成法得到年尺度的 MODIS-NDVI 数据集。为进一步获得更加精准客观的数据，减少由于卫星的几何视场角和大气中霾、云以及数据合成过程中导致的数据误差，本研究采用 S-G 滤波平滑法进一步修正生长季 NDVI 数据。

气象数据来源于国家科技基础条件平台——国家地球系统科学数据中心的2000—2019年中国1 km 分辨率逐月平均气温和逐月降水量数据集。为保证数据的有效运算，本研究采用的气温、降水和 NDVI 数据均重采样为1 km 栅格像元。此外，本研究使用的 DEM 数据来源于地理空间数据云的 ASTER GDEM 30M 分辨率数字高程数据。土地利用数据来源于中国科学院地理科学与资源研究所的2000年和2020年全国1 km 多时相土地利用现状数据。

（三）研究方法

（1）Theil-Sen Median 趋势分析是一种用于长时间序列数据的稳健的非参数统计的趋势计算方法。计算公式为：

$$\beta = mean\left(\frac{x_j - x_i}{j-i}\right), \forall j > i \tag{3-1}$$

式中，x_j、x_i 为序列数据。当 β ＞0时表示上升趋势；反之表示下降趋势。

Mann-Kendall 可剔除异常值与缺失值的干扰性，增强研究方法的抗噪性，广泛运用于水文、气象与植被研究中，其统计检验方法如下所示：

$$Z = \begin{cases} \frac{S-1}{\sqrt{Var(s)}} & (S>0) \\ 0 & (S=0) \\ \frac{S-1}{\sqrt{Var(s)}} & (S<0) \end{cases}$$

$$S = \sum_{i=1}^{n-1}\sum_{j=i+1}^{n} sign\left(x_j - x_i\right)$$

$$sign(\theta) = \begin{cases} 1 & (\theta>0) \\ 0 & (\theta=0) \\ -1 & (\theta<0) \end{cases} \tag{3-2}$$

式中，Z 表示通过标准化检验的统计量，S 则表示检验统计量，x_j、x_i 表示研究区时间序列，n 表示研究样本数量；当 n ≥8时，S 近似静态分布，其计算公式为：

$$E(S) = 0$$

$$Var(S) = \frac{n(n-1)(2n+5)}{18} \tag{3-3}$$

（2）Hurst 指数可有效反馈 NDVI 时间序列的随机性或持续性且能预测未来发展趋势。本研究采用 R/S 分析法计算植被生长季 NDVI 变化的 Hurst 指数。

指定一时间序列 $\{NDVI_t\}, t=1$，2，…，对于任意正整数 τ ≥1，定义均值序列：

$$\overline{NDVI_t} = \frac{1}{\tau}\sum_{t=1}^{\tau} NDVI_t, \tau = 1,2,3,\cdots,n \tag{3-4}$$

累积离差：

$$X(t,\tau)=\sum_{t=1}^{\tau}\left(NDVI_t-\overline{NDVI_t}\right),1\leqslant t\leqslant\tau \tag{3-5}$$

极差：

$$R_\tau=\max_{1\leqslant t\leqslant\tau}X(t,\tau)-\min_{1\leqslant t\leqslant\tau}X(t,\tau),\tau=1,2,3,\cdots,n \tag{3-6}$$

标准差：

$$S_t=\left[\frac{1}{\tau}\sum_{t=1}^{\tau}\left(NDVI-\overline{NDVI}\right)^2\right]^{\frac{1}{2}},\tau=1,2,3,\cdots,n \tag{3-7}$$

计算 Hurst 指数：

$$\frac{R_t}{S_\tau}=(a\tau)^H \tag{3-8}$$

式中，H 为 Hurst 指数，在双对数坐标系（$\ln R/S,\ln\tau$）中通过最小二乘法拟合求得。若 $H=0.5$，表示未来变化趋势与过去变化情况无关；若$0<H<0.5$，表示未来变化趋势与过去变化情况相反；若$0.5<H<1$，表示未来变化趋势与过去变化情况一致；H 越接近1，持续性越强。

（3）变异系数能反映数据的时间序列上的离散程度，可用来反映植被覆盖的波动程度。计算公式为：

$$Cv=\frac{\sigma_{NDVI}}{\overline{NDVI}} \tag{3-9}$$

式中，Cv 表示某时间序列的变异系数；σ_{NDVI} 为标准差；$\overline{NDVI}$ 为均值。Cv 值越大说明植被生长季 $NDVI$ 波动程度越大，植被覆盖越不稳定；反之则说明植被覆盖越稳定。

（4）偏相关分析，指控制其他变量的线性影响的条件下分析两变量间的线性相关性。在计算偏相关系数前，先计算两要素之间的相关系数。公式为：

$$r_{xy}=\frac{\sum_{i=1}^{n}(x_i-\overline{x})(y_i-\overline{y})}{\sqrt{\sum_{i=1}^{n}(x_i-\overline{x})^2}\sqrt{\sum_{i=1}^{n}(y_i-\overline{y})^2}} \tag{3-10}$$

式中，r_{xy} 为变量 x 与 y 之间的相关系数，n 为样本数，$\overline{x}$ 和 $\overline{y}$ 分别表示两个变量的平均值。偏相关系数计算公式为：

$$r_{xy,z}=\frac{r_{xy}-r_{xz}r_{yz}}{\sqrt{\left(1-r_{xz}^2\right)\left(1-r_{yz}^2\right)}} \tag{3-11}$$

式中，$r_{xy,z}$表示固定变量z后，变量x和y的偏相关系数r_{xy}、r_{xz}、r_{yz}分别为变量x/y、x/z、y/z的简单相关系数，采用$a=0.05$的t检验对偏相关系数进行显著性检验。

（5）残差分析。通过NDVI与气候因子的回归分析得到NDVI的预测值，遥感观测得到NDVI的实测值，二者之差为剩余价值即为残差，从而量化人类活动对植被生长的影响，具体公式如下：

$$NDVI_{pre}=a\times p+b\times T+C \tag{3-12}$$

$$\varepsilon=NDVI_{CC}=NDVI_{pre}-NDVI_{real} \tag{3-13}$$

式中，$NDVI_{pre}$表示NDVI预测值，$NDVI_{real}$表示NDVI的真实值；a与b表示NDVI对降水和气温的回归系数；C表示回归常数项；p表示降水量；T则表示气温；ε表示人类活动影响项，若$\varepsilon>0$表示人类活动产生正面效应，$\varepsilon<0$表示人类活动产生负面效应，$\varepsilon=0$表示人类活动产生的影响比较微弱[120]。

（四）研究结果

1. 流域植被覆盖时空演化

通过研究结算可得，2000—2019年长江流域生长季NDVI呈现波动上升趋势，其增长速率为0.003 4/a，具体如图3-1所示。生长季NDVI与年份呈显著相关，相关系数0.913 6通过了0.01的置信度检验，说明在研究时段内长江流域植被覆盖得到有效改善。从年际变化来看，不同阶段呈现出不同的变化特征，基于M-K突变检验显示，正向统计量序列（UF）与逆向统计量序列（UB）曲线在2009年附近相交，表明2009年前后生长季NDVI存在显著差异，经历了2个阶段的变化趋势（2000—2009和2010—2019年）。其中，2000—2009年植被生长季NDVI年际变化速率为0.004 6/a（$R=0.828\ 3$，$P<0.01$），该时段受长江流域退耕还林工程实施的影响，生态保护工程成效显著，人为作用促进了植被覆盖的稳定增长。2010—2019年生长季NDVI年际变化速率为0.003 3/a（$R=0.810\ 3$，$P<0.01$），增长幅度较第一阶段放缓。究其原因为：在全球气候变化的背景下，长江流域在2009—2010年受极端异常气候的影响，降雨稀少，气温异常，干旱、洪涝、山体滑坡、泥石流与台

风等灾害频繁对植被的生长发育影响明显，在一定程度导致该时段内植被覆盖增长趋势放缓。

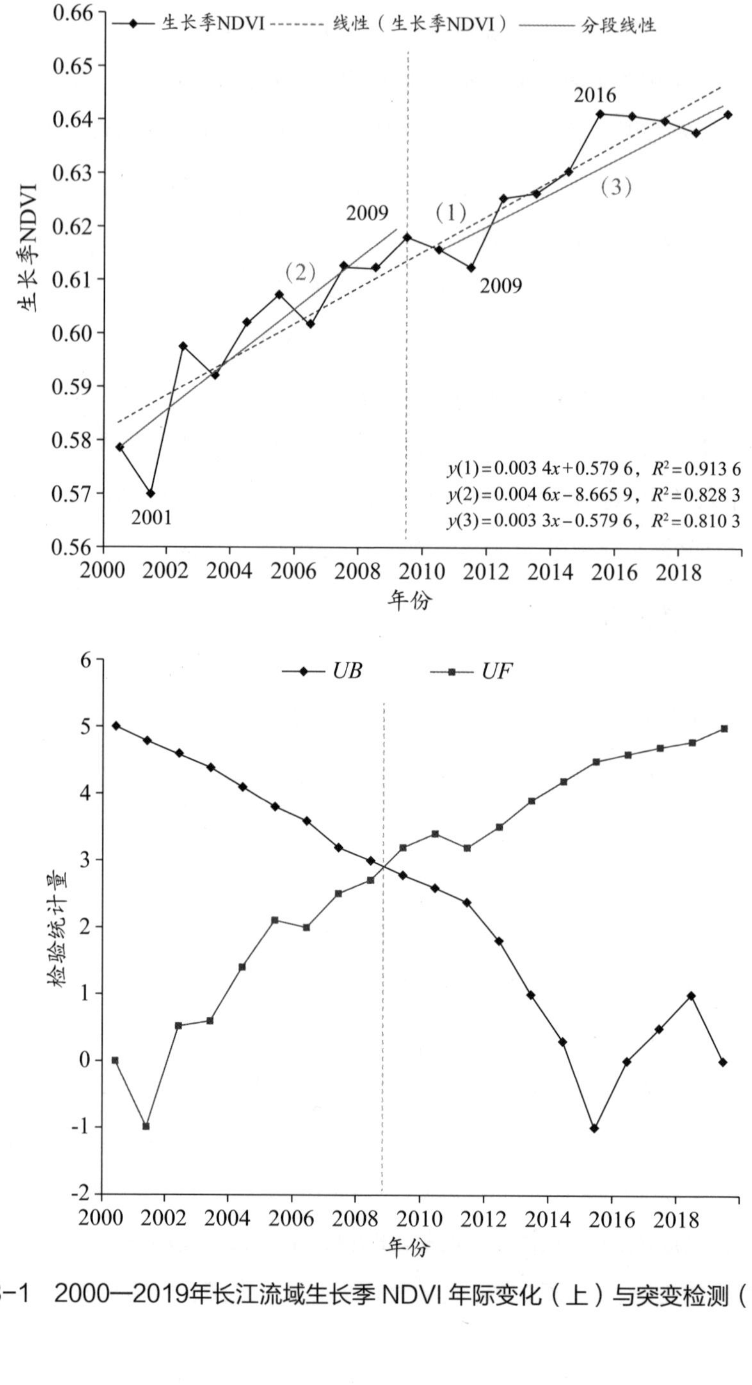

图3-1　2000—2019年长江流域生长季 NDVI 年际变化（上）与突变检测（下）

通过计算可知长江流域生长季 NDVI 的具体空间分布情况，目前流域绝大部分区域植被覆盖状况良好，大致呈现“中部高、东西低”的空间分布格局，流域上中下游生长季 NDVI 分别为0.576 0、0.680 2和0.592 4。由于长江流域植被类型、土地利用、气候因素等不同，其中：汉水流域西部、嘉陵江流域北部、乌江流域、洞庭湖流域西部和鄱阳湖流域等地区植被覆盖良好，这些区域植被覆盖以森林为主，植被类型为常绿阔叶林和落叶阔叶林等。金沙江流域和岷 - 沱江流域上游生长季 NDVI 则相对较低，该区域复杂的自然地理条件和长期人为干扰破坏，森林植被在不同自然条件下的演变和各种植物成分的相互渗透，给森林植被恢复造成了极大困难。特别是金沙江流域上游的青海东部及西藏北部地区受到自然条件的限制，植被类型以高寒草原、草甸和高山植被为主，生物多样性降低且生物种类相对单一，恶劣的气候环境抑制植被的生长发育，导致植被覆盖较差。太湖流域的上海、江苏省西南部、浙江中部和杭州湾等地区，因处于人口较为密集的经济发达地区，受人为干扰因素较高，植被覆盖情况普遍较差。对洞庭湖流域进行放大研究发现，洞庭湖流域绝大部分区域植被覆盖状况良好，整体呈“西高东低”空间分布特征。其中，生长季 NDVI 高值区（＞0.6）主要分布在湖南西部的武陵山区、雪峰山区，东部的幕阜山脉、连云山脉，东南部的罗霄山脉和南部的南岭山地区。该区域动植物珍稀种类丰富，被列为重点生态保护区之后，植被覆盖度明显增加。生长季 NDVI 低值区（＜0.3）主要分布在地势较低的平原与城镇聚集区，特别是流域东部冲积平原与流域沿线城镇化发展较快的大片区域以及长株潭城市群。该区域虽降水量较高，但作为湖南省经济一体化发展的核心区域，其工业化程度相对较高、人类活动强度较大，导致生长季 NDVI 数值普遍较低。另外，位于洞庭湖沿线的岳阳、常德、益阳北部，以及湘中盆地的衡阳、邵阳东部，其植被覆盖也相对偏低。生长季 NDVI 中值区（0.3~0.6）多位于高山与平原之间的丘陵地带，包括湘南丘山区、湘中和湘东丘陵以及环洞庭湖农耕区等区域，覆盖了流域内大部分的农业耕地，这与湖南省较好的农业基础与国家推行的遏制土地撂荒政策密切相关。例如，位于洞庭湖滨的益阳市积极采取农村土地信托流转模式，盘活了大量闲置农用地资源，对农作物覆盖度的增加具有显著促进效应。

此外，变异系数能客观反映数据分布的离散性与波动性。通过研究计算可得，

2000—2019年长江流域植被覆盖情况总体比较稳定，变异系数介于0.010 4 ~ 1.319 9，平均值为0.066 7，反映2000—2019年长江流域植被生长季 NDVI 整体处于较低波动状态。参照前人研究成果[121]，将研究区 NDVI 变异系数划分为5个等级（详见表3-1）。长江流域生长季 NDVI 空间波动呈现中间低、东西高，东西局部区域高低波动并存，地域稳定性空间差异明显的分布特征。

由表3-1可知，长江流域生长季 NDVI 相对低波动变化面积的比例最大，为54.82%，主要分布在长江中部的汉水流域东部平原丘陵区、乌江流域、洞庭湖流域西部、岷江—沱江流域和嘉陵江南部和上游干流区；高波动变化面积的比例最小为1.33%，主要分布在金沙江流域横断山脉地区、岷江—沱江流域上游地带的岷山邛崃山高山区、嘉陵江流域北部的若尔盖草原，高波动变化呈零星状散布在该区域的高海拔地区，且远离城市建成区。自然因素是该区域植被覆盖高波动变化的主要原因，如泥石流、极端气候等。此外，太湖流域以及长江干流与支流沿线区域植被覆盖变化剧烈，该区域是人口密集区和传统农耕区，快速的土地覆盖变化导致植被变化波动大。低波动等级面积比例为34.73%，集中分布在岷江—沱江流域中下游的四川盆地中部丘陵区、长江流域云贵高原中部以及金沙江流域的长江源头区域。该区域植被类型以山地草甸、高寒草甸和原始森林为主，高寒草甸和原始森林受到人类活动干扰较小，植被覆盖波动变化程度最小。中等波动变化面积的比例为7.31%，而较高波动变化面积的比例为1.81%，并且伴随着高波动变化出现。综上所述，2000—2019年长江流域植被覆盖度波动程度较低，植被变化相对稳定，植被覆盖度区域增强，大部分区域无显著性变化，改善的面积大于退化的面积。

表3-1　2000—2019年长江流域生长季 NDVI 变化稳定性

Cv 变化范围	变异程度	占总面积百分比
（≤ 0.05）	低波动	34.73%
（0.05，0.10]	相对低波动	54.82%
（0.10，0.15]	中等波动	7.31%
（0.15，0.20]	相对高波动	1.81%
（> 0.20）	高波动	1.33%

2. 长江流域植被覆盖变化趋势分析

运用 Theil-Sen Median 趋势法分析长江流域植被覆盖的变化趋势，可得出2000—2019年间长江流域生长季 NDVI 年际变化趋势的空间分布特征，并通过极显著（$P<0.01$）与显著（$P<0.1$）检验植被生长季 NDVI 年际变化趋势的空间分布情况。通过研究计算可知，长江流域中部地区生长季 NDVI 生长情况要明显好于东部和西部地区。研究结果如表3-2所示，共计90.18% 的区域植被覆盖整体呈上升趋势，包括不显著增加、显著增加、极显著增加的区域，以长江流域中部区域分布为主，其中71.30% 的区域呈现显著和极显著增加趋势，主要分布于上游干流区、嘉陵江流域、乌江流域、洞庭湖流域、鄱阳湖流域以及汉水流域。该区域植被覆盖状况的好转得益于国家及地方一系列退耕还林、封山育林、退湖还田等重点生态治理工程的实施。长江流域生长季 NDVI 呈减少趋势的面积占比为9.82%，包括极显著减少、显著负减少、不显著减少的区域，主要分布在经济发达的长三角地区、省会城市及地区中心城市，如上海、南京、杭州、武汉、长株潭城市群等周边。人口集聚和经济发展带来的生态环境破坏，以及城市化进程导致的城市周边土地覆盖类型的改变，是导致该区域植被覆盖减少的主要原因。另外，城镇化的不断扩张与经济的高速发展导致大量耕地被占用且地表植被遭到破坏，是植被覆盖率降低的直接因素。

表3-2　长江流域生长季 NDVI 变化趋势显著性统计

	极显著减少	显著负减少	不显著减少	不显著增加	显著增加	极显著增加
像元数	19 070	26 376	12 8342	334 147	275 084	986 883
百分比	1.08%	1.49%	7.25%	18.88%	15.54%	55.76%

总体而言，2000—2019年长江流域生长季 NDVI 植被覆盖整体呈显著改善趋势。其中，海拔相对较低、人类活动较为频繁地区的生长季 NDVI 变化斜率较大；然而，由于气候等其他因素，高海拔区域植被覆盖变化主要表现为基本不变，或轻度退化，或轻度改善；整体上，长江流域生长季 NDVI 变化趋势呈现中部强于东部、东部强于西部的空间分布特征。

3. 长江流域植被覆盖未来变化趋势特征

通过研究计算判断长江流域植被覆盖的未来变化趋势可知，2000—2019年长江流域 Hurst 指数介于0.094 0～0.993 6之间，Hurst 指数平均值为0.432 8。参考前人研究结果[122]，Hurst 指数介于0.35～0.65之间定义为弱持续性，这种弱持续性表明长江流域植被覆盖变化受自然、人为等多种因素共同驱动。林业建设、耕田维持等单一驱动力的植被恢复，其表现为强持续性[123]。长江流域植被覆盖变化趋势较为复杂，植被覆盖持续性和反持续性空间变化相间分布。其中，Hurst 指数大于0.5的区域占总面积的占32.86%，小于0.5的区域占总面积的67.14%，表明未来生长季 NDVI 呈弱反持续性，生态环境改善趋势减缓。Hurst 指数高值区主要分布在太湖流域、汉水流域东南部的江汉平原、鄱阳湖流域的武夷山区和金沙江流域南部的滇中高原区，说明这些区域植被具有同向变化特征；而 Hurst 指数低值区主要分布在金沙江流域的横断山区、岷江—沱江流域的岷山邛崃山高山区、上游干流区以及乌江流域的武陵山片区等区域，特别是三峡库区宜昌至重庆段，反映出该区域植被变化反向性特征明显。未来长江流域植被覆盖变化可能会受到气候、人类活动等多因素共同作用，发生较大波动，需密切关注变化趋势。

为进一步揭示长江流域植被覆盖变化趋势及其持续性，本研究叠加生长季 NDVI 变化趋势和 Hurst 指数结果，得到变化趋势与持续性的耦合信息，结果如表3-3所示。其中，持续改善面积占比为28.59%，主要分布在长江流域中部的嘉陵江、汉水、洞庭湖及乌江等流域，金沙江流域的南部以及长江源头区域也有分布；持续退化所占比例为3.95%，主要分布在太湖流域的长三角地区、金沙江流域的横断山区以及省会城市及其地区中心城市，如武汉、长沙、成都等周边地区；此外，61.09% 的区域未来变化趋势为由增变减，改善趋势减缓，且分布范围广泛，以上游干流区、乌江流域以及嘉陵江流域的四川盆地区域分布为主。因此，未来长江流域应重点关注持续退化和由增变减区域的植被变化状况。同样，对洞庭湖流域进行放大研究发现，未来洞庭湖流域植被生长季 NDVI 由增变减面积占比为61.47%，表示该区域未来植被增长趋势可能放缓，整体发展可能向退化方向改变。该区域主要分布于湘西、湘中、湘南等大片区域，可能是由于近年来国家大力开展生态治理工程建设，生态效应在相对较短时间内得到了明显恢复；但由于生态效应边际递减叠加未修复生态区具有一定的修复难度，导致未来植被由增变减区域较大，生态修复难度增加。另外，洞庭湖流域植被覆盖持续增加面积为32.87%，主要分布在流域西南部的都匀市和凯里市、南部的南岭山地区、西部的雪峰山以及澧水流域，是我国生态保护与生态治理的重点区域之一。此外，其由减变增面积占比为2.82%，主要分布在洞庭湖北部的长江沿线区域。这主要得益于洞庭湖北部地区长江补水工程、长江中游防护林工程等各类生态修复工程的全面开展。持续减少面积占2.84%，主要分布在长株潭城市群、环洞庭湖城镇开发区以及衡阳盆地。该区域处于经济发展地带，植被覆盖指数不可避免地呈现出持续减少趋势。特别是需重点关注湖区沿线与经济较发达区域呈持续减少特征，应为下一步生态工程建设的重点区域。

表3-3　2000—2019年长江流域生长季 NDVI 未来变化趋势统计

未来趋势	不显著	随机变化	由减变增	持续退化	由增变减	持续改善
百分比	0.99%	0.01%	5.39%	3.95%	61.09%	28.59%

二、长江流域植被覆盖变化驱动因素分析

气候因子是影响区域植被分布和生长的重要环境因素，生长季的植被变化与气候的关系尤为密切[124]。气温与降水是影响植被生长与分布状况最关键的自然气候因素。为客观反映气温、降水对植被生长的影响，本章采用偏相关分析方法对长江流域生长季 NDVI 与气温和降水进行相关分析，来探讨植被变化与气候因子之间的相互关系。

（一）长江流域植被覆盖与气候因子的相关性

基于像元尺度计算长江流域生长季 NDVI 与降水量之间的相关系数。通过研究计算可知，生长季 NDVI 和降水量的正相关性和负相关性并存，整体上呈现出正相关的关系。如表3-4所示。生长季 NDVI 与降水呈正相关的区域占总面积的78.29%，其中具有显著（$P<0.1$）和极显著（$P<0.01$）正相关的区域分别为11.15% 和12.32%，主要分布于上游干流区、乌江流域、嘉陵江流域南部川中盆地、岷江—沱江流域南部的四川盆地中部丘陵区、金沙江流域的青南高原区以及下游干流区的九华山—黄山地区。该区域植被覆盖情况的持续改善，可显著提升该区域水土保

持与涵养水源的作用。同时，区域地表植被的生长状况受降水情况与水分条件改良的正影响巨大。此外，长江流域生长季 NDVI 和降水呈负相关的区域占总面积的21.71%。其中，通过显著性检验的面积微乎其微，呈负相关的区域主要分布在金沙江流域的横断山脉区、岷江—沱江流域南部的四川盆地北部山地区、汉水流域西部的秦巴山地区和太湖流域的长三角地区。可以说，降水对长江流域内的植被空间分布差异有着重要的作用。

表3-4　生长季 NDVI 与降水和气温的相关显著性统计

	极显著负相关	显著负相关	不显著负相关	不显著正相关	显著正相关	极显著正相关
降水	0.29%	0.81%	20.61%	54.82%	11.15%	12.32%
气温	0.15%	0.50%	18.56%	61.92%	11.59%	7.30%

气温是影响植被生长的另一关键自然因素。通过计算可得出，2000—2019年长江流域生长季 NDVI 与气温的偏相关系数及显著性检验结果。其中，区域生长季 NDVI 与气温呈正相关区域占80.80%，具有显著（$P<0.1$）和极显著（$P<0.01$）正相关的区域分别为11.59% 和7.30%，主要分布在长江流域中部的四川盆地和武陵山片区，东部的南岭—武夷山片区，西部金沙江上游的长江源头区域。该区域水资源丰富、海拔较高，温度升高有利于植被覆盖的增加，温度是影响这一区域植被生长的主要限制因子。此外，长江流域生长季 NDVI 与气温呈现负相关区域占比19.20%，主要表现为不显著负相关，以金沙江流域的横断山脉区、汉水流域东部的江汉平原区和太湖流域的长三角地区分布为主。

植被覆盖变化受气候变化和人类活动的双重作用，气候变化对植被的生长起着至关重要的作用[125]。参考前人研究[126]分析长江流域生长季 NDVI 变化的驱动因素。如表3-5所示，研究区生长季 NDVI 受气候因素驱动的区域面积占比为91.26%。其中，67.83% 的区域受气温和降水共同驱动作用明显，主要分布于长江流域中、东部区域。该区域冬季湿冷漫长，夏季高温多雨，植被生长喜水喜热。此外，受降水驱动为主的地区呈斑块状集中分布在汉水流域东部、嘉陵江流域和金沙江流域上游部分地区，约占整个研究区面积的10.46%。其中金沙江流域上游和嘉陵江流域北部属于西北干旱半干旱区的过渡地带，该区域光照资源较为丰富但降水量较少；而汉水流域东部的江汉平原地区气温较高，高温加速了地表的蒸散发过程，水分大量蒸发使得土壤水分流失严重，导致土壤干化现象严重。可见，气温升高对植被生长具有抑制作用，而降水增加则促进了植被生长，造成了该区域植被生长对降水的反应较为敏感。

表3-5　长江流域生长季 NDVI 对气温和降水的综合响应

分区	气温	降水	占总面积百分比
分区一	−	+	10.46%
分区二	+	+	67.83%
分区三	−	−	8.74%
分区四	+	−	12.97%

归纳而言，长江流域12.97% 的区域生长季 NDVI 受温度驱动，主要集中分布在汉水流域西部的秦巴山地区。研究结果表明，不同海拔带植被覆盖变化对气温的响应差异显著；伴随海拔高度的变化，植被覆盖与气温的相关性由负转正。由于该区域属高海拔山区，是气温变化的敏感区和生境脆弱区，温度随海拔升高而降低，导致热量成为该区域植被生长的主要限制性因子，这与陈超男[127]和邓晨辉[128]研究结果一致。此外，岷江—沱江流域的川西高原地区与气温也呈正相关，该地区植被类型普遍为森林及高山灌丛草地，区内降水量相对较多，植物生长所需水分充足，受降水的影响较小，但高海拔区域的植被生长对温度变化更为敏感。

（二）人类活动对植被覆盖变化的影响

流域内8.74% 的区域不受气候因素驱动，主要分布在太湖流域。该区域经济发达，人口密集，人为干扰较大，主要受人为因素的影响。同时，金沙江流域横断山区和岷江—沱江流域西部的岷山、邛崃山高山区等高海拔区域，其植被生长与气温、降水均呈负相关。一种可能的解释是由于该区域降水较多，但降水的增加使气温降低、光照强度下降、光合作用减弱，降水和气温的共同作用使植被的生长受到一定抑制。同时，金沙江流域既是长江上游生态脆弱区和自然灾害频发区，也是长江流域生态建设工程的重点实施区。因此，该区域植被覆盖变化受自然和人为因素的交互影响。从整体上看，长江流域整体上生长季 NDVI 变化表现为气候因素驱动，局部区域表现为受自然因素叠加人为因素作用共同驱动。

此外，残差分析法可分离出人类活动对植被覆盖变化的贡献，能有效反映人类活动对植被覆盖的影响。通过研究计算2000—2019年间长江流域植被生长季 NDVI 残差变化趋势可知，流域残差变化正面效应区域远大于负面效应区域，说明近20年间生长季 NDVI 残差总体呈上升趋势，流域植被覆盖快速增长，人类活动正影响效应明显。2001年以来实施的长江中上游防护林体系建设、生态退耕、山区和湖区植树造林等生态建设工程积极促进了流域植被覆盖变化。

残差为负的区域为人类活动对植被覆盖产生破坏作用的区域，主要分布在长三角地区、金沙江上游的青南高原和横断山区，此外长江沿线的武汉城市圈、长株潭城市群、环鄱阳湖城市群、皖南城市带和成渝经济区等城市发展密集区均有分布。这些区域经济发展较快，既是社会经济与人类活动密集区又是主要的粮食生产区，人类活动对植被覆盖具有一定的破坏作用，特别是城市周边大量的农林用地被转变为建设用地以满足城市发展需求，导致城镇周边区域 NDVI 的显著减少，生态环境问题逐渐显现。

另外，“农业生产与生态工程建设”对生态环境变化具有显著影响。一方面，农业生产与植被覆盖变化的关系极为密切。以洞庭湖为例，洞庭湖流域有大量典型的农业灌溉区，尤其是平原与丘陵地带分布了大量的农业耕地，使人类活动成为了农业生产区生长季 NDVI 变化的主要影响因素。如图3-2所示，2000—2019年洞庭湖流域粮食产量总体呈分阶段上升趋势，对比同期生长季 NDVI 变化具有明显的同向性特征，二者呈现显著相关性（$r=0.734$，$P<0.01$）。图3-3为洞庭湖流域生长季 NDVI 与农作物总耕地面积的关系图，二者间关联性特征明显，呈显著相关性（$r=0.539$，$P<0.05$）。可见，农业生产对洞庭湖流域植被覆盖变化具有显著的正面效应。

另一方面，生态工程的全面实施在一定程度上降低了自然因素对植被变化的影响，增强了植被变化的人为可控性因素[129]。同样以洞庭湖为例，洞庭湖流域作为长江重要的子流域，是我国生态工程的重点建设区域，得益于21世纪起始的洞庭湖流域生态保护修复工程，流域植被覆盖变化发生了明显的正向效应。如图3-4所示，随着造林面积的增加，流域NDVI呈现出逐年上升趋势，人工造林面积与生长季NDVI变化呈显著相关性（r=0.688，P＜0.01）。特别是2003年与2015—2019年人工造林面积相对较多，对比同期NDVI增速明显较快，表明洞庭湖流域生态工程建设对植被覆盖变化产生了积极促进效应。

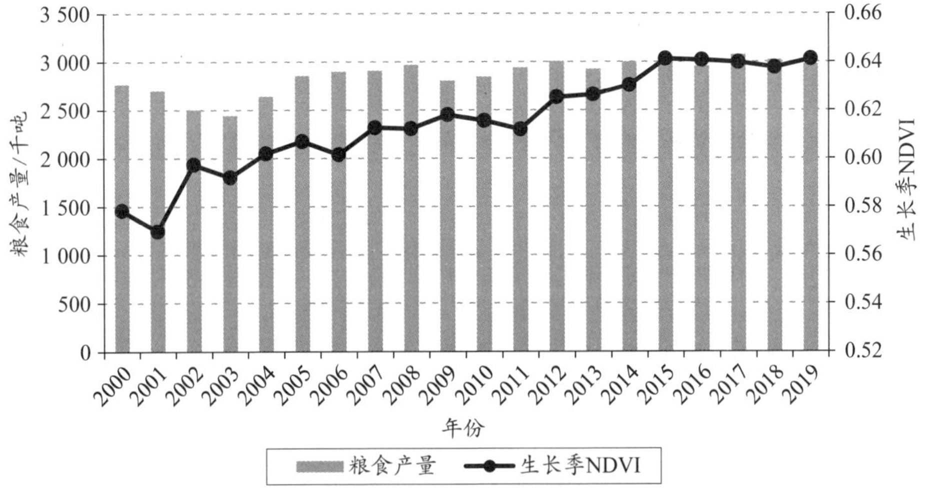

图3-2　2000—2019年洞庭湖流域生长季NDVI与粮食产量的关系

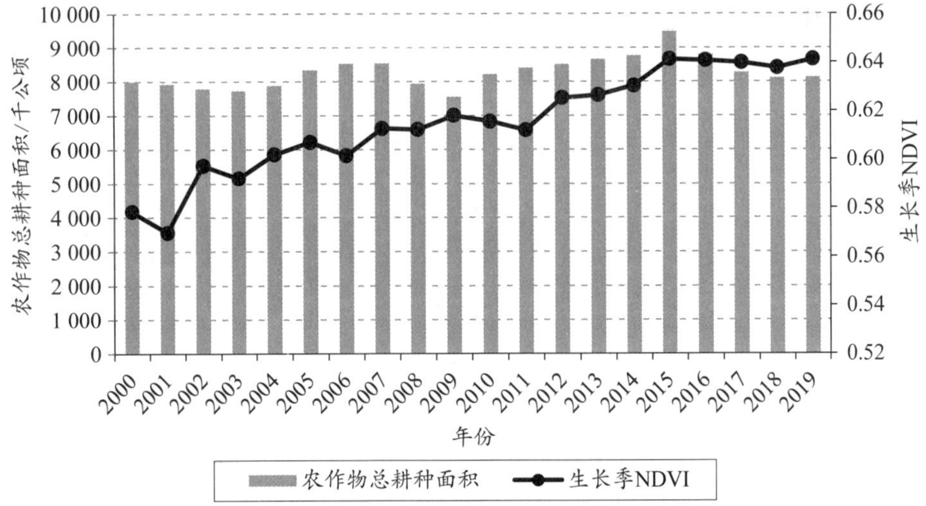

图3-3　2000—2019年洞庭湖流域生长季NDVI与农作物总耕地面积的关系

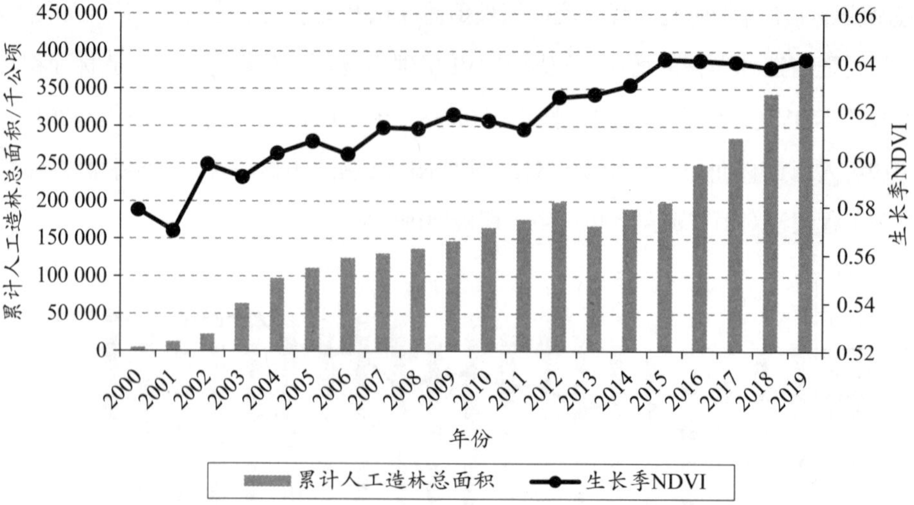

图3-4　2000—2019年洞庭湖流域生长季 NDVI 与人工造林总面积的关系

三、土地利用变化对植被覆盖变化影响分析

土地利用变化能直观反映地理空间中人与环境的相互作用[130]。为进一步厘清人类活动对植被覆盖变化的影响，本节从土地利用变化角度进行探讨。随着人类活动的加剧，土地利用发生了显著变化，且对植被变化的影响具有明显的正负效应。如表3-6所示，2000—2020年长江流域土地利用变化总面积为65 606 km^2，因植被变化和土地变化间具有一定的滞后效应，故滞后一期观察，采用2000—2020年数据对比。约为长江流域总面积的3.64%。土地利用变化以建设用地、耕地和林地为主，主要是耕地向建设用地和林地转化。建设用地转入面积最多，耕地转出面积最多。在用地类型转化过程中，55.52% 的耕地转变为建设用地，26.74% 的耕地转变为林地；23.57% 的林地转变为建设用地，52.65% 的林地转变为耕地。由此可知，以城市建设、植树造林和农业开垦为主的人类活动是长江流域植被覆盖变化的主导因素；大量耕地、林地转化为建设用地，服务于快速发展的城市化进程，植被覆盖度明显降低。

为进一步探讨土地利用变化对植被覆盖变化影响，在分析长江流域土地利用变化的基础上，同样以洞庭湖为例加以验证。如表3-7所示，2000—2020年间洞庭湖流域约有10 710 km^2 土地利用类型发生了变化。其中，以耕地与林地变化为主，面积分别为4 242 km^{2}与3 169 km^2；当中，45.5%的耕地转变为建设用地，33.3%的耕地转变为林地；42.1%的林地转变为建设用地，37.6%的林地转变为耕地；建设用地为转入面积最多的土地利用类型，累计转入约3 452 km^2，主要用于城市扩张与城市群建设，占用耕地（贡献率55.4%）、林地（贡献率38.62%）和草地（贡献率3.21%）。

表3-6 2000—2020年长江流域土地利用转移矩阵

单位：km^2

2000 年地类	2020 年地类						
	耕地	林地	草地	水域	建设用地	未利用土地	合计
耕地	0	9 038	1 639	4 241	18 766	116	33 800
林地	8 105	0	2 678	862	3 628	120	15 393
草地	1 117	4 259	0	469	784	75	6 704
水域	2 803	717	188	0	699	534	4 941
建设用地	2 835	572	71	302	0	15	3 795
未利用土地	73	24	29	824	23	0	973
合计	14 933	14 610	4 605	6 698	23 900	860	65 606

表3-7 2000—2020 年洞庭湖流域土地利用转移矩阵

单位：km^2

2000 年地类	2020 年地类						
	耕地	林地	草地	水域	建设用地	未利用土地	合计
耕地	0	1 421	134	735	1 932	20	4 242
林地	1 191	0	428	207	1 334	9	3 169
草地	240	1 291	0	43	111	2	1 687
水域	528	135	9	0	71	343	1 086
建设用地	235	108	11	32	0	0	386
未利用土地	23	5	5	101	6	0	140
合计	2 217	2 960	587	1 118	3 454	374	10 710

另外，土地利用变化对植被变化影响具有明显的正负双重效应。通过研究计算可知2000—2020年间洞庭湖流域土地利用类型变化的具体空间分布情况，如图3-5所示。一方面，建设用地的大量转入导致地表植被遭受一定程度的破坏。流域北部、环湖沿线、湘江沿线、长株潭城市群等区域土地利用类型改变较大，特别是长株潭城市群区域建设用地扩张明显。大量的耕地、林地转化为建设用地服务于快速发展的城市化进程，植被覆盖度明显降低。另一方面，流域新增林地与耕地面积对植被覆盖度的增加具有明显促进作用。流域内新增林地主要集中于湘江沿线湖南省桂东县、沅江流域重庆市境内酉阳苗族自治县等区域；新增耕地主要集中在湖区湖南省华容县、南县等地区。此外，流域内各大水系均有小范围轻度扩大，但人口密集的洞庭湖区沿线水域则呈萎缩趋势。

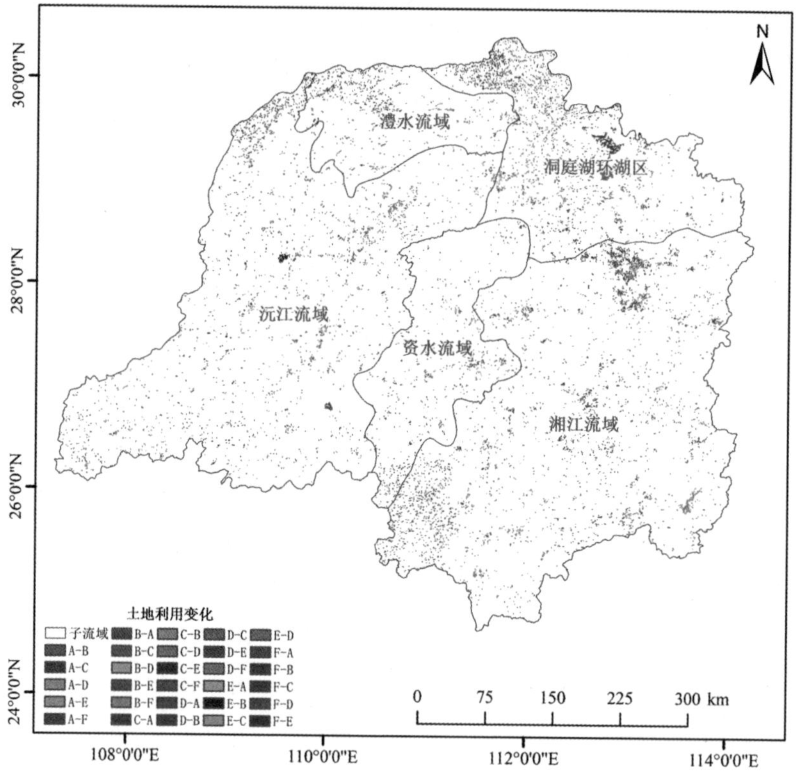

图3-5　2000—2020年洞庭湖流域土地利用类型变化的空间分布

A—耕地；B—林地；C—草地；D—水域；E—建设用地；F—未利用地。

概括而言，近20年间长江流域沿线植被覆盖由于气候与人类活动的影响，造就了该区域生态环境格局的分异特征，具体结论如下：

（1）时间变化上，长江流域生长季 NDVI 呈现波动增长的趋势，表明长江流域植被生长发展状况较好，植被覆盖呈稳中向好趋势，显著改善的面积大于退化面积。基于 M-K 突变分析发现，该趋势在2009年存在一个突变，可能是由于2009年前后受异常气候的影响，流域内受灾面积较大，导致2009年后长江流域植被覆盖增长趋势放缓。

（2）空间分布上，长江流域由于植被类型、土地利用、气候因素等不同，植被覆盖在空间分布上具有明显的规律变化特征，大致呈现出“中部高，东西低”的空间分布格局；生长季 NDVI 的多年均值为0.616 4，流域植被覆盖程度呈较高覆盖状态。

（3）变化趋势上，2000—2019年长江流域植被覆盖增加区域大于减少区域。在空间上表现为中部强于东部、东部强于西部。Hurst 指数平均值为0.432 8，反映出研究区未来生长季 NDVI 呈弱反持续性，生态环境改善趋势相对放缓。未来，长江流域需重点关注持续退化和由增变减区域的植被变化状况。

（4）变化稳定性上，长江流域植被变异系数为0.010 4 ~ 1.319 9，其生长季 NDVI 空间分布呈现中间低，东西高，东西部局部区域高低波动并存，地域性差异明显的植被 NDVI 空间变化稳定性特征。近20年间，长江流域植被覆盖呈较低波动、植被变化相对稳定、植被覆盖度区域增强，大部分区域无显著性变化，改善的面积大于退化的面积。

（5）影响因素上，长江流域植被覆盖变化受气温和降水共同影响，植被生长季 NDVI 与气温和降水量均以正相关为主。从整体上看，长江流域大部分区域的生长季 NDVI 变化表现为气候因素驱动为主，局部区域表现为自然因素叠加人为因素作用的共同驱动。残差分析显示人类活动对植被覆盖变化的影响具有正负效应，一系列的生态建设工程促进了对长江流域植被覆盖变化；但流域内的水电开发、垦殖放牧、农业生产和城市扩张导致植被资源减少；整体上人类活动对长江流域植被覆盖以正效应为主。

第二节　围绕人地协调探索流域生态协同治理新模式

多年的经济开发与粗放式经营使长江流域沿线生态资源问题突出，特别是局部区域传统的经济发展方式没有根本转变，生态环境形势严峻。近年来，随着全球气候变暖和人类活动加剧，长江流域生态环境压力陡增，生态安全屏障功能面临巨大挑战。在气候变化和人类活动双重因子的作用下，长江流域植被覆盖变化与生态环境治理等受到了国内外学者的广泛关注。流域局部城市化和工业污染的治理任务依然繁重，部分地方的环境基础设施欠账较多，水污染的整治、工业污染的治理等污染减排成效还不确定；流域沿线局部地区农业面源污染，种植业、养殖业和城市污水等水源污染面聚集，导致流域局部水生态问题突出；部分地方湿地、湖泊面积萎缩，水生态系统的功能失衡，重点湖泊的蓝藻、水华居高不下，水生态保护修复任务严峻复杂。

植被覆盖变化作为研究区域生态环境演变的重要指标，是人类应对未来气候改变与确定未来人为干预活动区域的主要依据，一定程度上反映了区域生态环境的整体状况。本章基于2000—2019年 MODIS-NDVI 与相关气象等数据，对近20年间长江流域植被覆盖变化和空间格局展开分析，系统深入探讨了流域植被覆盖的时空演化和驱动因素，定量分析了植被覆盖对气候和非气候要素变化的响应，评估了不同驱动力对植被覆盖时空变化的贡献，总结归纳出长江流域植被覆盖变化的空间异质性及阶段性特征，以期为长江流域生态工程建设提供有效的参考与借鉴。未来，流域应基于人地协调理念，并充分考量流域生态治理重点区域与协调治理格局的制度困境，探索长江流域生态协同治理的新模式。

一、未来流域生态治理重点治理区域

研究发现，在时间变化上，长江流域生长季 NDVI 呈现波动增长趋势，显著改善面积大于退化面积；在空间分布上，流域植被覆盖空间分布格局大致为“中部高，东西低”，呈较高植被覆盖状态；在变化趋势上，植被覆盖增加区域大于减少区域，具体表现为“中部强于东部、东部强于西部”，研究区未来生长季 NDVI 呈

弱反持续性，生态环境改善趋势放缓；在变化稳定性上，流域植被覆盖呈现出“中间低，东西高，东西部局部区域高低波动并存，地域性差异明显”的空间变化稳定性特征；在影响因素上，流域植被覆盖变化受气温和降水的共同影响，大部分区域准备覆盖变化以气候驱动为主，局部区域表现自然因素叠加人为因素作用的共同驱动，残差分析显示人类活动对长江流域植被覆盖以正效应为主。随着长江流域“共抓大保护，不搞大开发”生态战略的确定，流域内大规模、大范围实施了一系列生态保护建设工程，例如退耕还林还湖、水土保持等措施，研究区内人类活动的影响日益增多、生态效益逐渐凸显。然而，长江流域沿线建设用地呈持续增加且扩张明显趋势，未来流域大部区域植被 NDVI 变化可能呈增长放缓或退化趋势，生态环境改善趋势减缓。

首先，金沙江流域和岷江—沱江流域上游应为未来生态治理重点关注区域。该区域生态系统复杂、自然地理条件繁复、地形地貌多样，叠加人为干扰因素的长期破坏，造成该区域生态恢复与植被覆盖修复难度较大。金沙江位于长江上游，穿行于川、藏、滇三省区之间，江流急坎陡，江势惊险，航运困难，流水侵蚀力强。其中金沙江流域上游的青海东部与西藏北部地区，恶劣的自然气候条件导致生态资源逐年退化，生态治理难度较大。这些区域均是地势起伏度较大的严重退化区，地势复杂，植被类型相对单一，生态环境承载力较差。岷江—沱江流域主要位于长江上游四川段支流，流域沿线人口集中，工业化分布密集；由于历史与地理位置等，该区域城市基础设施相对薄弱，尤其是污水处理设施严重不足，排水管网系统落后且不配套，污水多有未达排放标准即直排入江，造成岷江、沱江污染严重，河滩生态资源污染明显、植被覆盖退化、生物多样性降低，急需深入进行生态治理项目建设。

其次，太湖流域的江苏省西南部、上海、浙江中部和杭州湾等经济发达的长三角地区，应为长江经济带生态协同治理的另一重要区域。该区域作为流域沿线早期城镇化发展较快的城市群聚集区，是长江经济带经济一体化发展的核心区域，其工业化程度相对较高、人类活动强度较大，生态资源破坏区域较大且治理难度较高。城镇化的不断扩张与经济的高速发展导致该区域大量耕地被占用且地表生态资源遭到破坏，且整体发展可能向退化方向改变[131]。此外，由于该区域经济发展较早较快，流域沿岸化工企业密集，为进一步推动该区域生态治理进程，应将长三角地区产业结构调整与升级作为重要工作内容，尤其是工业与制造业的升级换代，产业发展力争由资源驱动向创新驱动转变，更多地将高新科技作为经济发展的重要推手，加大技术与人力资源的投入。近年来，国家在长三角区域已大力开展了各类生态治理工程建设，生态效应在相对较短时间内得到了明显恢复。但由于生态治理效应边际递减，叠加未修复生态区人口较多、土地资源有限，生态治理工程搬迁具有一定的现实难度等因素，导致未来生态治理工程建设的难度增加，未来生态治理能效相比下降，需投入更多生态治理资源进行整治。

最后，洞庭湖流域北部与环湖沿线以及长株潭城市群与成渝城市群等区域或为下一步生态治理重点区域。目前，以城市群为大尺度的城市扩张模式已成为我国城市发展的主体形态，必然对周边生态资源产生一定程度的破坏[132]。该区域土地利用类型改变较大，特别是长株潭城市群与成渝城市群等区域建设用地扩张明显，大量耕地、林地转化为建设用地服务于快速发展的城市化进程，生态资源破坏明显。以长株潭城市群为例，生成15个1 km为间隔的缓冲区，采取土地利用转移矩阵并叠加残差趋势来分析城镇化过程中人为因素对植被覆盖的影响。研究结果如图3-6所示，长株潭三市由非建设用地转变为建设用地的已建成经济开发区，其周边大部区域NDVI均呈下降与残差减少趋势。通过将残差减少趋势的图斑叠加土地利用变化图斑（非建设用地—建设用地），得到其耦合重叠度为41.67%，说明城市扩张是导致NDVI减少的主要驱动因素之一。特别是城市重点开发区域周边均呈残差减少趋势，符合城市圈层外围扩张趋势，应为未来城市扩展建设与生态保护的重点区域。针对此类区域应基于三重底线原则（Triple Bottom Line）对其经济底线、环境底线与社会底线进行全面审视，最大程度降低NDVI的未来减少面积，达到城市扩张与环境保护的协调统一，实现经济发展、生态保护、社会福利的“三重盈余”[133]。

二、流域区域协调治理格局的制度困境

《长江保护法》规定，国家建立长江流域协调机制，统一指导、统筹协调长江保护工作，审议长江保护重大政策、重大规划，协调跨地区跨部门重大事项，

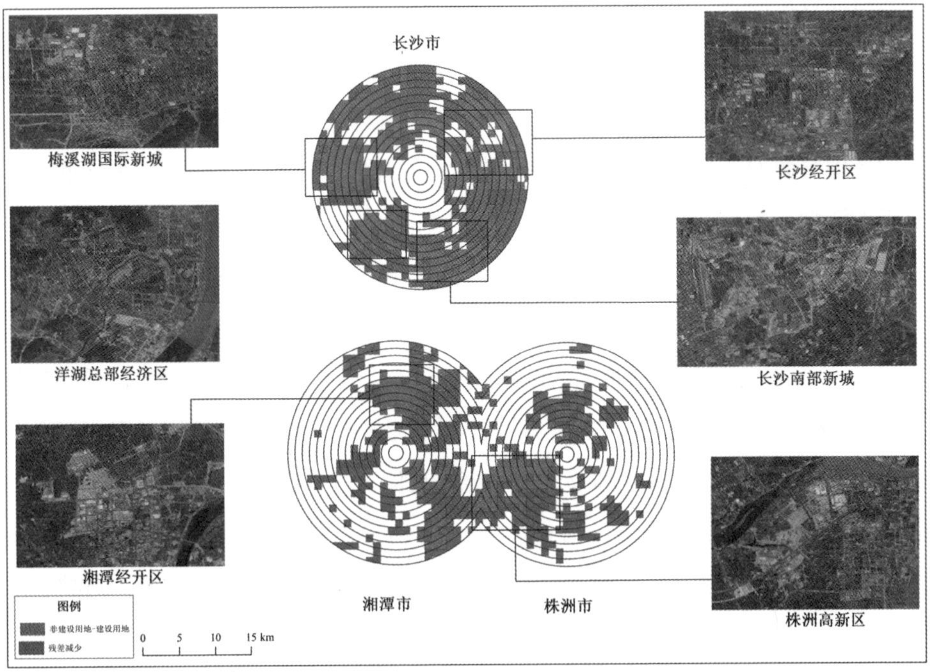

图3-6　长株潭三市土地利用变化叠加残差趋势图

督促检查长江保护重要工作的落实情况。虽然，《长江保护法》的立法有利于长江沿线各省市协同治理，但由于我国长期实行环境立法与资源立法分离，对水资源开发利用与水污染防治分别立法，在短期内仍存在难以避免狭隘利益观驱使下的地方保护主义和部门本位主义等风险。加上与流域生态环境治理相关的法律、法规、规章，其配套制度和实施细则不够完备，以及长江流域不同区域的现实差异较大，生态治理可操作性欠缺，导致流域生态治理仍存在“行政机关单独博弈、讨价还价，难以实现稳定和连续的管理”的问题，流域区域协调治理格局具有一定的制度困境。从国家层面来说，生态治理制度存在法律层次不清，法律与法规内部协调性欠缺，生态治理效力不明等现象层出，难以全面发挥区域协同治理的整体能效。现有生态环保法律法规仍未能形成整体一致的治理体系，相关法律法规间范围交叉重叠却缺乏分工，跨界环境污染合作治理的执行效率有待提升。从地方层面来说，流域不同地区的地方性法规难以对跨区域生态环境污染行为进行约束，更多的是依靠区域协议自治，未能从全域范围的视角对跨区域生态治理进行有效调整与规范，局限性较大。

长江经济带是依托长江这一黄金水道，由沿线各省市共同构建的区域一体化经济带。但是，长江上中下游的社会经济与产业布局现实情况不同，致使位于上游的各地方政府所规划的环境功能区域、水资源保护、生态补偿等相关标准明显松于下游地方政府。尤其是在经济社会发展相对落后的地区，局部对一些污染产业的经济依赖程度过高，并已形成一定规模。整体治理将会在短期内影响部分群众的就业需求以及地方经济发展，致使某些地方政府“无力治理”的局面产生。近年来，随着经济带内东部经济发展龙头区域对生态环境治理力度的逐年增加，出台一系列严厉的环境保护制度与条例，大大提升了其区域内污染类高能耗企业的运营成本，促使这类企业陆续向长江流域其他沿线省市“外迁”。然而，长江流域呈多级阶梯性地形，水流自西向东，上游区域的污染问题势必对下游区域的生态环境造成一定的破坏，影响长江经济带的整体生态环境。总体来看，当前长江上游各地方政府在生态治理方面的标准与要求明显低于下游地区，其承担的污染治理责任也少于下游政府，导致“制度不一致”等原因造成的相应治理困境。此外，“考核困境”是制约区域生态一体化发展的另一障碍。各区域生态治理制度的不一致造成考核制度的不统一，往往不能真实、客观地反映不同区域政府在同一时间内，在生态治理、生态保护、生态管理等方面所取得的成绩，不利于经验教训的总结与奖惩措施的落实。

《长江保护法》创新提出应打破长江上中下游的制度困境，建立长江流域协调机制，明确“协调谁”“协调什么”“如何协调”等内容，进一步细化职能、划分事权、理顺关系、规范程序，明确具体操作流程，以便长江流域各省市抓好落实。特别是污染物排放制度，目前固体危险废物跨区域违法倾倒时有发生，如何应对类似流域公共突发事件，建立制度化机制，区域协调治理的格局有待深化。此外，省际协同制度的建立应全面开展，比如由最高人民法院、最高人民检察院牵头开展流域司法保护制度，包括公益诉讼制度的实施，各省建立省际生态损害赔偿制度与省际渔业联动制度等，形成上下游、左右岸、全方位的流域制度联合保护。此外，还应根据长江经济带不同时期、不同区域的自然环境特征、科学技术水平和社会经济发展状况，制定符合经济带特色的统一环境标准制度。

三、围绕人地协调探索流域生态协同治理新模式

人地关系即人类与其赖以生存和发展的地球环境之间的关系，是自有人类以来就已客观存在的主体与客体之间的关系。人地关系及其观念是随着人类生产进步和人类社会发展而不断变化的。在人地系统中，自然环境本身是一个有机统一的整体。自然界是一个自组织系统，在不断提高其内部有序性的过程中获得整体性的发展，自然界的负熵是自然界结构组织整体优化发展的内在依据。自人类从自然界分化出来之后，自然界已经成为人类的外部环境，人的活动已经成为影响自然联系的本质因素，自然环境的发生发展，毕竟还是要受自然规律的支配。作为人地系统中的人，具有自然和社会两重属性：既是生产者，又是消费者；既是建设者，又是破坏者。从某种意义上讲，人类是环境的塑造者，在人地系统中居主导地位。尽管人类不可能从根本上改变自然系统，但他们的确具有干预地球上动力作用的巨大能力。反过来，这一切又影响人类自身。所以要努力引导环境向有利于人类的方向发展，趋利避害，也就是要符合自然界客观规律；反之，不按自然规律办事，破坏了地球维持生命的能力，人类终将受到自然的惩罚。

生态城市是人类、社会、自然协调的具有可持续性的良性城市状态。生态城市的提出不仅能解决资源恶化对城市发展的瓶颈制约，更契合着生态城市绿色可持续发展的要求，与现今金山银山比不上绿水清山的生态城市思想不谋而合，是真正实现人与自然和谐共处的理想方式。党的十八大报告要求把生态文明建设发展成为新时期科学发展观的有机组成部分，并贯穿于经济、政治、文化和社会等建设的实际过程当中。党的二十大报告强调要实现人与自然和谐共生的中国式现代化。由此可见，城市建设是经济政治文化社会和生态建设的统一体。全面建设生态文明必须要从治理生态城市入手，推进生态城市治理是关系我国未来发展和人民生活的重要举措。生态城市的建设不仅是社会发展的必然趋势，更是一种“共赢”的城市治理模式。生态城市协同治理机制的研究不仅契合了我国发展的基本国策，更是治理资源恶化、经济与生态矛盾的有效途径。

科学认知人类活动与地域系统的互动关系是实现人地关系协调发展的重要依据。城镇化发展是绿色化发展水平的天然基础[134]，区域植被覆盖率、城镇经济发

展实力与区域绿色发展水平密切相关，更对生态协同治理水平产生着较强的影响。基于上述研究成果，未来长江流域生态治理工作应注重以下几个方面：

（1）长江流域应继续推进扩大新增林地与耕地面积等相关政策，制定相应人工造林补贴、农业支持保护补贴与耕地地力保护补贴等相关措施，保证领域生态环境的绿色正向发展。

（2）金沙江流域和岷江—沱江流域上游，太湖流域等经济发达的长三角地区，洞庭湖流域北部与长株潭城市群以及成渝城市群等区域，由于自然条件复杂与经济活动相对密集，未来生态资源呈持续减少特征，应为生态治理的难点与重点区域。

（3）基于植被对降水变化响应的地域差异与对气温变化响应强度的空间分布特征，对不同区域不同生态自然资源的地区进行差异化治理政策。例如，在金沙江流域横断山脉地区、岷江—沱江流域上游地带的岷山邛崃山高山区、嘉陵江流域北部的若尔盖草原等区域，应进一步加强对泥石流、极端气候等自然灾害的监控。

（4）针对城市扩张的重点领域，相应的生态治理工作应针对该流域的现实状况，充分考虑“水土流失、生态空间不足、跨区行政壁垒”等问题，从我国特有的多层级核心政治体制出发，结合“点面型”与“交叉型”的生态治理特征，重构流域生态环境协同治理体系。

生态治理的复杂性要求多主体、多层级间的相互协作。流域生态协同治理模式应从高位统筹、机构设立、人员安排、运行机制、经费投入等方面入手，通过强化生态治理意识，完善治理制度、机构与体系的构建。首先，应明确协同治理主体。通过厘清政府、市场、社会所拥有的生态产品与生态权益，构建“有为政府、有效市场、有机社会”三位一体的生态协同治理新格局。其次，应根据我国现行的权责分配制度，构建由长江上中下流以及流域沿线省市组成的同级不同政府间“竞合一体”的生态治理府际关系，将主体协同能效与博弈关系网络融入治理体系构建范畴，重塑府际生态治理权力配置结构，提高生态公共服务效益。最后，在协同治理的具体实施层面，或可采取以治理问题库为载体的形式，建立任务驱动型协同治理模式，有效协调多方利益诉求，实现主体协同与过程协同的整体联动。

从而，全面深化长江流域沿线省份间生态治理的协同合作，助推长江经济带进一步快速发展。

第三节　生态投资与企业经济绩效的协同效应

近年来，全球对温室效应、气候变暖和高碳经济发展模式带来的问题越发关注，绿色低碳经济和生态可持续发展成为现代社会发展的共同选择。目前，我国经济正处于高质量发展阶段，特别是绿色经济发展领域。根据ESG（Environment Social governance）的投资理念和《环境保护法》的原则，企业应当成为环境保护的主体责任人之一。生态投资与经济绩效的关系是决定企业生态投资的关键。据统计，我国80%以上的环境污染问题由企业的生产经营活动所致。如何从源头遏制企业造成的环境污染已成为中国绿色经济发展中的重要问题。

生态治理进程可简单概括为“环境污染——政府治理——企业自治”等三个阶段。企业生态自治是一种新兴理念，是生态治理和环境保护的高级阶段，要求企业自主承担环境保护和污染治理的主体责任，不仅可以有效降低环境污染，还能减轻政府治理的财政压力。然而，由于生态工程投资大、见效慢、缺乏直接投资回报等特点，中国企业对生态投资往往缺乏积极性，更难以达到企业生态自治的理想状态。破解企业生态投资意愿难题的关键在于，使企业在承担环境治理任务的同时实现经济绩效的增长。因此，正确引导企业认识环保投资对经济绩效的影响是至关重要的。这不仅有利于激发企业生态自治的积极性，还有助于推动社会生态文明的发展，进而实现低碳经济和绿色社会的有效转型。

目前，生态投资作为推动低碳经济高质量发展的关键驱动力已引起学界广泛关注。现有生态投资研究涵盖了社会责任、投资自由化、环境分权、政府或企业主导模式，绿色技术创新、环境法规、投入产出、财务绩效、股东价值、企业生命周期、企业竞争力、综合评估以及特定行业研究等方面。研究成果丰富且覆盖面较广，当前学界普遍认同理清生态投资与企业经济绩效间的协同效应，不仅有利于区域生态治理进程的推进，更有利于从企业这一微观实施层面促进环境治理问题的有效性，实现经济绩效与环境绩效的“双赢”，进而帮助政府正确制定科学的环境管理战略。然而，现有研究结论存在一定的局限性。首先，关于企业生态投资对经济绩效的影响方向仍然存在分歧，研究结论各异，有正向、负向，甚至非线性的结论。这主要是由于研究者在样本选择的行业范围、分类标准以及研究时间跨度上存在较大差异。其次，就研究指标而言，现有研究大多将环境绩效（如污染物排放、环境排名、气候变化等）设置为自变量。然而，环境绩效作为反映企业环保投资实际成果的后果，受内外部多种因素影响，不能完全反映企业在环境保护方面的所有努力是否促进了经济绩效的增长。此外，企业生态投资是一种微观层面的具体行为，应从权益分配的角度研究两者之间的影响关系。在不同产权结构的影响下，企业对生态投资的态度、程度和方式受到股权结构的调整。因此，本节以2012—2022年中国各行业 A 股上市的691家企业披露的生态投资与经济绩效的相关数据为研究样本，引入股权制衡度为调节变量，从权益分配的视角对全行业样本进行面板数据分析，全面考虑企业生态投资对其经济绩效的影响作用，对进一步推动企业生态自治行为与生态治理市场化改革具有重要意义。

一、生态投资、股权制衡度与经济绩效的影响性

（一）企业生态投资对其经济绩效的影响性

根据前人研究结果可知[135]，企业生态投资对经济绩效的影响作用是多向且复杂的。从企业不同层面考量其经济绩效的影响效应具有明显的差异性。例如，从企业战略规划的角度来看，生态投资是企业创造经济价值、承担社会责任，实现绿色转型的有效手段；但从企业生产运营的角度来看，其短期内或会挤占生产性投入导致生成本上升。另外，生态投资的类型可分为“事前预防性投资”与“事后治理性投资”，不同类型的投资对经济绩效的作用时间也有所差异。因此，本节从战略管理、生产运营和利益相关者等三个层面，结合投资类型与作用时间，全面探究企业生态投资对其经济绩效的影响效应，具体如图3-7所示。

首先，从企业战略管理层面来看，企业战略规划必须顺应外部环境的发展需求，并契合国家战略方针，但从内部管理来说企业则更倾向于短期收益行为的利益最大化。从国家发展战略来说，《巴黎协定》的达成与中国“双碳”目标的设

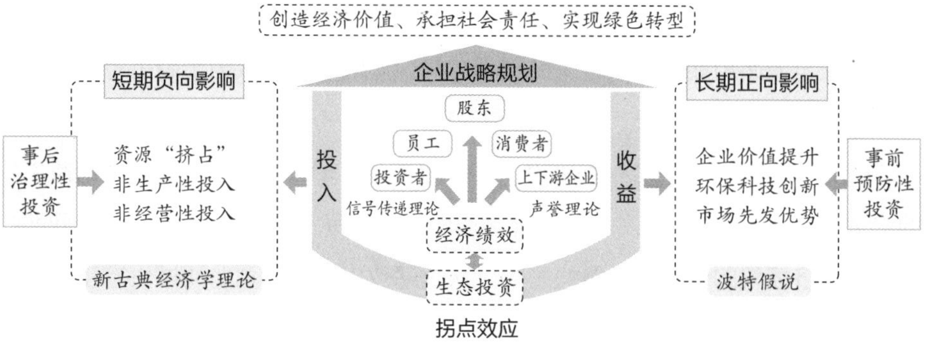

图3-7 企业生态投资对经济绩效的影响机理

定，均体现出绿色低碳经济是全球各国未来发展的大政方针。从企业自身发展战略来说，生态投资有利于科技创新与竞争优势的提升，可帮助企业实现自身发展与社会责任的良性循环。“波特假说”指出，“技术创新”可通过提高企业生产力抵消其环境保护成本，“先动优势”则有利于提高企业整体竞争力[136]，论证了企业生态投资对其经济绩效的正面影响效应。但应该注意的是，科技创新与先动优势主要由生态投资的事前预防性投资产生，对企业生产力的提升具有明显的滞后性。科技研发的成功与先动优势的形成，均需大量的资金投入与一定的时间成本，如企业在预定时间内未达到生态投资的预期效果，则可能会增加企业的经营风险，对其经济绩效带来一定的负向影响。此外，“波特假说”侧重于企业整体竞争实力的提升，具有明显的长期效应与实现前置条件，不代表对企业经济绩效具有同样的促进作用。

其次，从生产运营层面来看，生态投资属于一种非生产性投入，短期内对生产存在一定的“挤出效应”。从新古典经济学理论的角度来看，企业经济绩效更强调对内部资源的占用与产出，而生态投资本质上就是一种对经济资源的“挤占”行为。也就是说，从某种程度上而言，企业加强在生态环保方面的投资则会减少企业的可支配资源，短期内会降低企业的经济收益。目前，我国企业往往采取向政府申请环保补贴与税收优惠等方式弥补环保投资对经济资源的“挤占”，以寻求经济效应的“平衡”。从企业披露的环保投资信息来看，我国企业环保投资范围多集中于事后治理性投资，即对企业产生的污染排放物进行清洁处理[137]，导致“技术创新”与“先动优势”带来的投资红利无法展现。此外，由于环保投资的强外部性特征与无法短期内直接带来经济利益等现实问题，造成中小股东对生态投入往往持保留态度。

最后，从利益相关者层面来看，良好的企业声誉可以满足企业不同利益主体的需求，提高其市场价值；但当企业披露的生态投资金额超过投资者心理预期时，则会对经济绩效的增长产生负向影响。从长期效应来看，企业通过生态投资可树立良好的公众形象，向社会展示企业的雄厚资本与可持续发展能力。这不仅有利于品牌构建与产品的经营销售，更有助于企业与政府、消费者、投资人、上下游企业等利益相关者建立长久、稳固的合作伙伴关系。但从短期效应来看，生态投资作为一项非生产运营性投资，企业投入决策往往较为谨慎。另外，当企业生态投资数额占比过高时，会加大其投资者、股东、员工，以及上下游企业对其经营风险的感知，并认为其当年财务绩效收益可能会随之降低。

归纳而言，通过以上三个层面的全面分析，可以发现企业生态投资与经济绩效的关系不能简单归纳为正向或负向影响性，应结合投资类型与时间跨度全面考量。针对两者间的正负关系之争，部分学者提出了非线性的关系结论，或许可以解释以往研究结论的差异性。相关学者以不同国别、不同行业为研究对象，从不同角度为切入点进行研究，发现两者关系可能存在拐点，应为曲线关系。例如，以美国公司为样本分析企业财务绩效（ROA）与社会责任绩效（KLD 社会责任评分）间呈 U 形曲线关系 [138]；以日本制造企业为样本分析企业财务绩效（ROA）与污染排放物间呈 U 形曲线关系 [139]；以法国公司为样本分析企业经济绩效与环保投资之间呈倒 U 形曲线关系 [140]；以中国煤炭企业为样本分析环境规制强度与环保投资间呈 U 形曲线关系等。全面考量前人研究成果，本研究认为中国企业环保投资与经济绩效的关系可能存在拐点，应为曲线关系，具体应表现为先负向后正向的曲线趋势。

基于上述分析，本文提出竞争性假设1。

H1：生态投资与企业经济绩效之间存在 U 形曲线关系。

（二）股权制衡度对生态投资的调节作用

从某种程度而言，企业的投资行为受内外部因素的复杂影响，最优投资目标往往难以达成。根据前人研究成果[141]，股权制衡度对企业经营绩效具有显著影响性，有助于改善公司治理状况。股权制衡度是通过内部牵制，达到大股东相互监督的股权安排模式，对企业的投资经营决策产生着显著影响作用，包括生态投资决策行为。环保投资具有“投资大、见效慢、回报未知”的三大弊端，导致企业持股比例不同的股东对环保投资行为的态度也存在明显差异。从企业大股东的角度而言，大股东拥有企业更多资源且退出壁垒较高，与企业利益捆绑更紧，其投资偏好更看重长期可持续发展能力与长期投资回报率；从企业小股东的角度而言，小股东拥有企业较少资源且退出壁垒较低，其投资偏好更侧重于某个具体领域的短期股利，或能为其迅速提供短期收入的经营行为。不同于大小股东的投资态度，企业管理者出于个人业绩的考虑，通常会更倾向于快速获取短期利润的经营方式。

在企业的治理结构中，股东对管理者具有明显的监督作用。现有研究发现，企业规模越大，现金流越充足，企业声望支出越高，其生态环境保护投资水平也越高。但对于中小企业或民营企业而言，由于资金占用成本更高导致其投入决策更为谨慎，股权制衡度的影响效应更大。当企业股权制衡度不高时，股权相对集中，企业监督收益会超过监督成本；大股东会更有效地监督管理者的短期经营行为，更倾向于从公司的长期利益出发选择加大企业环保投资力度。然而，当企业股权制衡度较高时，股权相对分散，企业监督收益会低于监督成本；股东较难有效监督管理者的短期经营行为，往往造成企业生态投资力度相对较小。可见，股权制衡度对企业的经营决策具有明显的影响性，对生态投资与企业经济绩效具有调节作用，基于此，本文提出假说2。

H2：在生态投资对企业经济绩效的影响中，股权制衡度在一定程度上存在着调节作用。股权制衡度越高，企业生态投资对其经济绩效的负面影响越大。

二、全行业样本的面板数据分析

（一）数据来源

本书以2012年至2022年连续11年中国全部A股上市公司为研究对象，并按照以下原则进行处理：（1）排除上市时间少于10年的样本公司；（2）剔除金融类行业公司；（3）排除 ST 企业和 *ST 企业；（4）排除观察期内生态环境投资和其他重要因素缺失的企业；（5）在解释变量和控制变量方面，对财务数据不全的企业进一步剔除。最终共获691家样本企业和7 601个有效观察数据。

另外，本书所需企业生态环保数据主要来源于中国国泰安资料库。为消除异常值的影响，使研究结果更可靠，本研究分别在1% 和99% 的水平下对非虚拟变量的连续性数据中的异常数据进行缩尾处理。

（二）主要变量

1. 被解释变量（企业经济绩效）

企业经济绩效的衡量方式主要可以分为两类：一种是财务指标度量，主要为总资产收益率（ROA）；另一种是市场指标度量，主要为 Tobin Q 值。根据前人研究成果[24]，本文以总资产收益率（ROA）代表财务绩效对企业经济绩效进行度量，主要考虑到 ROA 可综合反映企业的整体营收能力、资产利用情况与经济管理水平，与企业股权结构关系更为相关，可真实反映企业生态投资意愿。

2. 解释变量（企业生态投资）

关于企业生态投资的定义，具体可表述为公司为保护生态环境所做出的所有努力，包括绿色技术研发、清洁生产、环保设备的购入与改造、污染治理、生态保护、环境管理、宣传教育等方面的所有投入。本节选择使用生态投资（EPI）的相对形式，即“生态环保投资额 / 营运收入”，来描述企业生态环保投资方面的投入。

3. 调节变量（股权制衡度）

股权制衡度是衡量公司股权稳定性强弱的重要指标，也是企业治理中股权结构的核心，更是影响企业经济绩效的关键性因素之一。企业第一大股东持股比例越低，股权越分散，股权制衡度越高。本研究采取2-5大股东持股比例与第一大股东持股比例之比计算股权制衡度。

4. 控制变量

为了排除其他各种因素的干扰，本文选取了企业规模 (Size)、企业类型（Typ）、股权性质（State）、企业年龄（Age）、发展能力（Growth）、偿债能力（Lev）、营运能力（Oc）、货币资金（Cash）、年度变量（Year）、行业性质（Ind）等作为控制变量。上述变量及其定义如表3-8所示。

表3-8　变量定义表

变量类型	变量名称	变量符号	变量定义
被解释变量	经济绩效	ROA	企业总资产回报率
解释变量	生态投资	EPI	生态环保投资 / 营业收入
调节变量	股权制衡度	EBD	2-5大股东持股比例 / 第一大股东持股比例
控制变量	企业规模	Size	企业年末资产总计的自然对数
	企业类型	Typ	重污染企业为1，否则为0
	股权性质	State	虚拟变量：国有企业赋值为1，民营企业赋值为0
	企业年龄	Age	公司已上市的年份数的自然对数
	发展能力	Growth	主营业务收入的增长率
控制变量	偿债能力	Lev	资产负债率
	营运能力	Oc	营业收入 / 流动资产
	货币资金	Cash	货币资金 / 总资产 ×100%
	年度变量	Year	样本企业所在年度的年度虚拟变量
	行业性质	Ind	样本企业所在行业的行业虚拟变量

（三）**模型设计**

由于生态投资需要经过正常预算循环与建设期，对经济绩效的作用也存在一定的滞后期，导致同期考量误差性较大，这正是前人质疑"波特假说"的关键性因素之一。参考前人研究[140]，本研究在模型（1）中将除生态环保投资以外的其他数据全部滞后一期进行研究，以便观测生态环保投资的滞后效应，提高研究的准确性。

为检验上述研究假设，设定模型（1）如下：

$$ROA_{i,t}=\beta_0+\beta_1 EPI_{i,t-1}+\beta_2 EPI^2_{i,t-1}+\beta_3 Size_{i,t}+\beta_4 Typ_{i,t}+\beta_5 State_{i,t}+\beta_6 Age_{i,t}+\beta_7 Growth_{i,t}+\beta_8 Lev_{i,t}+\beta_9 Oc_{i,t}+\beta_{10} Cash_{i,t}+\sum Year_{i,t}+\sum Ind_{i,t}+\varepsilon_{i,t} \tag{3-14}$$

式中，β_0 表示常数项，i 表示样本企业，t 表示年份，$\varepsilon_{i,t}$ 为经典的随机扰动项，其他变量符号详见表3-8。如果 $EPI_{i,t-1}$ 系数 β_1 显著为负，$EPI^2_{i,t-1}$ 系数 β_2 显著为正，

说明企业生态投资与经济绩效之间呈U形曲线关系。另外，后文多元回归研究中将按国有与民营企业类型进行分组分析，以探讨不同企业类型在生态环保投资与其经济绩效关系研究中的影响差异。

此外，为探索股权制衡度在生态环保投资中对经济绩效的调节效应，本研究在主效应回归模型中加入股权制衡度（EBD）以及环保投资与制衡度的交互项 $EPIB = EPI \cdot (Div/Con)$，并进行了中心化处理。数据中心化是保证正确解释交互作用的关键环节。未中心化的数据会增大多重共线性（multi colinearity），会导致一些变量对于回归模型的贡献减少甚至消失，加上收集到的生态投资EPI初始数据与其平方项数据存在一定的波动性，故将生态投资（EPI）进行中心化处理，得到调节效应模型（2）：

$$ROA_{i,t} = \beta_0 + \beta_1 EPI_{i,t} + \beta_2 EBD_{i,t} + \beta_3 EPIB_{i,t} + \beta_4 Size_{i,t} + \beta_5 Typ_{i,t} + \beta_6 State_{i,t} + \beta_7 Age_{i,t} + \beta_8 Growth_{i,t} + \beta_9 Lev_{i,t} + \beta_{10} Oc_{i,t} + \beta_{11} Cash_{i,t} + \sum Year_{i,t} + \sum Ind_{i,t} + \varepsilon_{i,t} \tag{3-15}$$

三、企业生态投资与其经济绩效间的关系研究

（一）描述性结论

研究结果如表3-9所示，具体列举了全样本主要变量的描述性统计结果。结果显示，被解释变量企业经济绩效（ROA）的均值与中位数分别为0.040 0与0.033 7，标准差为0.047 5，反映样本数据的离散程度较小，盈利水平较为均衡。解释变量生态环保投资（EPI）的均值与中位数分别为0.264与0.101，标准差为0.466，标准差均远大于均值和中位数，反映样本企业间生态投资力度存在明显个体差异，我国多数企业生态环保投资仍处于较低水平。

目前，我国普遍实行“命令控制型”为主的环境规制，国有企业由于地方政府参与投资与控制，其承担的社会责任与政策响应往往较民营企业更多，形成了国有企业环保投资规模、参与程度、投入力度比民营企业相对更高的现实国情。考虑到股权制衡度对不同股权性质企业可能存在不同影响作用，本研究将样本企业按股权性质划分重新进行分组描述性统计，State 1表示国有企业，State 0表示民营企业。研究结果如表3-10所示，国有企业与民营企业的生态环保投资（EPI）的均值分别

表3-9　主要变量描述性统计

变量	Obs	Mean	Std	Min	Max	Median
ROA	7 601	0.040 0	0.047 5	−0.108	0.201	0.033 7
EPI	7 601	0.264	0.466	0.000 534	2.909	0.101
EBD	7 601	2.951	4.102	0.036 2	25.94	1.419
Size	7 601	23.04	1.268	20.48	26.85	22.93
Typ	7 601	0.397	0.489	0	1	0
State	7 601	0.507	0.500	0	1	1
Age	7 601	2.530	0.607	0.693	3.367	2.639
Growth	7 601	0.138	0.285	−0.442	1.475	0.095 7
Lev	7 601	0.491	0.171	0.106	0.854	0.497
Oc	7 601	1.439	1.209	0.024 2	24.19	1.127
Cash	7 601	0.150	0.097 1	0.002 31	0.798	0.129

表3-10　分组样本的主要变量描述性统计

变量		ROA	EPI
State 1	N	385 7	385 7
	Mean	0.0359	0.279
	SD	0.043	0.482
	Min	−0.108	0.000 534
	Max	0.201	2.909
	Median	0.029 2	0.103
State 0	N	374 4	374 4
	Mean	0.044 1	0.249
	SD	0.050 6	0.448
	Min	−0.108	0.000 534
	Max	0.201	2.909
	Median	0.038 9	0.099 5

为0.279和0.249，说明国有企业生态环保投资力度较民营企业略高；其ROA的均值分别为0.035 9与0.044 1，说明其经济绩效的影响作用国有企业较民营企业略低，这或与国有企业"事前预防性投资"较大有关。研究表明，事前预防性投资在一定程度上会对生产存在一定的"挤出效应"，短期内难以看到经济绩效的明显改善。为进一步探究不同企业性质引入股权制衡度后对生态环保投资经济后果的影响差异，后续研究将继续按照企业股权性质对研究样本进行分组回归分析。

（二）相关性分析

表3-11为研究模型中主要变量间的Person相关系数，研究结果显示生态环保投资（EPI）和经济绩效（ROA）间呈显著负相关关系。两者间相关性基本符合前文假设的U形曲线左侧，但最终结果仍需通过后续的多元回归分析进一步检验。另外，研究显示各主要变量间相关系数的绝对值均小于0.5，说明不存在严重的多重共线性问题。同时，后续研究将通过VIF值进行进一步验证。

表3-11　各变量Pearson相关系数

变量	ROA	EPI	EBD	Size	Typ	State	Age	Growth	Lev	Oc	Cash
ROA	1										
EPI	−0.118	1									
EBD	−0.064 4	−0.009 3	1								
Size	−0.001 7	0.030 6	−0.071 2	1							
Typ	0.059 7	0.045 4	−0.064 9	0.015 2	1						
State	−0.086 6	0.032 3	−0.249	0.261	0.072 9	1					
Age	−0.102	−0.007 4	−0.059 5	0.388	0.060 5	0.370	1				
Growth	0.276	−0.059 2	0.032 3	0.008	−0.016 9	−0.108	−0.114	1			
Lev	−0.423	0.033 8	−0.002 1	0.482	−0.066 6	0.157	0.272	−0.011 5	1		
Oc	0.081 6	−0.087 7	−0.091 4	0.112	0.211	0.176	0.157	0.027 9	0.094 3	1	
Cash	0.232	−0.160	−0.008 1	−0.160	−0.103	−0.030 2	−0.162	0.0284	−0.292	−0.209	1

（三）多元回归分析

本研究在多元回归后采用VIF检验和White异方差检验，以解决相关性分析中可能存在的多重共线性问题和异方差问题。统计结果显示，各变量的VIF值均小于2，说明回归方程不存在多元共线问题。但通过 White 检验发现，回归模型中存在一定程度的异方差现象，采取“OLS+ 稳健标准误”的方式提高了研究结果的精准度。

1. 企业生态环保投资与经济绩效的全样本多元回归分析

表3-12具体列举了企业生态环保投资与经济绩效的全样本回归结果。列（1）只计算了经济绩效与生态环保投资的一次项关系（EPI），列（2）加入了生态环保投资的二次项回归（EPI^2）。研究结果显示，生态环保投资的一次项系数在1% 的水平上显著为负，说明生态环保投资作为一项非生产性投资，在一定程度上确实存在“挤占”行为，降低了企业的经济绩效。但是，在加入了生态环保投资二次项的回归后，生态环保投资的一次项（EPI）与二次项（EPI^2）系数在1% 的水平上分别显示为负和正，说明两者间呈显著的 U 形曲线关系。同时，研究发现两者间存在明显的“拐点”效应。当企业生态环保投资规模在“拐点”的左边时，其经济绩效会随生态环保投资规模加大而降低；但当生态环保投资规模超过“拐点”后，其经济绩效则会随生态环保投资规模的加大而提高，部分验证了“波特假说”并全面验证了本书假说的成立，即企业生态环保投资与其经济绩效间存在拐点，具体关系为先负后正的曲线趋势。此外，据前述研究所示，EPI 均值仅为0.264，距拐点2.493距离较大，说明我国生态环保投资规模在较长一段时间内仍会处于 U 形曲线左侧，生态环保投资对经济绩效的影响仍为负向，研究假设1通过了统计检验。

表3-12　企业生态环保投资与经济绩效的回归结果

变量	(1) ROA	(2) ROA
L.EPI	−0.009 48*** (−9.118)	−0.017 5*** (−6.463)
$L.EPI^2$		0.003 51*** (3.209)
Size	0.011 9*** (24.73)	0.011 9*** (24.81)
Typ	−0.001 70 (−1.167)	−0.001 57 (−1.085)

表3-12（续）

变量	(1) ROA	(2) ROA
State	−0.006 03*** (−5.469)	−0.005 97*** (−5.418)
Age	0.003 02*** (2.733)	0.002 90*** (2.625)
Growth	0.044 5*** (19.71)	0.044 6*** (19.74)
Lev	−0.148*** (−39.38)	−0.148*** (−39.48)
Oc	0.003 91*** (7.736)	0.003 79*** (7.502)
Cash	0.058 6*** (9.358)	0.057 2*** (9.123)
Constant	−0.184*** (−18.18)	−0.183*** (−18.09)
Year	控制	控制
Ind	控制	控制
拐点		2.493
Observations	6 910	6 910
R−squared	0.382	0.383

注：括号内为稳健性 t 统计量；*** 表示 $P < 0.01$，** 表示 $P < 0.05$，* 表示 $P < 0.1$；拐点：0.017 5÷0.003 51÷2=2.493

2. 企业生态环保投资与经济绩效的分组样本多元回归分析

表3-13具体列举了按不同股权性质分组的回归结果，研究结果可进一步解释股权性质对生态环保投资与经济绩效关系影响的差异性。研究结果显示，国有企业与民营企业间测算结果具有明显差异。首先，国有企业生态环保投资的一次项与二次项与经济绩效之间在1% 的显著性水平上分别呈现负相关与正相关，说明两者间存在显著的 U 形曲线关系。其次，民营企业生态环保投资的一次项与经济绩效在1% 的显著性水平上呈负相关，但引入二次项后其关系却并不显著。研究结果说明，国有企业是中国绿色经济转型与生态投资的主体力量，或许是因为国有企

业资金更为充足，且受政策驱动影响更大，在生态投资领域承担了更多的社会责任，故生态投资力度较大，且多倾向于绿色科技创新、绿色生产、设备购置等事前预防性投资。这类支出虽投资大、见效慢，但对促进企业声誉作用明显，且一旦超过"拐点"，会显著增加企业经济绩效与可持续发展能力。最后，相较于国有企业，民营企业更多地从资源占用与产出的角度考量，其生态环保投资主要用于污染治理等事后治理性强制支出。这类支出与企业生产经营未能较好结合，无法实现"波特假说"的绿色创新与先动优势，对企业经济绩效的促进作用并不明显。根据前文表3-10计算可知，国有企业与民营企业生态环保投资均值分别为0.279与0.249，均小于"拐点"的1.504 4与5.647 1，说明国有与民营企业均处于U形曲线关系左侧，生态环保投资对经济绩效仍处于负向影响关系。其中，民营企业均值与拐点的差距更大，说明我国民营企业实现生态自治仍需较长一段历程。

表3-13　分组样本的多元回归分析

变量	ROA	
	国有企业	民营企业
L.EPI	−0.017 0*** (−5.155)	−0.019 2*** (−4.571)
$L.EPI^2$	0.005 65*** (4.722)	0.001 70 (0.983)
Size	0.009 41*** (16.04)	0.015 1*** (18.43)
Typ	−0.002 56 (−1.330)	0.001 47 (0.714)
Age	0.001 77 (1.106)	0.002 35 (1.502)
Growth	0.044 4*** (13.13)	0.042 4*** (14.46)
Lev	−0.138*** (−29.75)	−0.167*** (−27.61)
Oc	0.001 55*** (3.686)	0.013 6*** (11.76)

表3-13（续）

变量	ROA	
	国有企业	民营企业
Cash	0.053 0*** (6.231)	0.063 4*** (6.884)
Constant	−0.129*** (−9.838)	−0.258*** (−15.45)
Year	控制	控制
Ind	控制	控制
拐点	1.504 4	5.647 1
Observations	3 504	3 406
R-squared	0.393	0.410

注：括号内为稳健性 t 统计量；*** 表示 $P<0.01$，** 表示 $P<0.05$，* 表示 $P<0.1$；拐点：0.019 2÷0.001 70÷2=5.647 1；0.017 0÷0.005 65÷2=1.504 4

3. 引入股权制衡度后的多回归分析

表3-14具体列举了引入股权制衡度后的回归结果。股权制衡度是企业内部治理中的核心，其高低程度会直接影响企业的经营绩效。当股权制衡度较低时，控股股东、企业管理层和董事会等掌握企业主要经营决策权；当股权制衡度较高时，中小股东对企业经营决策具有一定的监管作用，制约性更强。研究结果显示，在引入交互项 EPIB 后，其主要变量与 EPIB 均通过了显著性检验。EPIB 回归系数为0.000 428，t 值为2.141，在1% 水平下显著，说明了股权制衡度越高，生态环保投资对其经济绩效的负向影响作用越高，代表着企业股权结构的分散会对两者间产生更大的负向影响作用，研究假设2得到了统计验证。

表3-14　模型（2）引入股权制衡度后的回归结果

变量	(1) ROA	(2) ROA
EPI	−0.006 95*** (−7.174)	−0.006 83*** (−7.002)
EBD	−0.000 571*** (−5.338)	−0.000 567*** (−5.345)

表3-14（续）

变量	(1) ROA	(2) ROA
EPIB		0.000 428** (2.141)
Size	0.011 5*** (25.24)	0.011 5*** (25.26)
Typ	−0.002 79** (−2.010)	−0.002 83** (−2.036)
State	−0.007 14*** (−6.613)	−0.007 18*** (−6.648)
Age	0.003 59*** (3.652)	0.003 60*** (3.669)
Growth	0.042 4*** (20.19)	0.042 4*** (20.21)
Lev	−0.147*** (−41.36)	−0.147*** (−41.31)
Oc	0.003 95*** (7.888)	0.003 92*** (7.830)
Cash	0.056 2*** (9.768)	0.055 8*** (9.692)
Constant	−0.174*** (−18.01)	−0.174*** (−18.05)
Year	控制	控制
Ind	控制	控制
Observations	7 601	7 601
R-squared	0.377	0.377

注：括号内为稳健性 t 统计量；*** 表示 $P < 0.01$，** 表示 $P < 0.05$，* 表示 $P < 0.1$。

4. 引入股权制衡度后的分组样本多元回归分析

为进一步研究不同股权性质的企业在引入股权制衡度后的影响差异，本研究进行了分组样本多元回归分析。研究结果如表3-15所示，股权制衡度的调节作用在国有企业和民营企业间存在显著差异。首先，在国有企业中，交互项 EPIB 与

ROA 衡量的经济绩效间关系并不显著，说明国有企业生态环保投资对经济绩效的影响受股权制衡度作用较小，或与国有企业受政府政策驱动性更高有关，其主动参与性更高。其次，在民营企业中，交互项 EPIB 与 ROA 衡量的经济绩效在1%的显著性水平上呈正相关关系，说明股权制衡度对民营企业生态环保投资具有一定程度的调节作用。

表3-15 引入股权制衡度后的分组回归结果

变量	国有企业		民营企业	
	ROA	ROA	ROA	ROA
EPI	−0.002 15** (−2.022)	−0.001 85* (−1.712)	−0.011 5*** (−7.557)	−0.012 0*** (−7.788)
EBD	−0.000 316* (−1.649)	−0.000 337* (−1.722)	−0.000 614*** (−4.809)	−0.000 580*** (−4.647)
EPIB		0.000 297 (1.131)		0.000 883*** (3.308)
Size	0.009 18*** (16.39)	0.009 20*** (16.38)	0.014 6*** (18.79)	0.014 6*** (18.82)
Typ	−0.003 82** (−2.059)	−0.003 86** (−2.081)	0.000 556 (0.279)	0.000 583 (0.293)
Age	0.001 62 (1.114)	0.001 66 (1.141)	0.003 35** (2.434)	0.003 37** (2.445)
Growth	0.040 9*** (13.08)	0.040 9*** (13.07)	0.040 7*** (14.83)	0.040 8*** (14.90)
Lev	−0.139*** (−31.32)	−0.139*** (−31.24)	−0.164*** (−28.58)	−0.164*** (−28.60)
Oc	0.001 90*** (4.250)	0.001 89*** (4.200)	0.013 2*** (12.50)	0.013 2*** (12.46)
Cash	0.055 3*** (6.796)	0.055 0*** (6.744)	0.060 3*** (7.291)	0.059 9*** (7.248)
Constant	−0.124*** (−9.914)	−0.125*** (−9.933)	−0.246*** (−15.49)	−0.246*** (−15.51)
Year	控制	控制	控制	控制
Ind	控制	控制	控制	控制

表3-15（续）

变量	国有企业		民营企业	
	ROA	ROA	ROA	ROA
Observations	3 857	3 857	3 744	3 744
R-squared	0.380	0.380	0.404	0.405

注：括号内为稳健性 t 统计量；*** 表示 $P < 0.01$, ** 表示 $P < 0.05$, * 表示 $P < 0.1$。

（四）稳健性检验

为进一步验证模型多元回归结构的稳定性，本研究使用两种方式进行验证。首先，采取替代被解释变量的方式进行验证，将 TQ 替换原有经济变量 ROA 进行验证，得到与本研究基本一致的研究结论。其次，将生态环保投资 EPI 进行中心化处理。数据中心化是保证正确解释交互作用的关键环节 [142]。未中心化的数据会增大多重共线性 (multi colinearity)，会导致一些变量对于回归模型的贡献减少甚至消失，加上收集到的环保投资 EPI 初始数据与其平方项数据存在一定的波动性，故将生态环保投资（EPI）进行中心化处理。本研究将经中心化处理后的 EPI 进行回归分析，所得结论与上述研究基本一致，说明结论稳健性较为可靠。

（五）研究具体结论

目前，绿色经济与生态可持续发展已成为全球范围内各国共同关注的热点问题。企业作为推进生态治理的关键性力量，既是资源的消耗者、污染物的排放者，也是财富的生产者，理应承担起生态环境保护的主体责任。然而，现实中多数企业基于资源占用与产出的考量，往往缺乏对生态环保投资的自驱力。因此，正确认识企业生态环保投资与其经济绩效的关系，不仅有利于调动企业生态环保投资的积极性，实现企业生态自治理想状态的达成，也有利于政府制定合理的环境治理政策，研究主要结论如下：

（1）企业生态环保投资与其经济绩效间呈 U 形曲线关系，且存在明显的“拐点”效应与一定的滞后期。研究结果显示，U 形曲线左侧表示企业生态环保投资对经济绩效的影响为负向，生态环保投资规模越大则企业经济绩效随之降低；但当两者间关系越过“拐点”达到U形曲线右侧时，企业生态环保投资对经济绩效的影响为正向，生态环保投资规模越大则企业经济绩效随之提高。当前中国仍停留在U形曲线左侧且距离拐点差距较大。当两者间关系处于U形曲线左侧时，经济绩效降低，企业自驱力不足，生态环保投资意愿主要以政策驱动为主；当两者间关系处于U形曲线右侧时，经济绩效提升，企业自驱力明显增加。目前来看，中国生态环保投资规模将在较长一段时间内处于U形曲线左侧，生态环保投资对经济绩效的影响仍以负向为主，其中民营企业均值与拐点的差距更大。

（2）在一定程度上，股权制衡度可以调节生态环保投资对企业经济绩效的负向影响作用。研究结果显示，股权制衡度对U形曲线左侧的负向影响具有一定的调节作用，股权越集中则正向调节作用越大。因此，建立良好的股权制衡度，企业可以更好地调节生态环保投资对经济绩效的负面影响，实现环境保护和经济发展的双赢。

（3）股权制衡度的调节作用在国有企业和民营企业间存在显著差异，特别是对民营企业的调节作用更为明显。研究结果显示，在国有企业中交互项EPIB与ROA衡量的经济绩效间关系并不显著，但在民营企业中交互项EPIB与ROA衡量的经济绩效在1%的显著性水平上呈正相关关系，说明股权制衡度对民营企业生态环保投资的调节作用高于对国有企业。

（六）研究具体建议

研究结果显示，目前企业生态环保投资对其经济绩效的影响仍停留在U形曲线左侧且距离拐点差距较大，说明中国生态环境保护活动在较长一段时间内仍会处于“政府治理”阶段，政府仍是环境保护的主要推动者。为进一步扩大我国企业生态环保投资规模，针对上述研究结论，本文提出以下几点建议：

（1）政府仍需加强政策补贴、税收优惠、环保规制等环保推动措施，激励中国企业加大生态环保投资规模。在未来较长一段时间内，企业生态环保投资的短期挤占效应对经济绩效的影响仍以负向为主，导致企业生态环保投资决策往往较为谨慎，自驱力不足。因此，相关政策补贴支持仍是未来推动企业生态环保投资的关键。政府应帮助企业尽快跨过“拐点”效应，实现企业绿色低碳产业转型与生态经济的可持续发展。

（2）政府应重点关注股权制衡度高且污染程度较高的民营企业，制定差异性的环境激励与规制政策。考虑到股权制衡度越高，企业生态环保投资对其经济绩效的负面影响越大，企业生态环保投资积极性越低。政府应对此类企业实施重点监管，从源头上杜绝其机会主义心理，并制定有针对性的环境激励政策，以激发市场经济在生态环保投资领域的积极性，加快民营企业跨越生态环保投资“拐点”，尽快收获生态环保投资红利。

（3）政府应鼓励国有企业加大环境保护事前预防性投资规模，对其前端预防性投资给予一定的政策激励。根据本文研究结论，国有企业距离生态环保投资“拐点”更近，说明其实现两者间正向促进效应更快。生态环境保护前端预防性投资有利于帮助企业达到“波特假说”中的“科技创新”与“先动优势”，有助于企业尽早实现生态环保投资对经济绩效的促进作用。

（4）政府应强化上市企业披露生态环保信息的硬性规定。环保信息的披露有助于企业构建可持续发展的经营模式，同时能够为企业带来更为广泛的社会认可和利益，从而助推企业生态环保投资对其经济绩效的正向影响作用。然而，本研究在数据收集的过程中，发现我国上市企业公布的环境信息存在规范性较低、信息读取量有限、信息分类混乱等问题。政府应强制性要求上市企业披露其生态环境保护信息并规范信息内容，要求其定期对社会公众公布真实、准确、完整的信息。

（5）政府应加强生态环保理念的全民教育，推动企业建立生态自治管理机制。从研究结论来看，中国距离生态治理的高级阶段，即“企业生态自治”，短期内仍有一定距离。可借鉴德国环境教育理念与莱茵河治理行动，将生态环保意识与可持续发展理念植入全民教育，或可帮助企业生态自治行为的达成。另外，政府应引导企业建立各级利益相关者共同参与的生态自治管理机制，特别是应关注股权相对分散的民营企业。

归纳而言，长江经济带生态协同治理研究应充分考虑流域现实环境，结合国家生态治理目标与“双碳”计划的设定，全面构建流域多层级生态治理体系。“双碳”目标的达成，需要从“减少碳排、保护生态、增加碳汇、发展碳封技术”等四方面入手，而生态环境治理则是推动“减、保、增、封”高质量发展的重要推手。

长江是我国流域面积最广的河流，生态资源禀赋优越，科技创新优势明显，以全国21% 的土地承载了超过46% 的人口和经济总量。经济的持续高增带来了生态环境的破坏，流域碳排放总量占比超37.5%，污染物排放占比也超40%，是实施“减、保、增、封”生态环境治理的重要区域。近年来，在习近平生态文明思想的科学指引下，长江流域生态环境治理工作已取得了积极进展，顶层、中层治理体系与机制设计已基本完成。然而，流域地跨东、中、西三大区域，各地自然禀赋、经济人口、污染情况等现实条件差异较大，叠加各地政府投入、治理力度、市场参与等情况不同，导致流域内生态治理呈相对“碎片化”特征，特别是跨区协同治理机制并未真正建立且高效运行。另外，生态环境问题的复杂性使得单一的治理主体无法承担并完成治理责任。如何打通“跨区协同困境”与“多元主体困境”，形成新的“多维立体”现代化协同治理格局，是完善当前生态环境协同治理短板的关键环节。因此，长江流域生态治理体系应从流域植被覆盖的时空演变与变化趋势提炼出流域生态治理的重点区域，从人地协调关系与企业生态投资力度出发，结合国际知名流域生态治理经验，最大程度激发企业生态自治的积极性，重构生态治理的权力配置与协同组织结构，探索流域生态协同治理机制的多维转型与提升路径，助力“双碳”目标的有效达成。

第四章 莱茵河流域生态协同治理经验借鉴

莱茵河是西欧第一大河流，是欧洲的重要航道及沿岸国家的供水水源，对欧洲社会、政治、经济发展起着重要作用。莱茵河发源于瑞士东南部阿尔卑斯山脉的格劳宾登，向西北流经列支敦士登、奥地利、法国、德国和荷兰，最后于鹿特丹附近流入大西洋，全长约1 232 km，流域面积约22万 km^2。莱茵河是德国最长的河流，流域面积占德国总面积的40%，是德国饮用水的重要来源，而且还承担着德国航运、水力发电、农业灌溉等用水的重要责任。然而，第二次世界大战结束后，欧洲工业化的兴起、城市化的迅速发展加上流域沿线各国对生态环境问题的漠视，莱茵河受到历史性的重创。洪灾、各类污染物毫无限制的排放，造成莱茵河产生了严重的自然环境损害、生态系统退化等问题，甚至使莱茵河成为“欧洲下水道”。如此严重的生态破坏促使流域沿线各国深刻反思，并开始跨国协调对其进行生态治理。通过多年的协同合作治理，莱茵河流域自然生态环境得到了有效恢复，经济发展水平得到明显提高，成为了各国协同治理江河流域的典范。

第一节 莱茵河流域基本情况

莱茵河从阿尔卑斯山流向北海海盆，途径阿尔卑斯山脉，流经德国、法国等多个国家，流域沿线约5 800万人口，约3 000万人依靠莱茵河及其支流和流域内的湖泊作为饮用水源。莱茵河流域面积约18万 km^2，流域降雨充沛，水量充足、水位稳定，为欧洲的经济发展提供了重要支撑[143]。从历史和货运量上来说，莱茵河在世界诸河流中是无可比拟的，可谓是欧洲商业运输大动脉。

一、莱茵河流域概况

莱茵河发源于阿尔卑斯山，具有典型的高山型河流特点，流量大、陡坡高，海拔高处春季水量最大，而海拔低处冬季水量最大，其常年水位较低、流速较缓，大部分流域无冰期。总体来说，莱茵河干流总体水文状况平稳，上游地区水量丰沛，中游地区以季节融雪为主要补给，春末涨水且水量较平稳，下游地区全年降水平均且径流量平稳，有利于航运。莱茵河干流主要分为三段，从源头至瑞士巴塞尔为上游，河谷狭窄，坡度较大；中游自巴塞尔到德国波恩，以季节融雪为主要水源补给；下游地段自波恩流经平原及低地地区，水流平缓。莱茵河在欧洲社会经济发展与工业进步中发挥着原材料运输、技术交互、供水、旅游、灌溉、发电等多项功能，可以算作“欧洲各国的生命线”。

在罗马帝国时期，莱茵河途径罗马帝国北部内陆边界的大部分，是欧洲内陆运输贸易和货物的重要通航水道，也是世界上最繁忙的内陆航道之一。罗马人在莱茵河沿线建立了众多军事城堡与防御工程，人口密集区与城市多分布与莱茵河流域沿岸。当时陆路受山脉所限运输不畅，贸易运输普遍通过水路，罗马人为此专门建立了莱茵河运输船队，为罗马帝国贸易的发展做出了极大的贡献。多年的水路贸易运输构建了发达的莱茵河腹地河网化，为流域沿线各国的经济发展、贸易往来、技术传递奠定了坚实的基础。莱茵河流域最大的工业区为鲁尔工业区，位于德国西部、莱茵河下游支流鲁尔河与利珀河之间的地区，是德国也是世界最重要的工业区之一。鲁尔工业区以煤工业起家，在炼焦、电力、煤化学等工业方面得到了长足的发展，同时在钢铁、化学工业领域内领行业翘楚，并在此基础上建立发展了机械制造业。鲁尔工业区内人口密集、工人众多，形成了连片的城市工人聚集区，被称为“德国工业的心脏”。随着流域沿岸各国工业化进程的推进，莱茵河沿岸人口逐渐密集、城市化进程飞速、现代航运不断发展、河流运货量大大增加，这些造成流域工业排污量远超生态承载量，生态环境急剧恶化。此外，莱茵河流域沿线平原较多、农业较为发达，尤其是支流的峡谷区域，气候适宜，当地种植了大量的葡萄等农作物，以葡萄酒酿制与销售为主要经济来源。

莱茵河支流众多，主要支流有阿勒河（Aare）、内卡河（Neckar）、美茵河

（Main）和摩泽尔河（Mosel）等。流域沿线分布着许多重要的城市，例如美因茨、科布伦茨、波恩、诺伊斯、科隆、鹿特丹、斯特拉斯堡和巴塞尔等，其中较多城市均是从传统的军事防御城镇转变为贸易场所再发展为现代化城市的。

莱茵河现代航运业的兴起源于19世纪初期，与普鲁士王国的崛起息息相关。莱茵河不仅是欧洲通航里程最长的河流，更连接着埃姆斯河、威悉河、易北河、奥德河、多瑙河等一系列运河与其他河流，构成了一个四通八达的水运网，即莱茵河航道网。莱茵河航道网发展壮大的原因主要可总结为四个方面，即流域沿线各国取消了航运限制、疏浚航道工程的普及、流域沿线河港与水路的网格化以及沿岸城市的工业化进程。这四大因素均极大地推动了莱茵河现代航运的发展。1815年，维也纳会议就莱茵河自由航运和取消征收通行费等两大问题达成了原则性协议，该协议时至今日仍原则上有效。19世纪初期，莱茵河通过疏浚、筑坝与取直等工程，实现了莱茵河上游河段运河化，通航能力大幅提升。流域中下游实现了3 000余千米的运河配套，直接连通易北河、多瑙河，并连接了波罗的海、北海、英吉利海峡、比斯开湾、地中海和黑海，正常航道通航1 300吨级的驳船，下游河道可通行海轮，显著改善了欧洲西部低地等地区的交通条件，带动了辐射范围内的工业发展。鲁尔工业区位于鲁尔河与利珀河之间，通过4条人工运河和74个河港与莱茵河紧密相连，航运可直达北海，为工业区的发展提供了重要的运输便利条件，大量的铁砂矿与其他工业原材料通过莱茵河航道运输至此。位于莱茵河出海口的鹿特丹港，港区全部在平原地带开挖形成，建设有大量“丰”“Y”字形码头，成为欧洲工业产品的重要输出口岸。第二次世界大战后，莱茵河实现了航道标准统一，通航能力进一步提升，航道深度可达2.5 m；其后沿岸各国又推动莱茵河船型标准化，成为最早实现航道和船型标准化统一化的河流，莱茵河的航运潜力得到进一步挖掘。莱茵河运费的低廉直接降低了工业原材料的价格，有助于工业品价格优势的形成，这是莱茵河成为工业生产区域主轴线的主因。2020年，传统莱茵河货运量达1.6亿吨，占欧盟当年内河运输货物总量（5.1亿吨）达31.4%，主要货物是原材料与能源[62]。可见，莱茵河现代航运在欧洲内河运输业中举足轻重的地位。

二、莱茵河流域污染事件

莱茵河作为世界内河航运最繁忙、最发达的航道之一，其干流沿岸分布着多个世界著名的工业基地，对各国经济的发展发挥着举足轻重的作用。然而，19世纪开始，莱茵河流域沿线快速的农业发展、工业进步、城镇化扩张等原因造成了流域严重的生态环境问题。二战结束后，流域沿线各国均致力于经济复苏与战后重建，原材料工业发展迅速，房屋面积以及交通道路网空前拓展，导致废水、废物、废气排放剧增。莱茵河作为一项公共资源，流域沿线每一国家均具有资源的使用权，并没有权力阻止其他国家使用，加上沿岸各国生态环境保护理念薄弱，经济发展凌驾于生态保护之上，从而导致了资源的过度使用与枯竭，造成了典型的“公地悲剧”。此外，大江大河等流域是由生物群落及其生存环境共同组成的动态生态平衡系统，具有明显的流动性与相互影响性，上游污染物排放直接影响中下游生态群落，中下游污染物排放同样影响上游生物圈层。流域沿岸各国将没有经过处理的大量废气直接排入大气、大量化工排放物与生产垃圾直接排入莱茵河或堆放在沿河两岸，导致流域水环境遭到严重破坏，蚊蝇遍地，河水中的溶解氧几乎为零，鱼类资源大幅萎缩，其中珍贵的大马哈鱼种类甚至完全消失[58]。虽然，流域沿线每一个国家均知道过度排放污染物对莱茵河将造成毁灭性的破坏，但沿岸企业的赌徒心态加剧了生态环境的恶化与速度，致使莱茵河污染日益严重，威胁着沿岸居民的身体健康与居住环境，同时也遏制了沿线城市的农业、葡萄酒业、旅游业的可持续发展。

随后，莱茵河流域沿线国家普遍认识到必须对莱茵河流域进行生态治理。1950年7月，荷兰、德国、瑞士、卢森堡及法国等莱茵河沿线国家在瑞士巴塞尔成立了“保护莱茵河国际委员会（The International Commission for the Protection of the Rhine，ICPR）”；1963年，德国、法国、卢森堡、荷兰、瑞士等国在瑞士伯尔尼签定了“保护莱茵河不受污染的国际委员会协定”，为莱茵河流域生态环境治理奠定了重要的基础。协定将清洁泥沙、防洪、改善北海水环境来保障莱茵河作为饮用水水源等具体工作定为莱茵河治理的重要内容，力求改善莱茵河流域污染现状。然而，最初流域生态治理工作并进展缓慢，生态污染虽有一定程度的缓解，但仍远未达到治理预期目标，直至瑞士巴塞尔化工厂仓库火灾事件的发生。

巴塞尔位于莱茵河湾，德法两国交界，是瑞士的化学工业中心。1986年11月1日夜，瑞士巴塞尔桑多斯化学公司仓库突然起火，仓库内装有1 250吨剧毒农药的钢罐全部爆炸，大火持续燃烧4个多小时，含有大量损害人体的硫、氮、亚磷酸和氧化物的浓烟遮天蔽日，杀虫剂、除草剂、除菌剂、有机汞等共计1 246吨的各种化学品被扑火用水直接冲入莱茵河，有毒物质形成近70 km 长的微红色漂带快速向下游流去，流经流域鱼类全部死亡，漂浮物众多、恶臭熏天。流域下游的瑞士、德国、法国、荷兰四国共835 km 沿岸城市的沿河自来水厂全部关闭，约480 km^2 范围内的井水受到污染不能饮用，改由汽车向居民定量供水；接近入海口的荷兰，全国与莱茵河相通的河闸全部关闭。为减轻有害物质对莱茵河的污染，火灾后人们用塑料塞堵住支流下水道，避免污染物继续流入莱茵河，但8天后塑料塞在水压下自行脱落，数十吨含汞有害物质流入莱茵河，造成了再一次污染。然而，仅仅12天后的11月21日，德国巴登市的苯胺和苏打化学公司冷却系统故障，2吨农药直接流入莱茵河，导致河水含毒量超标准200倍之多。短短三周之内，三次化工污染事故叠加导致流域沿岸约160 km^2 范围鱼类死亡、生物物种灭绝、河流生态系统陷入瘫痪，大气污染和土壤污染严重、沿河农作物与葡萄种植业惨遭“毒手”，产量迅速下降，甚至出现了绝收现象，莱茵河的生态环境受到了严重破坏。由于莱茵河在德国境内长达865 km，是德国最重要的河流，因而德国遭受损失最大，导致几十年间为治理莱茵河投资的210亿美元付诸东流[144]。此次事故造成损失巨大，被人们成为20世纪世界“六大污染事故”之一，与“意大利塞维索化学污染事故、美国三里岛核电站泄漏事故、墨西哥液化气爆炸事故、印度博帕尔毒气泄漏事故、苏联切尔诺贝利核电站事故”等五大事故齐名，可见此次事故影响之恶劣。

三、莱茵河流域污染后果

莱茵河沿岸的平原区作为重要的农业区与葡萄种植区，聚集了众多民众生产生活，然而长期粗放型“重开发、轻保护”的岸线开发利用理念，加上瑞士巴塞尔化工厂火灾事件，导致流域河水质量污染、岸带生态系统破坏、流域洪水威胁等诸多问题产生。严重的环境污染后果促使沿岸各国人民团结起来，直面生态治理相关问题。

首先，河流水质污染是莱茵河面临的最大问题。河流水质污染是指流域沿岸企业和居民将未经处理的工业废水、生活污水、农田排水以及其他有害物质直接或间接排入河流，超过河流的稀释自净能力，引起水质恶化和生物群落变化的现象。莱茵河流域人口密集，约3 000万人口依靠莱茵河及其支流和流域内的湖泊作为饮用水源[145]。流域沿岸化工产业分布较多，叠加城镇居民生活排污需求，造成莱茵河各类污水排放量远超其稀释自净能力的最大承载量，河流水质安全隐患加剧，直接威胁沿岸居民用水安全。20世纪70年代，莱茵河水质含氧量下降至历史最低水平，重金属污染、有机质淤泥污染、热污染和化学污染严重，昔日优美清澈的“欧洲黄金水道”竟沦为“欧洲的下水道（The sewer of Europe）”[146]。再加上1986年11月发生的瑞士巴塞尔化工厂火灾事件，大量农药与剧毒的化学物质随灭火用水直接排入莱茵河，剧毒物质顺河而下远至德国西部摩泽尔河与莱茵河交汇处的科布伦茨附近。污染所到区域，大量水生物死亡，一时间河流出现数百万条死鱼，层层叠叠铺满河面，惊心动魄。这导致流域沿岸自来水厂被迫关闭，居民甚至无水可用，只能靠送水车勉强维持最低生活用水。

其次，流域水生态系统遭到根本性破坏。按照现代生物学概念，每个湖泊与河流均为一个水生态系统，由生物群落与非生物环境两部分组成，两者间相互作用、相互制约，通过物质循环和能量流动共同构成具有一定结构和功能的动态平衡系统。河湖水域岸线空间是指水陆生境的过渡地带，多变的河道形态与多种湿生植被的发育可有效起到滞缓径流、截留和吸附径流中的各类污染物质、调控区域内水分循环等作用，同时也可为鱼类、爬行类、两栖类及鸟类提供多样的生境，具有重要生态功能和保护价值[147]。水文情势时空变异性、河湖地貌形态空间异质性、河湖水系三维连通性、适宜生物生存的水体物理化学特性范围，以及食物网结构和生物多样性，构成了完整的流域水生态系统。然而，经过两个世纪的开发与利用，莱茵河沿线各国为保护流域岸线居民免受洪水等自然灾害威胁，同时为了提高航运能力与拓展农业用地，对莱茵河及其支流采取了大量的流域整治与改道工程，导致莱茵河天然的水文地形条件发生了巨大改变，大量流域原始生物群落与非生物环境遭到破坏，水生态系统失衡。其中，一个典型的现象就是大西洋鲑鱼在莱茵河的绝迹。为提高航运能力，瑞士在莱茵河下游河段进行了大量的裁弯工程，直接缩短了河流长度的37%。此外，为了提高发电能力，流域沿线各国纷纷渠化河道以及堰坝，直接阻碍了鱼类从下游洄游至上游产卵区；堰坝的形成改变了流域原始水位，高水位导致上游产卵区的水流速度与泥沙条件改变。叠加渔业的过度捕捞与无序的污染物排放，莱茵河流域水生动物种类与数量均大幅度减少，剩余水生动物种类以耐污种类为主，相对敏感的水生动物濒临灭绝，生物多样性与生态系统均遭破坏性打击。大西洋鲑鱼从19世纪70年代开始数量持续减少，直至20世纪50年代末在莱茵河流域灭绝。

最后，莱茵河流域洪水的危险性大大增加。现代航运业与沿岸城市的快速发展促使人类不断整治、开发、利用河流与其沿岸空间，人类采取将河流裁弯取直、修堤筑坝、更改河流岸线空间用途、兴建河流引水工程等措施，不断改造莱茵河流域空间，导致其天然洪泛区范围不断减少。尤其是在18—19世纪，流域沿岸森林过量砍伐导致两岸大片土壤侵蚀，再加上两次世界大战之后，莱茵河流域森林被战火大面积破坏，缺乏森林保护的莱茵河流域生态环境恶劣，暴发了数次洪水。战后经济复苏时期，人类不断将流域沿岸的自然冲击区改造为人类聚集区或农作物种植区，导致流域自然冲击区锐减了85%。以德国西南部城市卡尔斯鲁厄（Karlsruhe）为典型代表，该地区位于莱茵河上游谷地，由于修堤筑坝导致该区域减少了60% 以上的洪水自然淹没滩区，沿岸遭洪水侵害的威胁大大增加。河岸固化硬化工程与河流人工渠道化极大地改变了流域沿岸自然生态环境、植被覆盖状况以及水文生态系统，导致流域最高水位增高，再加上全球气候异常造成的极端降雨事件频发，致使莱茵河流域洪水威胁性加大。此外，莱茵河由于人工渠道的过度修建，许多支流与截流航道无法快速容纳暴雨降水量，更没有足够高的河岸抵抗暴雨的冲击。据不完全统计，在1882年、1883年、1953年、1988年、1995年，莱茵河流域均发生了灾难性的全域大洪水，沿岸众多城市被洪水所淹没，造成了巨大的经济损失。特别是1995年1月，持续不断的大暴雨使莱茵河、塞纳河、艾瑟兰河等西北欧主要河流泛滥。洪水袭击了德国、荷兰、英国和法国境内的大片低洼地区，造成多人伤亡，数十万人被迫撤离家园。莱茵河支流上的水位比往年高出25 cm 以上，荷兰马斯河遭到重创，沿河大堤溃决，约25万人被迫连夜迁移，损失达数十亿[148]。

第二节 莱茵河流域生态协同治理模式

1986年的瑞士巴塞尔化工厂仓库火灾与1995年的荷兰特大洪水等事件，迫使莱茵河流域沿线国家开始直面生态环境问题，人们充分认识到忽略环境保护所带来的严重后果，保护莱茵河国际委员会积极践行“保护莱茵河不受污染的国际委员会协定”，严格约束流域沿岸的化工与冶金企业，建立了57个水质监测站与7个生态预警中心。一旦任何一个水质监测站发现污染物，就可快速连接就近的生态预警中心，迅速确认流域污染物来源，实行生态物质执法行动，全面保障莱茵河水质安全。经过近二十年的努力，莱茵河水质逐渐变清，实现了从“大污”到“大治”的生态变迁道路，成为了国际流域生态协同治理的典范。

一、莱茵河流域生态协同治理基本历程

面对着如此恶劣的生态环境问题，德国、法国、卢森堡、荷兰、瑞士等国在1963年成立了保护莱茵河国际委员会（International Commission for the Protection of the Rhine）。莱茵河国际委员会成立初期，对莱茵河水质进行了全面检测，发现河水中汞含量严重超标，生态系统遭到彻底破坏，被称为“生态死亡河流”。特别是在1986年瑞士巴塞尔化工厂仓库火灾后，莱茵河生态污染达到峰值。严重的环境污染对流域沿岸城镇居民的生活产生了致命的影响，大量居民提出强烈抗议，并与各地环保组织举行了大规模的游行示威活动，要求流域相关各国有效联合起来，治理污染和恢复河流及流域的生态环境。国际委员会在1987年签订了一部具有里程碑意义的协议“莱茵河行动计划”。计划明确规定，莱茵河全线必须严格按照工业安全法规，实行全域污染物排放治理。流域必须于1995年将有害污染物排放量减少至50%，并在2000年实现大西洋鲑鱼回归，即“鲑鱼2000行动计划”。该计划制定以来，流域沿线各国积极配合，并在1994年提前完成了减排目标，甚至在很多支流区域污染物排放甚至减少了90% 以上，良好的生态指标极大的推动了大西

洋鲑鱼的重返。“鲑鱼2000行动计划”提出，要在2000年之前让莱茵河生态指标可以恢复到鲑鱼的适宜生活标准，流域鲑鱼数量应稳定达到上万条，鲑鱼可自由洄游至上游的巴塞尔地区产卵，并实现野生鲑鱼从北海洄游至莱茵河流域。因为鲑鱼是一种需要河流上游产卵，再洄游至海洋中生活的生物，对水质和生态环境敏感性极强，被誉为“海洋生态质量指示器”。因此，只有在流域上游发现产卵的鲑鱼与野生洄游鲑鱼，才能说明流域全域的污染治理成果有效。随后在1993年和1995年发生的莱茵河特大洪灾，促使莱茵河保护国际委员将洪水治理与防控作为流域生态治理的另一重要目标，并制定了“洪水行动计划”。该计划指出，在2020年莱茵河全域应降低25% 的洪水风险，下游崎岖极端洪峰应比1995年至少降低70 cm[149]。同时，规划洪水高风险区域并提前规划居民应对措施，以及延长洪水预报周期且预留出充足时间避免洪水冲袭。

“鲑鱼2000行动计划”与“洪水行动计划”颁布后，莱茵河流域将净化水质、恢复生态系统平衡、降低下游地区洪水高度等作为治理目标，积极开展相关治理措施。在净化水质与排污减排方面，莱茵河流域采取全域统一规划，严格监测流域沿线污染排放，对相关化工企业实施“关、停、并、转”四大措施，严守流域生态保护红线，对不符合排放标准的污染企业坚决实施“关停并转”，关停淘汰一批、并转减排一批、整合提升一批沿线污染企业，强力推进减排。同时，分类分批进行沿岸化工企业搬迁改造，将没有搬迁价值的污染企业全部关停重组，并集中修建污水处理厂，实行水质实时监测措施。莱茵河国际委员会在瑞士至北海之间设立了9个国际水质监测站，每个水质监测站均安装了水质预警系统，通过连续生物监测和在线化学监测，及时对突发性的污染事故进行监控与处理。此外，流域沿线各国根据自身情况与不同区域污染状况，统一规划制定生态修复措施并创新生态治理技术，全面提升莱茵河支流的滞水能力。具体修复工程包括，建立沿河技术性滞水设施，降低水流带来的水土流失，减少入河泥沙；恢复原始河道，保证河水能自由流动，恢复生产水流速度；重新规划沿岸堤坝位置，降低洪水侵犯的威胁；加固河岸工程，尤其是在上游水流较湍急的支流有坚固的食材加固易损河岸，保障沿岸生态安全。此外，由于流域沿线农作物与葡萄作物种植较多，为防止农业活动有可能造成的水源污染与水土流失，各国政府提倡退耕还林，并加强城市内雨水渗透工程建设，大力推广建设各类绿色发展项目，恢复流域沿线生态系统平衡。经过近15年的协同治理，流域河流水质中的主要污染物硝酸盐和磷酸盐含量锐减至50%，其他污染物也减少了80% 到100%，水质逐渐清澈。加上流域沿岸实施了大量的人工造林工程，显著提高了沿线植被覆盖率，如今莱茵河流域近三分之一的区域已被森林植被覆盖。1989年，6只大西洋鲑鱼在莱茵河被发现；3年后在莱茵河上游区域发现鲑鱼产卵，并捕获了18条鲑鱼；1994年，斯厄格里河的自然产卵地发现了新孵化的卵黄囊；2000年，莱茵河保护国际委员会宣布鲑鱼已重返莱茵河，比原定目标早3年实现。随后，莱茵河保护国际委员会颁发了“莱茵河2020计划”，将治理目标优化为：鲑鱼在莱茵河可以在没有人类干预的情况下，达到种群自然繁衍的水平；水质持续改善，各种重金属与有毒物质含量降低到可接受水平，莱茵河水成为可饮用水；莱茵河下游三角洲地区的地下水达到饮用水水平[149]。

二、莱茵河流域生态协同治理具体措施

经过数十年的生态治理，莱茵河流域沿线各国积极协商、磋商，共同采取了诸多生态治理与生态修复措施，形成了内涵及目标不断更新发展、兼顾流域统一管理与地方区域管理的流域岸线综合管理体系，全面覆盖由水域——滨岸缓冲带——陆域构成的“三域一体”的岸线空间[149]。

首先，重视污水处理与水质监测。1970—1990年，莱茵河沿线各国对污水治理尤为重视，其主要治理方式为“管道末端治理”，主要是通过不断优化废污水末端治理技术对城市生活和工业废污水进行处理，降低排污量。这20年间，流域沿线各国均致力于建设污水处理工程项目，使污染源及农业和交通之类的扩散源得到有效治理。项目总投资超800亿德国马克，均用于兴建污水处理厂和城市排水管网，对流域沿线近96% 的生活与工业污水进行了无害化处理。同时，采取缴纳环境保护税、实施污染者付费等手段向排污者征税高额污水处理费，提高排污企业的排污成本，从而控制社会面的再污染。其中，德国在1976年颁布了《污水纳税法》向德国全境征收废水排污费用，同时要求市民在缴纳水费时需根据使用量额外缴纳50% 的污水处理费。为进一步确保水质安全，保护莱茵河国际委员会要求流域

沿线各国实行微型污染物销售许可、禁售或限制措施，例如对农业以及化工原材料采取有条件销售策略，并积极推广有机物标识制度，开展全民生态保护理念传递与信息宣传。为防止火灾与突发性污染事件，委员会要求各国政府对从事危险物质生产的企业实施许可证监管制度，保证危险物质容器和运输管道无渗漏并安装防渗设施，实施废水、冷却水和雨水分离措施。在沉积物污染场地方面，应积极实行场地分类措施，有效识别危险区域开展沉积物运输对下游水环境影响评估，全面实施危险场地监测与地下水监测。多方面的污水处理与水质监测措施，对莱茵河流域水质提升效果显著。通过监测水质发现，2015年流域进入北海和瓦登海的氮排放量减少了约20%，重金属污染持续降低。2017年，莱茵河流域已基本达到被检活性医药物质及农药污染大幅减少，并完成了10个沉积物污染场地的修复工作，沉积物中铅的含量持续降低，地下水优良水体比例接近96%[150]，生态治理成果显著。

其次，修复河岸带与恢复河流生态系统，促进流域生态修复与改善。过去两个世纪的人工改造与支流截弯对莱茵河造成了巨大的伤害，国际委员会将“恢复河流自然面貌”与“给河流更多空间”定为莱茵河流域生态修复的首要目标。沿岸各国均在维护河流岸线政治工作中，尽可能减少采用截弯取直、固化河岸等快速但违反生态原则的传统手段，并将刚性堤防后退或去除，尽力维护、恢复河流的自然特性。例如，20世纪50年代的德国在饱受莱茵河污染的背景下创立了“近自然河道治理工程理论学派”，指出河道治理工程应符合植物化和生命化的基本原理，应顺应自然界的发展规律进行治理。该学派的兴起说明德国对生态治理的重视程度不断提高，到70年代开始，德国在全国范围内推行“重新自然化工程”，全面拆除、改建被渠化的河道，对境内的河道形态、河床断面进行“近自然化”修复。德国河道治理委员会通过拆除不必要的堤坝，重建河流与洪泛平原之间的相互联系，利用多种平面形态如河漫滩、湿地等，来取代影响鱼类洄游的各种挡水措施，恢复河道的通达性，并起到调节水量、阻挡洪水的功能。同时，对经过人工改造的河流实施裁直变弯、回归自然的改造措施，重新营造出接近莱茵河原始形态与符合自然流路的不同流速带支流[150]。此外，其河道治理工程致力于将已改造或处理过的硬化河滩护岸恢复期自然面貌，为流域水生生物重建自然栖息地，并大力发展生物与生态工程的相关高新科技，鼓励相关科技快速融入生态治理工程，提高修复河岸植被与湿地群落的有效性，全面改善流域沿岸生态功能区域的生态功能，为恢复流域生物多样性奠定基础。荷兰也在河流三角洲地区全面推进生态改善与增强蓄洪等多重效益的项目，实施亲自然岸线改造工程。其典型代表项目“荷兰河流预留空间项目”，项目建设了生态蓄洪区，对现有河道口进行了自然河道口恢复工程，恢复了大量蓄洪区并改善了流域生态系统。在恢复河流生态系统方面，莱茵河沿岸各国将流域敏感物种的种群表现作为评估莱茵河生态环境改善的重要指标，将鲑鱼重返作为莱茵河总体生态系统恢复的标准与衡量措施。为恢复鲑鱼种群，流域沿线各国大力开展控制污染物排放与改善水质工程，以及清理河道污泥障碍与改造挡水工程，全面恢复了莱茵河流域的生境连通性和生态连续性。例如，以欧盟牵头在莱茵河上游法德间伊菲莰海姆枢纽上建设的“伊菲莰海姆鱼道工程”为例，欧盟前后拨款近350万欧元用于项目建设[151]，专门制定了洄游鱼类的调度方案和相关政策，为洄游鱼类创造适合产卵繁殖的水流条件和河道环境，重建鲑鱼自然生态栖息环境，并在苏格兰和法国西南部购买鲑鱼卵苗，人工孵化后投放入莱茵河，加快恢复流域生物种群与鲑鱼数量。流域上游共建4座大型堰坝和592个小型堰坝，并拆除了影响鱼类洄游的近600个生物阻隔设施，为洄游鱼类从北海重返莱茵河提供了重要通道，例如2018年荷兰鹿特丹南部的哈林格利特大坝的开通。目前，近三成的鲑鱼栖息地实现了与莱茵河的河流连接，鱼类物种谱系几乎恢复完整，流域水生植物实现了自我繁殖，每年上百条鲑鱼从北海洄游至莱茵河进行自我繁殖，生态系统恢复目标已近达成。

再者，全面开展流域沿岸陆地保护工作，通过源头治理与改变沿岸土地利用方式，提升流域预防能力，降低流域灾害风险。在加强源头治理方面，莱茵河沿岸各国以“莱茵河行动计划”为指导，在末端治理改善水质的同时加强源头污染治理工作，将莱茵河流域人工污染降至最低。为此，流域各国政府专门清查了流域沿岸的工业结构，将高污染的生产企业进行整治、转型、关停等一系列措施，鼓励其在生产过程中大力推行环保型生产工艺和清洁生产技术，加大清洁能源科技研发投入，减少污染物的排放。同时，明确企业污染物排放标准，对高污染物实行禁排或限排，加强监管措施并提高处罚金额，有效减少有害物质的日排放量。

在制定相关法律政策方面，保护莱茵河国际委员会牵头各国政府共同颁布了《莱茵河防止事故污染和工厂安全条例》，文件明确规定了防止泄露的安全要求、有害物质的排放标准、管道安全的技术要求等具体条款，并要求各国政府定期检查流域沿线所有工厂的排放情况。在改变沿岸土地利用方式方面，保护莱茵河国际委员会要求沿岸各国全面认识到因沿岸土地开发、河道治理导致自然蓄洪区减少所带来严重的洪水后果，要求沿线各国必须及时停止在河滩地的开发利用，返还河流应有的自然岸线空间，利用天然调蓄能力提高流域洪水防御能力。为此，流域沿线各国积极相应，以改变流域沿岸区域土地利用方式为工作重点，全面优化水体沿岸区域规划，推动生态自然修复进程。为较好贯彻此项工作，各国政府从法律方面与更改区域规划入手，在全流域内划定冲积区、保护去和洪泛区，保证流域沿线具有足够大的相应滞洪面积，以降低洪峰流量，避免洪水的进一步侵害。对洪泛区应提高其区域面积，避免任何形式的开发，保持洪水风险地区的空旷状态，但可根据洪水发生频率的不同，将该类地区用于阶段性的农业生产和娱乐项目，提高洪泛区的经济效益。在规划流域沿岸土地利用规划布局时，应坚决禁止对洪水风险区域的任何不适宜的使用，提高森林与植被覆盖率，减少地表径流与削减洪水量，全面提高流域的蓄洪能力。在农业耕种方面，应结合流域沿线自然生态条件研究有效的农耕方式，增加农田的雨水入渗量，在预留足够洪水淹没区的条件下，谨慎开展农业耕种项目，保证沿岸工业与农业经济效益的合理发展。

三、莱茵河流域生态协同治理模式

莱茵河作为国际大江大河流域治理的成功典范，经历了“先污染、后治理”艰苦的生态修复过程，但其坚定的治理决心、各国间密切的协同合作、系统性的治理规划、科学的修复手段与方法、完善的治理规章制度，形成了具有体系的生态协同治理模式，为全球其他区域大江大河的治理工作提供了指引，也为长江经济带生态协同治理新模式提供了构建思路。

首先，顶层设计的有效性，即国际间合作组织——保护莱茵河国际委员会的有效性。保护莱茵河国际委员会由荷兰、瑞士、法国、卢森堡、德国等国组成，并联合成立最高决策机构共同决议重大问题。最高决策机构每年定期召开一次成员国全体会议，对去年制定的修复成果进行评估并制定当年的修复计划。修复计划由各国分工落实本国领域的河岸修复问题，所需费用由各国自行承担，如成员国未能较好完成本领域当年实施计划并因本国原因对邻国水域产生负面影响，则需承担相应的邻国生态修复费用。为更好的、公平的治理莱茵河，保护莱茵河国际委员会主席由各成员国轮流担任，每届任期3年。委员会下设一个常驻秘书处，负责处理日常工作与联系接洽各成员国间沟通与交流，位置设在德国科布伦茨市。此外，为更好的监督成员国生态修复的进度与实施的力度，委员会设有专门的监督机构，由政府组织与非政府组中共同组成。政府组织是有流域沿线成员国组成河流委员会与航运委员会；非政府组织则有各成员国民间组织组成，具体有自然保护和环境保护组织、饮用水公司、化工企业、食品企业等。另外，委员会根据具体工作任务成立了众多专门化的工作小组，包括水质工作组、生态工作组、排放标准工作组、防洪工作组、可持续发展规划工作组等，具体负责实施多项莱茵河生态修复计划。

其次，框架性协议、合作性公约与行动计划的有效性。保护莱茵河国际委员会自成立以来，在最高决策机构的牵头倡议下签署了数项框架性协议与合作性公约。1963年签订的莱茵河国际委员会框架性协议为流域沿岸国别间的协同沟通奠定了坚实的基础。1976年，欧洲共同体委员会为进一步促进欧洲各国的经济与社会进步，作为缔约方加入了保护莱茵河国际委员，积极推动了“保护莱茵河抵制化学污染协议”和“抵制氯化物污染损害协议”两项协议的签署。1980年以来，莱茵河流域各国签署了《基于协调机制的莱茵河流域国际合作公约》等多个公约协议。1987年，在以上框架性协议与合作性公约的基础上，莱茵河行动计划（Rhine Action Programme）正式诞生，对全流域生态治理做出了详细的规划与要求。1995年，在最高决策机构会议上，各国政府决定根据莱茵河治理难点制定一部针对防洪的具体行动计划。1998年，最高决策机构会议通过了“莱茵河防洪行动计划”，并根据流域治理现状重新修改并签署了新的莱茵河公约，将莱茵河治理目标更新为更宏观的保护北海水质量，说明莱茵河局部微观的治理目标已阶段性完成，治理成效显现。2001年，在斯特拉斯堡召开的第十三届最高决策机构会议上，各国政府共同签署了新的“莱茵河2020计划”[150]，说明生态治理目标在一步步的实现与更新。经过近半个世纪的发展，各项框架性协议、合作性公约与行动计划在保护莱茵河国际委员会的推动下不断的更新，说明了各项协议、公约与计划的有效性。通过梳理其历年协议、公约与计划发现，保护国际委员会的治理目标是，以清洁泥沙、防洪、生态保护以及改善北海水环境来保障莱茵河作为饮用水水源，从而寻求莱茵河流域的可持续发展。

再者，府际协同治理整体规划与执行的有效性。保护莱茵河国际委员会在确立最高决策机构、组织机制、工作目标、法律法规等方面系统规划，形成了府际间协同治理的整体规划，保障了生态治理的有效性。最高决策机构将流域生态治理规划为两个阶段，第一个阶段为1987—2000年，将“生态恢复”定为莱茵河行动计划的主要战略目标。流域沿线各国均应按此目标制定本流域生态治理具体措施，并在全流域范围内制定工业安全法规，开始从海岸线到河源全程治理污染，保护莱茵河的生态环境，恢复河流生态系统。其具体治理目标细化为，2000年全流域的污染程度应减少至1985年的一半，在流域上游应实现“可捕获自然野生从大海洄游的鲑鱼”。第二个阶段为2000—2020年，将“生态恢复”目标更新为“生态治理”与“生态系统的可持续发展”。2001年，在法国斯特拉斯堡举行的莱茵河最高决策机构会议上，各国政府总结了莱茵河近半个世纪的生态治理成果与经验，并制订了环境斑块连通计划、莱茵河洄游鱼类总体规划、土壤沉积物管理计划、微型污染物战略等一系列的行动计划[62]，将治理目标从当初的生态污染治理转为创建更高质量的生态环境与开发更全面的生态系统服务功能，并由各国政府组织具体行动计划的实施。

归纳而言，莱茵河流域生态协同治理模式是由三个有效性组成，即顶层设计的有效性、框架性协议、合作性公约与行动计划的有效性、府际协同治理整体规划与执行的有效性。经过多年的努力，茵河流域已由当年臭名昭著的“欧洲公共厕所”转变为世界范围内公认的大江大河治理典范。流域内主要污染物质铅、铵、氮、磷的含量已降至历史新低，水质得到了显著改善，生态环境系统与功均明显提升，特别是在污染源控制方面，有效的控制了工业、农业与船舶污染，生物多样性得到了有效恢复，多种曾经绝迹的水生动植物重现莱茵河流域。2002年，联合国教科文组织将莱茵河中游的宾根到科布伦茨的65 km 长的河段，列为世界文化多样性景观自然保护遗产，可见流域生态治理的成功。

第三节　莱茵河流域生态协同治理经验借鉴

莱茵河途径欧洲多个国家，是西欧第一大河流，流域从瑞士阿尔卑斯山北麓途径瑞士、列支敦士登、奥地利西部、至德法边境流入德国西南部，最终经荷兰阿姆斯特丹汇入北海，被誉为“西欧的母亲河”。莱茵河流域的生态治理，涉及流域沿线各国，协商难度大、治理难度高，但经过多国、多年努力，整个流域已实现了人与自然的和谐相处，成为了欧洲乃至全球的流域保护、合作与治理最成功的范例之一。从莱茵河流域生态治理的基本历程、协同治理的具体措施，以及流域生态协同治理模式入手，梳理与总结其生态治理的经验与做法，对我国长江流域生态治理具有重要的启示意义。

一、经济手段促使企业成为生态治理主体

莱茵河流域沿岸化工与农业较多，为控制工业与农业对水源的污染，保证居民饮用水安全，流域各国政府普遍将污水处理的任务交由所属地政府负责，由地方财政负责支出，并在较大的城镇配备大型污水处理设备，可有效清除磷酸盐和硫化物等污染物。同时，将生活污水纳入公共管网进行集中处理，提高水质监控，并对企业征收排放税。以德国为例，德国政府按照企业的实际污染排放量对其征收排放税，税费根据水污染的组成物进行确定，并鼓励企业使用高新科技减少污染排放量。如企业能达到排放所定标准，可减少税费征收的75% 以上。高额的排放税促使企业主动节能减排并进行技术革新，德国的拜耳集团就是企业生态自治的典型范例。

拜耳集团是德国一家著名的生命科学企业，为世界500强企业之一，公司主营业务范围为医药与农业领域。公司总部位于德国的勒沃库森，该城镇位于莱茵河东岸重工业区鲁尔区，科隆和杜塞尔多夫两座城市之间。作物科学是该公司支柱性行业之一，科学家们的日常工作就是在这个17 km^2 的化工区进行作物研究与

新型农药研发。为了更有效的收集数据研究农药性能，也为了杜绝可能造成的污染，拜耳公司在每一块实验田下面都铺设了防渗漏设施，并配备取样口，可随时发现土壤与地下水样本的污染状态，一旦发现污染即刻中止实验。对于工业废弃品的处理，拜耳集团彩雀全程密封的管道输送方式，直接送往垃圾处理厂进行处理，处理产生的热能与可利用材料将重新通过管道输送的方式输送至相关工厂进行二次使用；确实无法分解使用的工业废料需再次进行无害化处理，再运送至垃圾填埋场。拜耳集团称之为拜耳新型工业废料循环利用技术，该技术的使用使拜耳集团在1992—2006年垃圾生产量减少了一半，有害废料减少了75%，节省能源近25%，废水排放量减少了近80%。据不完全统计，1990—2002年，拜耳集团在全球范围内用于环境保护与污染治理的费用高达160亿欧元[150]。为了防止化工厂对莱茵河流域的污染，拜耳斥资1亿欧元在整个化工区建立了一个巨大的地方防渗漏网，网层配置电脑系统全程监测，如有化学物质渗透会及时报警提示修复。多年来环保技术的持续投入证明环保技术可有效转化为经济利润，例如在汽车上应用的聚碳酸酯等材料。2007年，拜耳集团决定在全球范围内启动“拜耳气候计划”，希望通过科技创新减少生产过程中产生的温室气体排放量，减轻全球温室效应的影响。在此计划框架下，拜耳集团重点研发开展了“拜耳灯塔项目”，主要致力于建设生态友好商业建筑体、抗逆性植物、可再生能源，以及气候监测设备。近年来，拜耳集团将企业发展理念聚焦于可持续发展理念，倡导企业所有行为与活动均需符合两个方面的条件，一为符合生态环境的需要，二为具有商业价值。例如，2009年拜耳集团在中国开展的“拜耳中国碳足迹项目”，该项目全面监测了生产和商业活动过程中所产生的碳排放量，成为了我国第一个对其内部所有业务活动进行碳排放记录与监测的跨国企业，很好的契合了中国社会“绿色化”与“生态化”的时代诉求。项目通过科学技术有效的将企业经济利益、技术创新与社会责任有机结合，体现了拜耳的可持续发展理念。此外，拜耳集团在企业内部开展了“绿色办公计划”，倡导员工在工作中养成绿色办公行为，循环利用资源，减少水电等资源的消耗，为应对全球气候变化与能源问题出一份心理。在社会活动方面，拜耳集团非常关注青少年环保意识的树立，积极开展绿色公益性宣传项目。例如我国开展的“绿利子计划”，在儿童与青少年中推广环保教育宣传工作，帮助培育全社会的可持续发展理念。

除此之外，德国的汉高－泰罗森有限责任公司也是企业生态自治的典型范例之一。应用化学是汉高公司的主营业务，主要包括粘合剂、汽车密封胶条与电子材料等。由于企业属于典型的化工企业，为减少环境污染给企业带来的负面影响，企业将污染排放与环境保护置于与产品治理、生产安全相同的地位，大力倡导企业内部自主研发生态环保高新科技，全面降低化工污染排放。为此，企业专门制定了节能减排方面的法规条款，在各个厂区均建立了消防专用蓄水池与灭火喷水设备，并在化工厂的厂房下面铺建了环形凹槽水箱，一旦发生火灾事故可有效收集被污染的消防用水，有效防止被污染的消防用水排入莱茵河，杜绝瑞士巴塞尔桑多斯火灾事件的重演。汉高公司将绿色环保定义为企业发展的终极目标，定期发布《汉高可持续发展报告》，树立企业全员工绿色环保理念。2022年，企业发布《2022汉高可持续发展报告》，报告将气候保护、循环经济、社会参与、性别均等列为主要的年度绿色发展目标。在气候保护方面，汉高公司要求其全球生产基地可再生电力使用份额提升至70%，每吨产品的二氧化碳排放量减少50%；公司目标到2030年，在全球生产基地中实现生产过程的气候友好，并为生产基地提供100%的可再生电力；为实现这一目标，汉高积极与能源公用事业公司合作，2022年底公司与 IGNIS 签订了为期10年的合同，后者以虚拟电力购买协议（VPPA）的形式向汉高供应可再生能源，合同还约定了将在西班牙建设两座新的光伏电站，预计每年向汉高欧洲工厂供应约200千兆瓦时的可再生电力。在循环经济方面，汉高公司要求在2025年前完成企业所有产品使用100% 可回收和可重复使用包装材料的计划；此外，汉高公司预计到2025年实现每吨产品的废料量减少50%（与基准年2010年相比）；2022年这一比例约为43%，2030年汉高的目标是实现生产废料的循环利用；同时，汉高公司将采购可持续原材料作为另一目标，2021年汉高与巴斯夫达成一项多年期合作协议，借助于生物质平衡方案，每年生产中将有多达11万公吨的化石原料可被可再生原料取代；2022年公司将棕榈原料追溯到原料制造厂的可追溯率从84% 提升至89%[149]。在社会参与方面，汉高公司拟向俄乌冲突的难民提供600万欧元的团结援助计划，并继续在欧洲实行“绿色学子培育计划”，提供更多的公益夏令营供青少年养成绿色环保的生活方式。在性别均等方面，汉高公司拟进一步提升公司内部女性管理者的比例，并为女性员工提供更多的工作机会；公司预计在2025年实现所有管理层面的性别均等。

莱茵河是德国最长的河流，流域面积占德国总面积的40%，被德国誉为“父亲河”。因此，德国在莱茵河生态治理方面积极探索有效的生态治理模式，在企业生态自治方面处于流域沿岸各国领先地位，成果显著，如上述的拜耳集团与汉高公司都是企业生态自治的积极践行者与典型案例。随着德国化工企业生态自治的成功，该模式在保护莱茵河国际委员会的推广下，在全流域范围内得到了广泛响应。

可以说，在莱茵河治理行动中，企业成为了践行法律法规、污染治理的真正主体，每个企业都自觉在排污口设置监测点位，进行排污质量的自我监控。针对化工园区等重点行业，政府设置了监测断面，以实时跟踪河流水质，及时发现潜在的污染源或环境风险。一旦发现某一企业超标排污，该企业则会受到严厉的环境处罚与关停整改的风险，甚至可能面临刑事诉讼的危险，大大提高了企业污染成本。这在某种方面也促使企业加大了再绿色科技、清洁能源、绿色生产等方面的研发投入，大大促进了企业的绿色转型。另外，由于污染成本的提高，市场逐渐形成了专门的污染治理等环境服务产业，专门提供环境监测、污水处理、环境事故应急等多种生态环境服务，形成了专业化、规模化的生态环境服务产业。在某种程度上，也推动了企业污染行为的大幅减少。

二、法律手段确保生态修复有效运行

保护莱茵河国际委员会自成立以来，颁布了多项框架性协议、合作性公约与行动计划。在框架性协议之下，流域沿线各国政府根据各国流域污染情况与现实国情，制定了相应的环境保护法律。以污染影响最为严重的德国为例，1957年以来，联邦德国先后制定了下列法律：水法、有害物质排放法，原子能法，区域规划法及州规划法、建筑用地法、城乡革新法、植物保护法、废油法、狩猎法、森林管理法、采矿法，保护自然和保护风景法、废物处置法。此外，还建立了一系列环境质量标准[152]。1970年德国颁布了第一部环境保护法，即《垃圾处理法》。1975年，德国颁布了《洗涤剂和清洁剂法规》，规定了磷酸盐的最大值，又于1990年对含磷洗涤剂加以明文禁止，有效避免了含磷洗涤剂和化肥的过量使用，遏制了莱茵河的富营养化趋势。随后在20世纪90年代初期，德国议会将环境保护与生态修复方面的内容写入《德意志联邦共和国基本法》，明确为“国家应该本着对后代负责的精神保护自然的生存基础条件”。《德意志联邦共和国基本法》是德国全域法律和政治的基石，对德联邦各州市的政治法律法规领域影响巨大。据目前不完全统计，德联邦各州市出台颁布的环境保护相关法律超8 000多部，并拥有世界上最完善、最详细的环境保护法。在众多环境保护相关法律法规的推动下，各州市均设有官方环保机构与民间环保组织，并与邻国共同合作成立了众多流域跨区域环保研究机构。当地企业每年的环保方面的投资约50亿欧元[144]，并已形成一个有近百万人从业的环保产业，每年环保产品出口量居世界前列。

此外，2000年底颁布的《欧盟水框架指令》，代表着欧盟水资源治理工作已由单一化治理向一体化治理转型的发展阶段。《欧盟水框架指令》将欧盟各成员国分散的水资源管理法规整合为一致化的标准性法律文件，旨在实现欧盟全域所有水资源达到清洁水质的要求。该指令的实施为莱茵河流域综合治理奠定了有效的基础，流域的治理工作形成了具有普遍共识的跨国治理机制，实现了流域内各国水资源的整体规划与管理，有效解决了跨境水污染和水资源利用的问题。为加速莱茵河流域生态修复进程，保护莱茵河国际委员会要求沿线各国设立环保督查制度，加强流域水质监控。环保督查制度下设网格化环保警察，具体负责水域治理监管，从企业污染排放到污染水质治理均为其管辖范围。环保警察主要的日常工作之一为通过巡逻和使用遥测工具检查环境污染情况，一旦发现污染情况立即采取有效手段将污染控制在最小范围内。流域任何区域水质出现问题，环保警察都会及时取样分析，并严格按照相关环保法律进行执法处理，比如鱼类死亡、垃圾箱冒烟、废油渗漏或废气聚集成雾等情况均为严厉处罚。近年来，随着生态技术的发展，德国、法国、卢森堡、荷兰、瑞士等国均在其水域重点位置铺设了水质实时监测系统，利用现代传感技术、自动测量技术、自动控制技术、计算机应用技术以及相关的专用分析软件和通信网络组成的综合性实时自动监测系统，一旦发现水质异常变化，可迅速做出预警分析并追踪污染源。

此外，在保护莱茵河国际委员会的倡议下，流域沿岸各国制定的各类环境保护措施均得到了各国政府在法律方面的支持。首先，在城市规划方面，各国政府为确保经济稳定与环境保护共同发展，要求将环境保护全面纳入城市规划方面。例如，德国国土空间规划法第一条即明确规定，国家整体地域规划结构应有利于保护、维护和发展人类基本的自然生态环境，城市成体规划应充分考虑区域已有的自然条件、生态状况、人口结构、经济条件、基础设施、社会文化等各方面的现实条件，在符合社会发展基本要求的情况下最大程度的实现生态保护。其次，在环境监督与预防方面，各国政府均积极倡导生态环保科技的研发，并对环保研发企业给予一定的相应税收减免政策。莱茵河的污染治理和生态修复需进行整体规划与大量跨国生态修复工程建设，需要真实的数据说服沿岸各国共同实施生态修复措施，这需要大量的本底调查与实际变化数据信息给予支持。欧洲在河流本底调查与生态监测方面具有坚实的研究基础，为莱茵河治理工作提供了大量相关技术指标数据，特别是比较完整的时间序列信息，为治理和修复打下了坚实的数据资料基础，也为生态技术发展创造了有利的条件。根据德国2015年环保新规，各行业应严格监控本行业能耗，如企业能达到每年降耗1.3%或申请新的生态环保相关专利，企业即可免缴大部分生态税[144]。新规的实施可有效实现经济增长和生态环保的同步增长。再者，在跨国生态治理合作方面，各国积极通过法律手段优化经济与生态活动的同向发展。例如，实施生态技术设备补偿政策。为推动企业全面使用生态技术设备，逐步淘汰污染排放较高的老旧设备，当企业使用新生态技术设备替换时，政府予以一定的资金补偿。同时，积极开展排污交易权制度，制定区域总排污上限，有计划的发放排污许可证，从而达到减少排污量、保护环境的目的。

三、先进生态监测手段的有效应用

瑞士、法国、德国、荷兰等流域沿岸各国均非常重视流域水质监测，各国按统一规划的水质监测断面和监测技术要求，定期进行采样监测，加强对莱茵河全域水质进行全过程监控。水环境管理在欧洲得到了高度的发展与重视，欧盟为保护湖泊、河流、地下水和沿海水域并将污染降低到安全水平，在水环境领域制定了统一的目标和要求。德国、法国、瑞士均在大学开设了与水相关的研究学科，积极推动水质量以及相关技术的研发。近些年，绿色经济、循环经济、环保产业已经成为各国新的经济增长点和竞争领域。欧洲国家多以科技的发展带动环保产业的发展，旨在将高能耗、高消耗、高排放的传统经济发展模式，转变为低能耗、低消耗和低排放的“绿色”发展模式，注重从技术层面促进生态保护，研发了很多新兴材料、新技术。在污水处理方面，莱茵河沿岸各国积极研发相关科技，将工业废水治理技术向生活污水处理领域移植，最具代表性的技术有硅藻精土吸附凝聚技术、生物流化床技术、水解酸化技术、接触氧化技术等。德国非常注重循环经济的发展。垃圾处理和再利用是德国循环经济的核心内容。当前，在德国，废弃物处理产业，年均营业额约410亿欧元，创造20多万个就业机会[144]。例如，德国对位于德国鲁尔工业区埃姆歇河的治理运用了先进的河流域排水系统，该系统通过合流制干管将生活污水和工业废水进行集中收集、输送到带溢流的雨污混合水沉淀净化池，并被输送到埃姆歇河沿岸新建设的地下隧道系统，最终进入雨季污水处理厂的高负荷下运行处理，最后排入埃姆歇河，实现雨污混合污水的全面净化处理。部分地下隧道系统中剩余的雨污混合水，先经过沉淀池沉淀净化，再溢流到混合污水的塘-湿地净化系统中进一步净化，最终排入埃姆歇河支流，实现了从源头到莱茵河入河口污水处理。

为确保水体保护与治理的有效性，保护莱茵河委员会在莱茵河及其支流建立了水质监测站，从瑞士至荷兰共设有57个监测站点，通过最先进的方法和技术手段对莱茵河进行监控，形成监测网络。最初的监测着重于水体的测量，后来监测对象逐渐扩展到悬浮颗粒物、底泥、微型污染物以及生物体中的化学物质，超过一百种成分被监测。另外，还增添了鱼类、无脊椎动物和浮游动物等生物监测。每个监测站均设有水质预警系统，通过连续生物监测和水质实时在线监测，能够及时地对短期和突发性的环境污染事故进行预警[153]。1990年，保护莱茵河委员会开发了“莱茵河预警模型”，对莱茵河水质进行实时监测，将莱茵河流域监测站点进行联网；并将监测与模型技术结合，模拟污染物运输和扩散，据此制订预警系统和应急方案。委员会在莱茵河及其支流建立了许多水质监测站，每个检测站设有水质预警系统，通过“莱茵河预警模型”对莱茵河水质实时在线监测，并基于“莱茵河预警模型”之上建立了“国际警报方案”，已形成了系统的流域各国信息互通平台，当发现污染物时，沿岸各警报中心能及时沟通，迅速确认污染物来源并发布警报。又如，德国各州按照《莱茵河防治化学污染公约》的要求，各州均由州政府牵头建立了完善的系统性污染预警监测系统。以北莱茵威斯特法伦州为例，该州自1987年建立了第一个针对自来水厂的污染事故和非法排放预警监测系统之后，预警监测站数量不断增加。据目前不完全统计，北威州约有3 500个基础监测站，基础监测站每5年监测2次；250个强化监测站，强化监测站每年监测1次；91个趋势监测站，每年监测13次[152]；基础监测站、强化监测站，以及趋势监测站组成了立体的、系统的、全方位的排放预警监测系统，可快速掌握流域水环境状况与污染情况，实现及时监测、及时治理。德国联邦政府承担了近四成流域治理费用，其余资金投入有州政府与当地企业共同承担，并将监测结果及时向社会公众公开，接受社会监督。

归纳而言，先进的监控预警体系在莱茵河生态重塑行动中发挥了不可替代的作用。莱茵河保护委员会在莱茵河及其支流建立“全域无死角的水质监测网络”，利用先进的监测方法和技术手段对莱茵河水质状况进行实时监控。这种全覆盖的监测网络对及时识别潜在水质污染问题起到了决定性作用，最大限度地减少环境污染对生态系统和人类健康的影响。

四、生态环保教育的有效开展

莱茵河的治理是沿岸各国多年来的共同努力，莱茵河的保护之路更是漫长而艰苦的。教育是增强民众环境保护意识的最佳手段，流域沿岸各国均将绿色环保理念植入国民教育，从孩子们的童年就开始了。流域沿岸各国根据保护莱茵河国际管理委员会的总体战略构想，通过媒体向社会公众呼吁环境保护的重要性，并通过发布通俗易懂的宣传资料向社会公众传递环境污染的危害性。各国政府通过州教育局将环境保护课程植入国民教育，从孩童时代开始让国民接触到水环境保护理念。1980年，德国绿党通过政党的力量促使政府为学校制作了多元化的水资源宣传资料，在学校设立水环境保护宣传栏，免费为学生发放宣传光盘与宣传页，并在电视等公众媒体播放环境保护广告，全面提高公众对水资源价值的认识，加深人们对莱茵河美丽景色的热爱。德国绿党充分运用现代化信息技术，以更生动形象的方式让人民自觉自愿加入保护莱茵河的行动之中，成效显著。例如，德国在沿岸各州小学开设了以水资源保护为主题的课程，并积极带领学生参加生态环保活动，并由学校颁发生态环保勋章提高学生参与度。德国一年级小学在初入校园报到时，都会领到“社会环保记事本”，要求孩子在日常生活中记录自己的环保行为，并在记事本中穿插环保宣传画，向孩子们传递“热爱自然、热爱环境、热爱生命”的教学理念。为进一步让孩子们接触大自然，德国拥有超过1 500个“森林幼儿园”，孩子们每天在森林活动三至四个小时不等，让孩子们在认识大自然的同时感到自己对自然保护的责任。根据德联邦政府环保部公布的民意调查显示，85% 的德国民众将环保问题列为仅次于就业问题的国民第二大问题，75% 的德国民众希望政府持续在环保政策上维持欧盟领先地位[144]。可见，德国环境教育的成功。

德国民众环保意识之高，环顾全球，无出其右者，从政府、企业到个人，整个国家都十分看重环保。目前，德国再生纸利用率达80% 以上。再生纸是一种以废纸为原料，经过分选、净化、打浆、抄造等十几道工序生产出来的纸张，它未经工业漂白处理，减少了工业漂白所产生的环境污染问题。它并不影响办公、学习的正常使用，并且有利于保护视力健康，降低过敏、致癌物质对人类的影响。据世界绿色和平组织计算，相比使用1吨全木浆纸张，使用1吨100% 再生纸可减少11.37吨二氧化碳排放。根据德联邦环境、自然保护及核能源安全部公布的“有关地方自治体再生纸利用状况”的调研结果显示，联邦50% 以上的地方自治体使用再生纸利用率达80% 以上，其中波恩市、埃森市、哈勒市等地行政机关与学校的再生纸使用率达100%[144]。从学生使用的书本、练习册、画纸到商店使用的收据、信封、邮票、报刊、杂志，再到餐厅使用的餐巾纸、卫生纸等各类纸质用品均为再生纸。此外，人民用再生纸作为原材料生产制造出超市购物袋。政府倡导民众使用自带布袋进行购物，如需店家提供购物则为再生纸质购物袋，并对产品包装倡导无塑料化包装。在德国，矿泉水、可乐和啤酒等瓶子，付款时都涵盖了瓶子押金这一项目。喝完后，消费者可拿着空瓶到任一超市退回相应押金，或直接就近投入空瓶回收机器，实现循环利用。在垃圾分类方面，德国已经实现了全民垃圾分类，并未分类相当细分。即使只是丢一个玻璃瓶，都有几个不同的垃圾桶，塑料制品的瓶盖和玻璃所制的瓶身得放到对应的垃圾桶。灯泡、灯管、玻璃门窗、汽车玻璃和镜子等废旧玻璃，需民众自提到指定地点处理，但这类垃圾投放点相对较远，往往需要民众开车到城市周边自行处理。虽然德国汽车全球文明，但德国境内却倡导自行车出行，在德国明斯特连警察执行日常公务都以自行车的方式出行，其老城区更是禁止汽车通行。在政府多年生态环保教育的努力下，环保理念已深入民众生活，德国民间环保组织近千个，环保人员达200万左右，90% 以上的成员都是义务兼职人员，无偿为环保事业做出了大量工作。可见，生态环保教育的有效开展对开展环保工作的重要性。

莱茵河是欧洲的重要航道之一，并承担着流域沿线国家的供水功能，对整个欧洲社会的政治经济发展起到了重要的作用。工业革命时期，莱茵河沿岸工厂林立、贸易往来频繁、城镇人口聚集，工厂与城市将工业废水与生活废水统统倒入了莱茵河，曾经美丽的莱茵河沦为了欧洲下水道。为拯救莱茵河，流域各国经过多年努力，在保护莱茵河委员会的领导下，共同制定生态修复目标并积极开展治理行动，联合治理莱茵河。可以说，莱茵河的成功治理是欧洲乃至世界范围内一次全方位的环境治理实践行动，为全球大江大河的流域治理提供了丰富的水污染治理、水环境修复、生态系统构建方案，以及跨国、跨区域生态治理体系等方面的经验借鉴，为我国长江流域生态治理提供可行性参考，最大程度实现人与自然的和谐共处。

第五章　长江经济带多层级生态协同治理新体系构想

生态环境一体化是保障长江经济带快速发展的基本前提，体现了绿色发展、人民为先的生态文明理念，更是维护长江流域沿线人民健康生活的基本利益所在。长江流域沿线土地开发强度较高、资源与能源消耗量巨大、环境污染现象严重，且不同区域间生态环境差异突出，经济发展与生态保护冲突较大、生态环境形势严峻。相应的生态治理体系建设应针对长江经济带“水土流失、生态空间不足、跨区行政壁垒”等现实问题，基于“上下游”“点面型”与“交叉型”的治理特征，以多层级气候治理体系为启示，从我国特有的多层级核心政治体制出发，重构长江经济带生态一体化多层级协同治理新体系。

生态治理的复杂性要求多主体、多层级的相互协作，将多层级治理与协同共治等理念融入长江经济带生态环境治理当中，有利于推动区域一体化发展进程。新的治理体系应优化为纵向建立四个层级，强调层级间的交互关系；横向建立“市场——政府——社会”治理主体结构，强调层级内的协作关系，形成多元主体共治的多维度综合性生态治理网格框架，最大程度促进层级间、层级内各主体的互动与联合。新体系应基于统分结合的生态治理府际竞合权力配置、网格化协同组织结构，以及生态治理过程中跨层级执行协同系统，形成公司化运作的多维生态治理机构，进而扩宽生态治理经费投入渠道。在具体实施层面，该体系采取以治理问题库为载体的形式建立任务驱动型多层级协同治理模式，全面融合“治理目标、治理方案、利益协调、利益主体”，有效协调多方治理主体的利益诉求，实现主体协同与过程协同的全面联动。然而，层级间与层级内的多主体协同联动涉及方面较广且关系复杂，仍有较多实践与执行问题有待进一步深化研究，或为未来研究的重要方向。

第一节 统分结合：生态治理府际竞合权力配置

我国特有的多层级核心政治体制，在权力分配、组织结构与行政管理等方面具有一定的独特性，具体体现为“所有权与使用权分离的非制度性分权模式、纵向集权与横向竞争的组织体系、层级间责权利不对称的行政原理”等特征[154]。长江经济带生态治理体系的权力与组织配置应充分考虑我国多层级核心政治体制特色，系统构建主体与过程的全面协同体系。

一、我国多层级核心政治体制特征

中华人民共和国成立以来，基于现有国情，努力发展出一条具有中国特色的城市化道路，极力推动了经济社会的发展，在全球政治格局中占据了重要的地位。近年来，随着“中国地位”的不断崛起与“中国声音”的不断响亮，我国政治体制治理成果不断优化，形成了具有中国特色的多层级核心政治体制，为完善国家治理体系与治理能力现代化奠定了基础。

从央地关系来看，我国政治上实行央地集权，经济上实行央地分权。在我国政治与行政统筹协同的中央集权体制下，政治体制的核心在于中央核心领导力的贯彻。在我国，共产党即为我国社会主义制度的领导核心；党中央即为全国全党人民的领导核心；政治局与政治局常委会即为党中央的领导核心。领导核心是全国政治的总轴心和终极权威中心，是各级政府和各个政治机构权力的最终来源和权力运作的原始动力[155]。从社会角度来看，我国的政治体制属于多层级府际关系。从权力角度划分，共产党——党中央——政治局——政治局常委会——中央核心领导，为我国核心政治体制的典型代表。从管辖权力范围而言，中央——省府/直辖市——市县级——地方基层，为多层级核心政治体制的地方管理模式。

具体而言，我国现行的多层级核心政治体制主要有三个特征。

首先，所有权与使用权分离的非制度性分权模式。制度性分权主要可以划分为两种方式，一种为某种权力的整体转移，即在划分各级政府的权责时，先明确核心工作范围，再根据工作范围配备相应的权责。另一种为在同一权力中进行权责划分，即为同一事务划分不同的权责领域，各级政府共同承担起某一事务的权责，要求各级政府间协同度更高。然而，不管是哪一种制度分权方式，中央都应行使相应的监督与考核。中央为我国政治领导的核心，原则是统筹管理所有事务，但基于我国疆域辽阔与治理效率的现实原因，绝大多数事务需要中央下放权力至地方政府执行。实际上，中央拥有事务统筹的“所有权”，央地之间的权力配置关系是根据事务的“使用权”进行调配的。对于事务“使用权”的放权程度则根据事务执行的情况灵活调整。多层级核心政治体制下，有一条层层从属的核心轴，中央向地方政府逐级向下“发包”和“放权”，下级政府的权力是由上级赋予的，下级政府的领导核心也是由上级领导核心任命的，上级可以随时管理和干预下级所处理的任何事项，即上级拥有“剩余控制权”，下级拥有“实际控制权”和“剩余索取权[52]。因此，中央与地方政府在实际治理实践中使用的是所有权与使用权分离的非制度性分权模式。

其次，纵向集权与横向竞争的组织体系。基于我国的多层级核心政治体制，纵向与横向组织结构采取的是纵向层级间的“向上集权式”，上层政府对下层政府具有权力下放、监督监管与绩效考核等责任；下级政府具有事务的具体执行权，应对上层政府负责，如果具体事务考核不合格或执行不到位，上层政府可随时对于事务的控制权进行回收与调整。上层中央政府通过这种“权力发包”的方式对地方事务进行统筹调控，具体的公共事务则由基层政府单位负责落实。为保证纵向层级间“向上集权式”的有效性，我国现行的多层级核心政治体制在横向层级方面构建了同级竞争治理体系，在很大程度上约束了政府行为，避免了政府的垄断性与信息的闭塞性。横向竞争体系是指鼓励同级政府间构建“强竞争关系”，推动以地方政府为单位的地方事务考核竞争体系，构建政府行为的激励机制与制约机制，保障地方公共事务供给的效率与质量，提升民众生活的幸福感与归属感。

最后，层级间责权利不对称的行政原理。由于我国多层级核心政治体制的“向上集权式”，纵向层级间的行政权力不断向下变小，行政责任随着公共事务的执行不断向下层转移，导致产生了典型的“责权利不对称”的行政现况。因此，各层级政府均反馈存在“责任大、任务大、权力小、激励小”的执行困境，特别是在基层，该现象尤其普遍。因此，如何倒逼下层地方政府积极执行上层任务，如何化解地方政府与当地居民间的治理冲突、降低治理风险，提升居民对政府的信任感，是解决层级间责权利不对称行政原理的关键。

二、统分结合的生态治理府际竞合权力配置

根据我国多层级核心政治体系的三大特征，在央地关系中应形成统分结合的多次治理结构，特别是在生态治理方面应构建统分结合的生态治理府际竞合权力配置。“统”是为了贯彻中央在公共事务所有权的集中化，“分”是为了根据地方公共事务的现实情况灵活执行。中央和上层政府应根据公共事务的外部性特征，统筹决定公共事务的放权程度与考核方式。统分结合的生态治理权力配置既可以保证顶层治理政策设计的完整性，又具有分级管理的灵活性。各级基层管理组织可根据顶层设计的治理战略确定各组织的具体实施目标与计划，可以发挥一定的创造性，又可以保持一定的统一性。但在具体实施的过程中，可能会出现各部门由于沟通不畅所致的工作目标冲突等现实问题，更需要加强部门间的协同管理力度，保障统分结合的效力。统分结合的生态治理机制应以“宜统则统、宜分则分”的治理原则为指导，动态调整生态治理方式。统分结合可将“统一规划”与“分级管理”有机结合起来，根据各区域的实际情况制定具体的治理措施，倡导基层管理组织在统一规划下有一定的自主性与灵活性，从而充分调动各级组织和个人的积极性，提高生态治理效率。

生态治理是一个复杂、多方、变化的生态系统修复与保护过程。政府是生态治理中权力统筹与责任分配的主体机构，明确中央与地方间权力分配的层级关系是构建长江经济带生态一体化多层级协同治理体系的关键。根据现实情况，国家层级即中央拥有长江经济带生态治理的“所有权”，长江上中下游层级、省 / 市层级、社区层级具有逐级分权下放的“使用权”。国家层级与其他层级的治理权力为包含与被包含的上下级关系，同时各层面应具有一定程度的跨层级决策权。该框架下实施的中央统筹分配可较好应对由生态资源的公共性所导致的供给与分配不均，逐级分权有利于行政管理并符合我国现有政治制度，跨层级决策权则是为了根据不同治理任务动态调配治理权力，促使生态治理方案的落实与执行更加高效，

保证治理体制的灵活性。此外，同级不同政府间应形成“竞合一体”的府际关系，通过倡导竞争的方式倒逼地方政府积极作为，以任务驱动的方式鼓励各地政府主动合作，重塑府际生态治理权力配置结构，提高生态公共服务效益。同时，为确保权利分配与下放的有效性，治理体系应由中央牵头在“资源保护、生态修复、统筹协调、绩效评估”等任务部门分设监督机构，鼓励各层级政府、市场、群众共同参与监督。

目前，统分结合在我国现行的生态治理体系中得到了广泛的应用，它有利于各级组织机构与个人发挥其主观能动性，进而促进整个治理体系的可持续发展。然而，如何做到把该统的事管起来，把该分的事放下去，真正实现“统而有效、分而有序”，既是体制机制的问题，也是治理方式的问题。首先，长江经济带生态治理应坚持顶层设计、集中统一治理，做到“应统尽统”。集中统一是生态治理过程中的重要原则，是提升区域生态治理能效、保障治理水平、降低治理运行成本的关键途径。实践证明，区域生态治理的法治化程度越高、体系越健全，集中统一治理的效果越显著。因此，长江经济带生态治理体系要实现统分结合的运行体制机制，其首要条件就是应全面推进区域生态治理法治化进程，通过全面梳理长江经济带生态治理职责的法律依据、实施主体、职责权限、管理流程、监督方式等，着力构建系统完备、科学规范、运行有效的生态治理法治体系，用法律法规为集中统一治理赋能。其次，坚持“治理能效优先”原则，做到“宜分则分”。长江经济带覆盖不同的行政管理区域，现实情况差异较大，应在坚持中央“集中统一治理”的导向下，充分尊重客观情况，坚持问题导向、需求导向、效能导向，采取“分”的差异化治理方式，最大程度上保障区域治理的实际需求。再次，在“统分结合”的过程中充分发挥标准化和信息化的支撑作用。跨区域生态治理最重要的工作就是制定标准化流程与提高信息化路径的传播速度。生态治理的标准化是指将生态治理的总体目标按不同职能部门所具备的技术性功能与行政边界分解其子目标，具体可细化为治理环节、监控流程、岗位职责、监管范畴等，将宏观复杂的治理目标“化整为零”，又可将具体零锁的治理事务“化零为整”，真正实现生态治理能效的最大化。生态治理的信息化是指将各级行政机构的信息互联互通、数据共享，形成集中统一的“生态治理大数据”。通过利用信息系统的模块化、层级化、数字化等现代化技术，在生态治理的具体事务中，分别构建生态排污预警、生态污染登记、生态污染处罚等信息板块，利用现代化信息技术建立“统分结合”的生态治理大框架体系。最后，构建“时统时分”的生态治理动态调整机制。生态治理工作事务涉及面广、情况复杂、治理内容多样，统分结合的生态治理机制应根据治理工作的现实状况进行动态调整，做到“时统时分”。具体来说，就是治理制度与体系层面应随着实际工作的进展，及时调整治理措施，做到治理工作的因时制宜。

三、横纵交叉的网格化协同组织结构

生态治理体系应基于内部网格化协同组织结构进行构建，并理清生态环境治理与绿色发展的内在动力，多元主体协同治理效应，以及政府政策的推进路径，重构横纵交叉的网格化协同组织结构。首先，应明确生态治理与绿色发展的内在关系。长江经济带生态环境治理是一项系统而复杂的工作，不仅包括加强环境基础设施建设、改善水源水质、优化污水和垃圾处理实施、完善污染河流与水源治理、提高植被覆盖率等措施，更重要的是通过发展绿色产业、推进工农业绿色发展来实现环境改善与治理。通过引导企业采用清洁生产技术、推动能源结构调整、促进循环经济发展等措施，实现产业绿色化，减少污染排放。同时，加大对农业生态环境保护力度，推动绿色农业发展，提高农产品质量和安全性，促进农业可持续发展，有力促进长江经济带的环境治理和可持续发展。绿色发展在保护生态环境资源的同时实现经济增长，是一项具有关联性的综合战略任务。在实施绿色发展战略时，首要任务是通过调整产业布局和优化资源配置，实现生产方式的绿色转型。工业和建筑行业也需要进行生产方式的变革，采用清洁生产技术和绿色建筑材料，降低环境污染和能耗水平；工业企业需要通过技术创新来控制碳排放，实现低碳生产，减少对环境的影响。在农业和交通运输领域，绿色发展需要改变传统能源使用方式，推动能源结构的转型，减少对传统能源的依赖，增加可再生能源的使用比重，以降低碳排放和能源消耗；农村地区则可以通过发展生态农业、生态养殖业、乡村旅游和观光农业等方式，实现生态与经济的双赢。倡导市民和村民采用绿色生活方式，包括节约能源、减少废物产生、推广绿色出行等，也是绿色发展的重要内容。可见，绿色发展不仅是一种经济发展的战略选择，还是一种环保意识的培养。绿色发展的核心思想在于结合地区的环境承载能力、自然气候条件、工农业污染排放情况、环境基础设施建设水平、经济发展水平以及能源结构等因素，确定地区经济发展的模式和路径。通过建立环境风险评估机制、绿色产业发展规划以及经济与环境之间的互动机制，实现经济增长与环境保护的协同发展。建立发展绿色经济并推进环境治理的协同决策机制与政策体系，是推动绿色发展的重要保障。

其次，生态治理与绿色发展之间存在着相互促进的正面关系。一方面，推行绿色发展可以有效改善环境质量，降低污染排放，减少碳排放，从源头上实现环境治理的目标。采用绿色生产方式、发展乡村旅游业、推行绿色建筑和绿色加工，以及采用低碳运输方式，都有助于减少对环境的影响，促进环境的改善。另一方面，长江经济带环境治理所涉及的土地整治与改良、水污染治理、生态屏障建设、公益林与天然林管护、林业产业基地建设等措施，不仅可以有效治理环境问题，还能培育相关的绿色产业，推动流域经济的绿色发展。绿色发展可以发展观光农业等新型产业，有效利用乡村资源，提升居民的生活品质，改善城镇和农村的环境面貌，同时也有利于改善生态环境，实现生态与经济的双赢。随着绿色技术和清洁生产方式的推广应用，农业和工业产业都将迈向更加环保、高效的方向，从而促进整体经济结构的升级和优化。环保政策的驱动也是推动绿色发展和环境治理协同进行的重要动力。国家出台的河湖长制和相关的环保政策措施，建立了相关的绩效考核制度，加强了对河湖管理和环境治理的监督与管理，并加大了对超标排放和污染行为的处罚力度，从而促使企业、组织和居民更加重视环境保护工作。可见，生态治理与绿色发展的协同作用具有多方面的内在动力。

最后，生态治理与绿色发展之间的组织多元协同效应。长江经济带生态环境治理的推进必须与绿色产业发展协同进行。这不仅需要政府和企业的积极参与，还需要广泛动员社会组织和公众的参与，形成资源、组织、政策、制度、产业等多方面的协同合作。为了实现这一目标，各地应加强协同建设运维管理机制，推动各地区在水资源管理、水污染治理、生态修复等方面加强协作，形成跨区域、跨部门的合作机制。例如，建立跨省市协作机制，共同制定长江流域生态环境保护规划，联合投入资金和技术进行环境基础设施建设与运维管理。

政府通过制定绿色产业发展的政策激励措施，鼓励企业采用清洁生产技术，推动资源循环利用和节能减排。同时，还可以采取建立绿色产业园区、提供税收优惠等方式，吸引更多的绿色企业入驻长江经济带，实现绿色产业与生态环境治理的双赢。

社会组织在环境监测、宣传教育、社会监督等方面发挥着重要作用，引导企业和公众自觉遵守环境保护法律法规，共同保护长江经济带的生态环境。基层环境管理组织在多元治理结构中扮演着重要的纽带角色。基层部门组织村民参与农村环保项目建设及管理，包括但不限于建设生态园林、使用污水处理设施、推广农业生态技术等，从而提升农村环境质量和村民生活品质。同时，基层组织也负责保洁、设施维护等基本环境服务工作，确保环境卫生和基础设施的良好运行。基层环境管理组织还承担着对环境建设与服务的监督评价任务。他们需要定期对所属区域内的环境项目进行评估，监督工程的施工质量和维护情况，确保环境设施的有效运行；需要规范企业、社会资本和村民的生产经营行为和公众生活行为，加强对环境污染和资源浪费的管理与治理，从而推动整个社会朝着绿色发展的方向迈进。基层环境管理组织与环保协会之间的合作也至关重要。通过政府环保政策的支持和促进，这两者可以共同推动协同治理效应的提升。环保协会可以为基层环境管理组织提供技术支持、培训指导和项目资金，帮助其更好地开展环境保护工作；基层环境管理组织也可以为环保协会提供实践基地和项目示范，加强对环保理念和政策的宣传和落实。这种合作关系有助于加强基层环境管理组织的能力建设，提高其在环境治理中的影响力和效率，推动全社会形成共同参与、共同推动的环保氛围。为了激励基层环境管理组织的工作态度，需要完善环境服务报酬管理机制，确保相关工作人员能够得到合理的收入和待遇，从而提高其工作积极性和服务质量。

居民的配合度直接影响着基层环境管理组织的治理能效，在宏观的生态治理体系中扮演着重要的载体角色。居民的生活方式、农业种植结构以及农药化肥使用量等因素直接影响着周围生态环境的质量和稳定性。政府可以通过制定农业产业政策、增加农村环保项目投资、建立环境管理规章制度等手段来引导和影响村民的生产生活行为，从而实现农村村容村貌的改善，减少河流与面源污染的排放，推动整个社会的环境治理绩效提升。在长江流域生态环境治理中，流域沿线居民的农业种植结构调整直接影响着生态环境的具体情况。政府可以通过提供种植技术指导、推广生态种植模式、设立生态补贴政策等方式，鼓励农民逐步转变传统的高耗能、高排放、低效益的种植方式，转向生态友好型的种植方式，例如有机种植、绿色种植等，从而减少农药和化肥的使用量，降低农业对生态环境的负面影响。

此外，政府可以通过一系列改革措施，如水资源价格改革、集体林权改革以及排污权交易改革，来引导各方共同参与生态环境保护与治理。这些改革举措不仅需要结合项目管理模式、资源价格政策、资源禀赋、生态环境条件和监督机制等要素，还需建立政府、企业、环保协会和农户之间的有效协同机制，在水利水电项目建设、生态环境保护、项目运行管理和成本分担等方面制定相应的政策制度，实现政府、环保组织、环保协会以及居民共同推动环境治理的目标。

多层级治理具有两种基于不同维度之上的治理特征，分别为：基于宏观维度之上的行政地域管辖权治理特征与基于微观维度之上的问题任务型功能性治理特征[156]。从宏观行政地域来看，经济带沿线行政权力涉及长江上中下游层级、省/市层级、基层（社区）层级等，三个层级均需国家层级（中央）统筹管理，清晰的行政边界与权力分工可较好维护治理体系的稳定[157]。从微观治理问题来看，长江流域生态治理问题复杂且涉及“政府、市场、社会”等多个主体，要求主体间形成网格化协同互动机制，将“治理层级与治理主体”全面结合，才能最大程度彰显生态治理的协同能效。

该组织结构应充分将“中央高位统筹、三者协同能效、博弈关系网络”这三方面纳入构建考量范畴。首先，中央高位统筹始终是生态治理体系构建的核心。理想的府际协同体系应优化中央政府与各级地方政府的关系，形成中央权威整体规划、长江沿线11个省市积极响应的府际协同权力体系。中央政府负责制定、发布决策，同时监督、考核长江上中下游层面、省市层面、社区（乡镇）层面等各级政府与权力机构，具体生态治理公共事务的生产与执行则由下层政府机构共同完成。其次，充分发挥三者协同能效。在网格化治理的结构下，各级政府、市场机构、社会公民等各主体间应充分发挥协同治理效应。例如，市场与社会各机构应努力降低长江沿线企业内部的交易成本，加快建立健全长江流域排污权交易和碳排放交易制度，实现企业内部协同与企业间的区际协同，引导市场与社会资本共投、共建、共享。在社会协同领域，应大力建设公民协同与环保协同观念的树立，加强生态文明建设，避免非政府环保企业的志愿失灵。此外，还应将博弈关系引入网格化协同组织结构，实现相对的主体利益协调，确保生态治理信息同步，实现多元主体协同组织结构的关系协同。

概括而言，借鉴多层级气候治理体系，长江经济带生态治理框架可从下述三个方面构建。首先，根据长江经济带的现实状况与治理特征，纵向层级可调整为四个层级：国家层级（中央）、长江上中下游层级、省/市层级、基层（社区）层级。其中，长江上中下游层级是由中央政府牵头、上中下游各级政府参与组成的专门性权力机构，负责具体治理政策设计与执行监督等工作；省/市层级是指长江沿线的上海、江苏、浙江、安徽、江西、湖北、湖南、重庆、四川、云南、贵州等11个省市。其次，由于长江经济带排污量巨大、沿线各生产基地经济基础较好，应充分发挥市场的污染排放“自治”与治理经费“投入”能效。横向层级的治理主体结构可调整为“市场——政府——社会”，倡导“市场引领、中央统筹、社会参与”三者间主体叠加效应，进一步强调纵向层级间的强化作用与横线层级内的交互作用。最后，针对长江流域“水土流失与污染物扩散、自然生态空间不足、跨界治理行政壁垒”等三大现实难题，可将纵向层级的职能部门调整为“资源保护（水土流失与污染物扩散）、生态修复（自然生态空间不足）、统筹协调（跨界治理行政壁垒）、绩效评估（跨区治理行政壁垒）”等四方治理任务，结合“市场——政府——社会”三大治理主体，形成生态一体化多层级协同治理体系框架，具体如图5-1所示。该框架符合长江流域“上下游”“点面型”与“交叉型”的治理特征，并可通过网格化结构破解治理模式中“结构化割裂”的治理困境，应为长江经济带生态一体化多层级协同治理的基本体系框架。

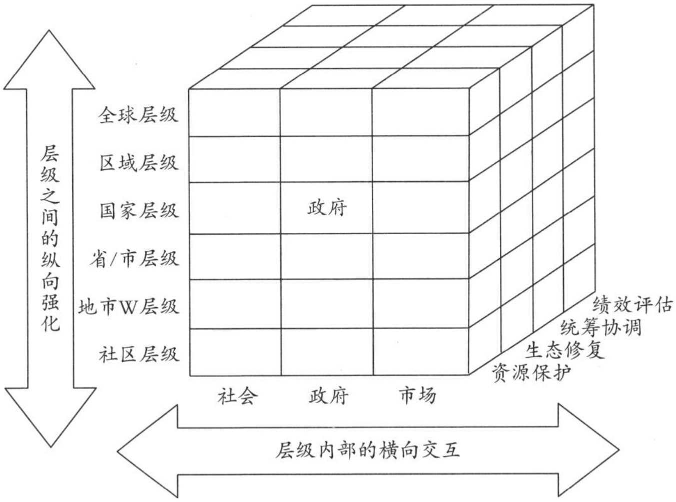

图5-1　长江经济带生态一体化多层级协同治理体系框架

第二节　跨层级协同：生态治理过程中的整体执行

跨层级执行协同是生态治理实施是否成功的关键。生态治理是一个由执行者、执行对象和利益相关者所组成的多主体协作过程。目前，由于我国现行的层级间责权利不对称的特有行政原理，导致基层执行干部普遍反映“责任大、权力小、利益薄”的生态治理困境。因此，如何促使各层级、各主体间形成跨层级执行协同系统是推动生态一体化进程的关键节点。首先，应理清生态治理执行困境的成因，强调生态文明价值的理念协同。基层干部的执行困境是由于政府间权力的层层下放，行政权力在纵向府际间由上至下不断缩小，然而“属地管理”的综合负责制却导致层级间治理责任由上至下不断变大，造成了责权利失衡程度较高的执行困境。但是，层级间责权利不对称的现象在某种程度上可以分散中央治理风险并倒逼基层政府积极作为。因此，各层级、各主体间应充分认识到现行治理原理及其正面效应，从上至下树立“全局协同”“治理责任”“绿色发展”“预防与治理并重”等生态协同发展治理理念。其次，强调议程设置的议程协同与生态治理方案的决策协同。生态治理应根据具体问题确定是否需要采取行动，建立相应的诉求表达机制，实现议程协同。同时，政府在制定生态治理决策方案时，应充分将市场与社会等因素纳入考量范畴，防止各主体间可能出现的冲突情况。再者，强调跨层级执行的过程协同与治理绩效的评估协同。在高位统筹的治理框架下，各级政府、市场、社会（民众）之间应形成三角关系结构的执行协同范式。通过“政治晋升、市场绩效、生态效益”等激励措施，将过程评估与结果评估结合起来，对各主体进行全面的整体评价，才能保证治理绩效评估的有效性与一致性。

一、生态治理执行中主体协同存在的问题

生态治理执行是治理工作是否能有效落实的关键环节，“政府、市场、社会”三者间的协同问题是长江经济带多层级生态协同治理体系构建的核心问题。从主体协同方面而言，目前各级政府、企业、社会组织以及公众在生态治理工作中的参与程度和协作机制仍有待加强和完善。流域生态治理工作涉及多个环节、多个利益主体，协同治理的过程需要各方协调配合、信息共享、资源整合。在政策制定、项目实施、监督评估等环节，各主体之间需要建立更加紧密的合作机制，确保各项工作有序推进、协同配合。同时，要加强信息共享平台的建设，建立起全面、及时、准确的信息沟通渠道，提高决策的科学性和有效性。此外，还需要加强主体监督评估机制，对生态修复的进展情况进行跟踪和评估，及时发现问题并采取有效措施加以解决。政府应当更加积极主动地引导和促进企业、社会组织和公众参与流域生态治理工作，真正形成多方共治格局。企业需要更加主动地承担社会责任，高度参与环保和生态修复工作，社会组织和公众也应当增强环保意识，积极参与环境保护活动与治理决策，形成全流域共同推动生态治理的系统局面。

具体而言，作为生态治理的主体，政府、市场和社会组织在内部协同方面都面临着诸多挑战，需要加强各自内部的协调与合作。

（一）政府间协同执行问题

政府协同是一个复杂且极具挑战的系统性问题，这不仅涉及中央政府与地方各级政府，还涉及政府执行的具体公务人员。从系统论的角度来看，政府是一个由多个子系统组成的整体。在这个整体中，政府内部间的协同执行问题具体表现在多个方面：中央政府与地方政府之间的协同问题、地方政府与地方政府之间的

协同问题以及公务执行人员与政府之间的协同问题等方面。这不仅需要政府各级部门之间建立更有效的沟通渠道和协作机制，还需要不断完善制度机制，加强人才队伍建设，提高公务执行人员的专业素养和协同能力，从而更好地应对复杂多变的生态治理挑战。

首先，中央政府与地方政府之间的协同执行问题。在生态治理的过程中，中央政府和地方政府之间的协同执行问题一直是主体协同的重要环节。中央政府制定的生态治理政策需要地方政府具体执行，如具体治理力度不够将会出现治理目标不理想的现实情况。21世纪以来，中央政府在生态环境保护方面不断进行环境规制加码，制定了例如《中华人民共和国环境保护法》《中华人民共和国水污染防治法》《中华人民共和国大气污染防治法》《中华人民共和国固体废物污染环境防治法》《中华人民共和国环境噪声污染防治法》《中华人民共和国海洋环境保护法》《中华人民共和国长江保护法》，以及《关于加快推进生态文明建设的意见》一系列环境保护方面的方针政策。近年来，中央政府对长江流域生态保护方面的工作越来重视，具体治理措施也越来越明确，但某些区域的生态环境改善情况却有限，例如时有发生的沙尘暴、雾霾、突发性的自然灾害与环境污染事件等，说明地方政府的执行协同仍需进一步提升。这或许是因为地方政府在生态治理执行的过程中，出于地方利益、经济发展、政绩考核等现实考虑，也可能是因为治理能力不足或某些区域治理技术不够等，导致了生态治理政策执行不到位。中央政府与地方政府在生态治理方面未能完全实现执行协同，更多的是由于地方政府环保部门的执行权受到较大限制。如环保部门行使权力需要强制手段时，通常依赖于警察、法院等部门的支持，但跨部门间的协同与执行往往存在一定的壁垒；在强制执行的过程中，往往存在被执行企业不配合、不整改、拖延等现实问题，严重损害了环保部门的执法威信和执行效率。此外，中央政府与地方政府虽同为政府治理机构，但在不同层级下二者的利益诉求是有一定区别的。中央政府代表的是全国层面的整体公共利益，而地方政府代表的则是地方层面的局部公共利益。在整体利益与局部利益的区别下，不同层级的公共利益势必存在一定的冲突与矛盾。特别是在改革开放初期，中央政府向某些地区下放了“特殊政策、灵活措施”，赋予了经济特区、中西部偏远地区一定的特殊权力，打破了计划经济体制下中央政府完全集中国家权力的格局，使地方政府获得了更多的自主权。特别是财政分税制的实施，形成了中央政府与地方政府相对独立的利益关系。地方政府追求经济增长和政绩考核，往往更注重短期内的经济利益，而忽视了生态环境的长远利益。因此，流域需要进一步加强中央和上下游不同区域地方政府之间的沟通与协作，强化政策的执行力度和监督力度，促进各级政府之间的协同合作，才能更好地推进生态治理工作的执行与落实。

其次，地方政府与地方政府之间的协同执行问题。同级政府间存在着竞争关系是客观的不争事实，尤其在治理决策和行为上体现得更为明显。地方政府官员和普通的自然人一样，是理性的经济人，会对自己的政治行为和决策进行成本与收益的计算。在财政分权制度下，各级地方政府为争取更多的财政自由度势必会产生一定的竞争行为，例如招商引资和产业发展的竞争。各地方政府更倾向于为了争取政绩和资源而竞相发展经济，在某种程度上会忽视环境保护方面的利益。长江流域生态治理工作中地方政府的执行协同问题主要体现在跨界污染治理方面。流域跨界生态治理指的是多个行政边界相邻的地方政府针对跨界污染问题采取的保护与建设行为，主要涉及跨界大气和流域污染问题，具有极强的外部性特征。某一地方政府对大气和水污染的治理不仅使本区域生态环境受益，还会使周边相关地方连带受益，但治理与恢复的成本却由治理地方的政府所承担。一系列的生态治理成本不仅包括设备、资金、人力等方面的投入，还包括因生态环境标准提高所导致的企业外迁、资本外流等现象，将直接影响治理地方的本地 GDP 和政府绩效考核，导致跨界生态治理往往陷入“囚徒困境”。

再次，生态治理部门与部门之间的协同执行问题。政府事务的繁复性和内部分工的必要性使得政府设立了多个部门，旨在通过分工合作更有效地实现治理目标。生态治理工作涉及众多政府部门，包括环境保护部门、经济发展部门、城市规划部门等。然而，不同部门的设立赋予了部门一定的自主性和相对独立的利益，形成了各自的权力范围和利益诉求，导致了部门之间不可避免的利益冲突。例如，在制定环境保护政策时，环保部门可能会主张强化环境监管，而经济发展部门则可能更关注经济增长和投资吸引。不同部门之间的利益冲突可能会妨碍政府内部的协同合作，使得政府的决策和行动不够统一和协调。政府内部协同不足的问题也会反映在政策制定和执行过程中，可能导致政策的不连贯和执行的不到位。此外，部门之间的竞争和角力也可能导致资源的浪费和效率的降低，影响政府整体的执行效能。因此，为了提升政府内部不同部门间的协同合作，需要建立更加有效的生态治理跨部门沟通机制和协调机构，强化部门之间的合作意识和共识，以实现政府各项生态政策和目标的统一执行。

在长江流域生态治理执行的过程中，部门间不协同的问题主要表现为生态治理职责的分散，导致治理权力和资源也相对分散。我国国务院设立生态环境部，各省级政府相应设立生态环境厅，主要负责各省生态环境保护相关工作。但生态治理的具体工作却分散在众多部门之间，比如国家发展改革委下设资源节约和环境保护司，该司又下设节能减排处、循环经济发展处、综合利用处、环境保护处等各司局机构，负责不同具体职能。发展改革委在这些问题上的话语权较环保部更大。类似地，国家林业和草原局下设森林资源管理司、野生动植物保护局、自然保护地管理司，与生态环境部的自然生态保护司在职能上存在一定的交叉；水利部与生态环境部在水污染防治、大流域监管等方面存在一定的交叉职能交叉；自然资源部与生态环境部在海洋环境保护、地质环境保护、环境评价、土壤保护等方面也存在一定的交叉。可见，职能交叉在生态环保工作中已成为客观存在的现实，特别在处理流域复杂治理事务、执行治理难度较大的任务时，职能交叉就可能出现推诿责任的情况，导致执行产生不协同的状态，生态问题得不到及时解决。因此，有必要加强生态治理各部门之间的沟通和协调，建立流域跨部门合作机制，共同推进生态治理与修复工作，实现各方利益的最大化和生态环境的可持续发展。

最后，政府与公务人员之间的执行协同问题。政府是由多个具体公务人员组成，公务人员与政府的关系可以比作组成事物的原子与事物本身的关系，没有了公务人员，政府就会丧失其权力职能。政府代表着公共利益，是主权在民的体现，政府存在是为了人民的和平、安全和公众福利，而组成政府的公务人员也应该为了这一目标服务。然而，在现实生活中，作为理性个体的公务人员也有自己的个体利益诉求。尽管公务人员可以通过实现政府公共目标而间接实现其个体利益诉求，但当有更低成本的实现方式和手段时，理性人往往会放弃通过实现公共目标来实现私人目标，而选择更简单直接的途径。现有研究指出，组织内成员往往存在从个体利益诉求出发，通过理性计算得出让别人努力而自己受益的最优结果。类似情况也存在于政府与公务人员之间，公务人员可能会受到个人利益、地方利益或部门利益的影响，其行动与政府的整体目标不完全一致。这种情况下，可能会出现公务执行人员态度消极、敷衍塞责或推诿责任的现象，从而影响政府的工作效率和成效。因此，需要建立有效的激励机制和监督制度，引导公务人员真正为实现政府公共目标而努力。在流域生态治理方面，公务执行人员可能存在错误理解政府生态治理目标的现象。长江流域生态治理目标的关键在于重塑长江的碧水蓝天，实现中华民族的永续发展。为达成这一目标，政府对排污超标的企业进行了罚款、关停等处罚性措施，但有些公务人员却将治理目标简化为对污染型企业罚款，采取“以罚代管”的方式进行处理，可能会导致对于生态环境的实质改善不足，甚至产生一些负面效果，如企业可能采取简单的罚款支付而不进行实质性的环境改善措施。另外，由于生态治理投资建设周期较长，难以在短期内明确建设效果，公务人员可能会为了政绩而忽视实际治理效果。例如，购入生态治理设备后却忽略了治理设备的实际运行，设备闲置率较高，导致了资源的浪费和效益的低下，与政府的生态治理目标产生了一定的背离。

（二）市场间协同执行问题

市场是由众多企业所组成的，企业与企业间的协同问题主要体现为企业经济目标与生态目标的矛盾。企业作为产品的生产者与财富的创造者，其最终目标是获取剩余价值。企业从创立的动机、目的、行为等方面，都追求创造和获取剩余价值的市场行为。然而，企业存在于特定的市场环境中，而市场却存在于特定的生态环境中，与生态环境保护息息相关。根据企业的生产经营范围，可将企业分为污染企业与非污染企业。例如，主要从事传统工业生产、石油化工、重工业等，其经营活动可能对环境产生负面影响，这样的企业就是污染企业，需要通过技术改造或环境治理来减少污染排放。企业应将环保措施融入具体生产经营活动之中，采取如节能减排、资源循环利用、环境友好型设计等措施，以降低生产过程对环境的影响，从源头遏制企业污染行为，推动生态文明建设的实施和落实。

推动企业生态治理行为的关键是将企业生态治理的交易成本控制在可承受的范围内。企业生态治理的交易成本主要包括内部交易成本和外部交易成本。内部交易成本涉及企业内部管理成本和潜在的人工成本等，直接影响着企业的运作效率和内部协调能力。外部交易成本则包括员工招募费用、企业税赋以及与客户间的交易成本等。这些成本在一定程度上反映了企业与外部环境的互动和交流的成本。为了降低交易成本，企业应采取一系列措施，包括优化内部管理流程、加强与政府和社会的沟通与合作、建立稳定可靠的供应链体系等，提高生产效率、降低生产成本，从而更好地实现生态治理责任和盈利目标。市场间协同执行问题主要体现在企业内部的目标不协同。首先，政府政策不稳定是企业引入环境基础设施时的最大顾虑。企业出于自利的目标，往往通过某些行为规避这类风险，导致企业内部交易成本上升。其次，生态治理项目的外部性与受益滞后性带来了对企业更多的资源占用，例如在项目设计与运行过程中可能存在设计缺陷、建设延误、超支和贷款利率变动等的成本上升问题。某些环保项目在建设完成后基于各种问题闲置多时才正式投入使用，体现出企业内部生态治理目标的不协同。为解决企业生态治理执行的不协同，应从观念上改变企业对生态治理责任的接受与认可度，使企业自愿接受环境约束；企业投入生态治理将提升其社会美誉度，增加公众对企业和产品的认同度，有利于股东利益的维护；企业的生态文明建设有助于创造良好的社会生活环境，提升企业的发展机会。最后，如果所有企业都积极承担生态环境保护社会责任，就不需要政府过多规制生态文明建设，也不需要环保组织的介入，从而最大限度地维护自由企业制度，创造良好的企业发展环境。

（三）社会参与的协同执行问题

公民作为社会的基本组成部分，是参与生态协同治理的关键环节。公民是生态破坏和环境污染的直接受害者，承受着生态破坏、环境污染对健康和生活的严重影响。据统计，长江经济带居住人口近6亿，是我国人口聚集最多的经济带。如果长江流域生态污染加重，人们的生存利益受到损害，只能被迫更换生活地点、调整生活方式，成为背井离乡的“生态移民”。对于生态破坏、环境污染的受害者来说，修复生态、保护环境是关乎切身利益的首要任务，其参与生态治理的意愿是极高的；但对于普通公民而言，参与生态治理的意愿却相对较低，主要是因为对切身利益影响较低且投入回报成本不平衡。值得关注的是，生态修护与环境保护的治理成本极高，往往是普通公民难以承担的，而生态破坏者与环境污染者往往是经济实力雄厚且组织结构强大的企业，普通公民难以在经济上与资源上与其抗衡。另外，当生态环境遭受严重破坏时，修复所需时间较长，普通公民缺乏耐心和主动从事恢复生态和保护环境工作的动力，导致当普通公民在面对生态环境破坏时，往往感到无力改变现状，缺乏行动的动力和信心。解决这一问题需要政府、企业和社会各界共同努力，提高公民参与生态修复和环境保护的积极性，加大对环保技术研发和应用的支持，增强公民的环境意识和责任感，以实现生态环境的可持续发展。为此，普通居民应联合起来形成合力积极修复生态、保护环境，并建立有效的公民激励机制促使公民共同采取行动。

修复生态、保护环境对公民而言是一种公共利益，也可视为共同目标，但在普通公民之间，由于相互独立、平等，并缺乏足够的利益促进对方的行为，难以形成“选择性的激励机制”，这也使得普通公民难以形成联合一致的行动，来维护自身的生态利益。总的来说，个人行动的动机不足以及联合行动的困难，是公民协同行动所面临的核心问题。在生态治理实践中，公民普遍认为“环境群体抗议性事件”是社会参与生态协同执行的有效方式，但这类事件均属于原始抵抗，对生态治理与修复产生的作用并不明显。生态治理更多地需要通过企业减少排放、停止污染、修复环境，高尖端人才的智力输出创造更多的绿色科技，政府严格执法、保护环境来实现。因此，对公民公共精神的培育成为了提升社会参与协同执行问题的核心，未来，流域需要加强公共精神的培育和弘扬，倡导并践行利他主义，鼓励公民关心社会公共利益，积极参与生态环境保护，从而提高公民的行为协同程度，推动生态文明建设的进程。

二、培育区域协同共治的生态文明思想

区域生态一体化的发展与生态执行力的能效，不仅依赖于政府、市场、公众等多元主体共治，同时也依赖于生态文明建设的有效性。绿色发展理念是对马克思主义自然观的继承和发展，更是人类涉及发展观的一场极其深刻的变革[158]。“经

济发展，生态优先”是新时代习近平总书记“两山理论”深层次的科学内涵，更体现了“以人为本”最根本的精神。生态环境不仅满足了人类不断发展的现实需求，更是人类全面自由发展的保障，只有真正达到人与自然的和谐共生，才能实现人的全面自由发展。生态文化思想与可持续发展价值观的树立，不仅是人类经济社会可持续发展的前提和保障，更是推动生态共治快速发展的关键要素。

首先，培育区域协同共治的生态文明思想需要构建“生命——命运共同体”的价值立场。“生命——命运共同体”是从自然生态与人文生态两个不同维度对生态文明思想的建构，充分理解以上两个层次的生态文明价值内涵，才能更好培育出思想趋同的生态文明价值导向，为区域协同共治打下思想基础。从自然生态维度来看“生命共同体”，应进一步强调人与自然的一致性，人类只有在美好的自然环境之中才能开启美好生活的篇章。人与自然是相辅相成、缺一不可、共荣共损的生命共同体；从人文生态维度来看，强调人与社会、人与人之间的社会和谐，基于人类社会内部的人际利益、群际利益、代际利益对自然生态资源的分配进行全面审视，构建合理的“命运共同体”，保证人类可最大程度地享有平等且可持续发展的自然生态环境资源。只有将自然生态与人文生态两大维度相结合，才能构建一种人与自然间供给平衡的“人——社会——自然”有机生态整体。

其次，基于“生命——命运共同体”的思想共识，建立“认同——行动”为主线的实践执行策略。公众对于生态环境思想的认知，应做到从“认知”到“认同”的转换。多渠道对公众进行绿色生态文明思想的宣传教育，使其全面了解生态文明价值，进而转化为思想认同。文化的认同体现在行动执行层面，才能真正践行绿色生态文明的社会能效。从认同到执行两个层面共同推动生态环境治理工作，从而真正实现生态治理与生态修复的社会价值。这需要民众、社会团体、社区组织、基层政府等多方机构加强合作，积极构建起由政府主导，企业、社会组织和公众多方共同参与的生态治理体系。

政府倡导、产业转型、环保宣传、生态价值观教育、鼓励民间力量参与生态监督等方式，可促使整个社会与民众形成保护自然的思维方式与行为准则，是培育协同共治生态文明思想的有效方式。首先，绿色价值观与生态文明发展观的培育应由政府承担倡导、推动、实践等责任，构建绿色生态治理机制，将区域生态环境优势结合当地经济发展，转化为绿色生态经济优势，实现生态价值与经济价值的“同向发展”。其次，应加强区域内各企业主体的生态环保教育，特别是主要污染排放企业，应切实做好教育与监管，树立“自治式生态文明价值观”。最后，加强各社会民间组织与公众的生态文明价值意识，鼓励民间力量参与生态环境保护的监督与实施等工作。目前，由于长江经济带涉及省市相对较多，更需要公众参与监督工作以弥补区域监督的盲点与空白。

归纳而言，需要多个主体通过多种途径来促进全民绿色生态价值观的形成。首先，可以通过企业环保法规、环境管理制度、环保协会规章以及乡规民约等方式，形成政府、社会、投资者、企业、居民等各方在生态环保和绿色发展方面的共同价值观。这不仅包括长江经济带沿线地方政府在发展经济和环境保护方面的价值取向的一致性，还包括产业发展与资源环境承载力之间协同关系的价值取向。其次，需要利用经济杠杆来调节社会资本在生态环境建设和产业发展方面的价值取向和行为动机。这包括通过经济激励措施，引导企业和社会资本向环保领域进行投资，同时确保其环保行为符合法规和政策要求。另外，企业和居民在环境保护方面的意识也至关重要，可以通过教育宣传和培训等方式提高其环保意识和责任感。基层政府和社区也应建立健全环境管理制度和生态文化，以引导和规范居民和企业的行为，促进环保工作的开展。最后，为实现价值协同的目标，需要建立科学的环保绩效考核制度、环境质量评价制度以及生态环保监督制度。这些制度的建立可以帮助政府、企业、社会投资者和居民形成共同的环保价值观，从而推动生态环境的协同共治。

三、绿色发展模式的治理路径与生态协同机制的整体构建

绿色发展模式是以效率、和谐、持续为目标的经济增长和社会发展方式，是当今社会发展的重要趋势。目前，全球范围内众多国家已将绿色发展模式确立为国民经济发展的主要措施，并将绿色发展理念植入生态治理、可持续发展等理论之中。绿色发展与可持续发展在思想上是一脉相承的，既是对可持续发展的继承，也是可持续发展中国化的理论创新，更是中国特色社会主义应对全球生态环境恶化客观现实的重大理论贡献，符合历史潮流的演进规律。目前，长江经济带区域集聚特征明显，已基本形成区域间产业分工格局：以东部为主的长三角地区已形成制造业密集、

第三产业发达，高新技术、互联网经济、智慧产业、大数据等取代传统的高污染、高排放与劳动密集型产业的新型产业格局，成为了长江经济带绿色发展的“龙头”区域；经济带西部区域为我国西部大开发的重要地区，矿产与水能资源丰富。然而，梯级水库的建设与运行以及矿产资源的开发与利用，对长江流域生态系统与环境产生着重大影响，是生态环境保护相对脆弱区域。目前，西部局部区域仍以政府投资为区域经济的核心驱动力。长江流域中部则处于东西部发展两者之间，人口数量巨大、城镇化格局逐渐明晰、消费拉动第三产业高速发展，已成为连接长江流域的重要枢纽。

根据长江经济带区域发展的现实特征，可归纳出新兴产业与传统产业、市场主导与政府主导两个维度，并充分考量不同区域中生态功能区、生态敏感区与脆弱区等现实状况，将长江沿线不同区域划分为不同的生态治理区，进而梳理出长江经济带绿色发展模式的具体治理路径，为经济带内分区域治理、统筹管理奠定基础。归纳而言，长三角地区属于市场与政府主导型新兴产业阶段；长江西部区域属于政府主导型由传统产业逐渐过渡至新兴产业阶段；长江中部区域则处于两者之间的积极融合与探索阶段。

由图5-2所示，绿色发展模式应为长江经济带生态经济发展的主要治理路径与理想状态。理想的区域绿色发展模式应形成政府、市场、公众共治的生态治理模式，结合长江经济带内不同产业类型特征，通过生态预警系统、生态环境监督、生态文明建设、生态环境约束、生态环境治理、生态补偿制度等多方努力，探索生态环境自律的多元生态补偿机制的有效治理路径，全面完成区域产业结构转型、协调、升级，进而推动长江经济带内科技创新突破，最终实现绿色环境、绿色产业、绿色经济、绿色文化相连接的理想绿色发展模式。简而言之，如何将新兴产业与传统产业完美结合，实现政府主导型与市场主导型相辅相成的绿色发展模式，通过生态环境自律、生态文明建设、生态环境监督、生态预警系统、产业升级、绿色文化、绿色经济、产业转型、产业协调、绿色产业、绿色环境、科技创新、生态补偿 PPP 模式、生态补偿制度、生态环境治理、生态环境约束等多方面的全面融合与贯彻，提升生态治理能效，成为新时代支撑我国经济社会高速发展的新引擎。

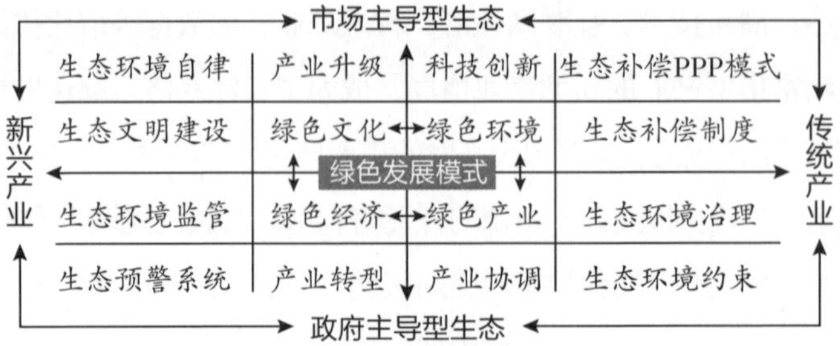

图5-2　长江经济带绿色发展模式治理路径示意图

三、生态一体化协同治理机制的整体构建

“绿色发展、生态优先”是长江经济带主要的发展战略，近年来已获得了一定治理成效。生态一体化协同治理机制的建设与绿色发展模式的治理路径需要有效的执行、激励与保障以及先进的科学技术支撑。以“开放协调”为核心，从经济带内不同区域的现实状况出发，构建不同功能结构的长江经济带生态一体化协同治理机制，是国家战略层面的现实需求，更是推动整个经济带绿色发展的重要推手。因此，生态一体化协同治理机制的整体构建应由生态治理决策一体化机制、生态治理目标生成机制、生态利益协调机制、生态责任划分机制、生态绩效评价机制、生态治理资源保障机制等六个方面构成。同时，生态协同治理机制需要根据政府、市场、公众等三方的生态诉求进行利益整合与调整，形成有机统一的生态治理职能，理顺机构权责，强调跨机构部门之间的协同创新与合作联动，建立跨区域生态治理职能体系，解决区域发展不平衡、现行协调联动不健全、生态平衡与经济发展间矛盾等长江经济带绿色发展模式存在的主要问题，助力长江沿线区域经济社会的快速发展。

如图5-3所示，长江经济带生态一体化协同治理机制整体的构建应由生态治理决策一体化机制协调政府、市场、公众等多方，确立区域与地方生态治理目标，整合多方、多区域生态利益，合理划分各地各级生态责任，建立生态治理资源保障机制，以及制定生态绩效评价机制，实现长江流域生态科学有效治理。值得关注的是，长江经济带生态一体化协同治理需要建立区域联动的政策协同机制：上下游政府和企业之间需要建立起河道污染联动机制，明确废弃物排放的方式，并落实区域环境治理的边界和责任；沿线政府和行业协会在污染物排放标准和环境治理政策方面也需要进行协同，建立一致的排放标准和治理规定，同时在资金上给予一定的支持。另外，需要建立起以资源产权和排污权分配制度为基础的动力机制，包括多元化投融资政策与投资回报机制、产权制度、生态资源要素价格形成机制、污水垃圾市场化收费机制以及政府购买生态环保服务机制等。在组织决策、价值协同、市场和利益分配等多个维度上，共建激励与协同机制，促进环保监督管理部门、社会资本、企业、居民和环保协会共同参与生态环境治理。

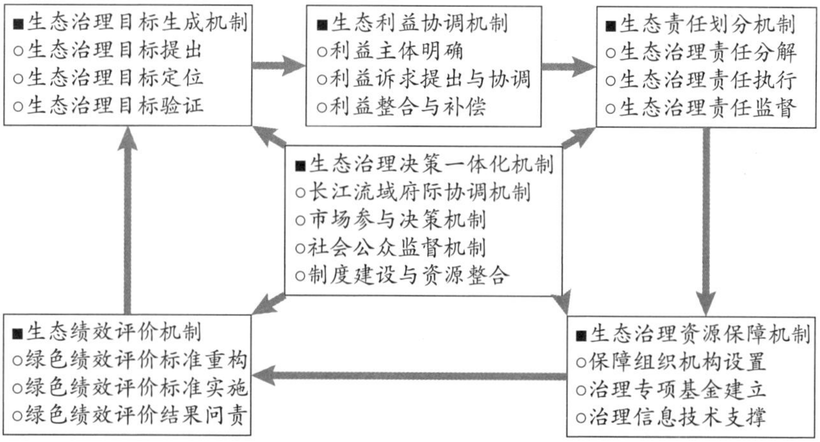

图5-3　长江经济带生态一体化协同治理机制整体构建

首先，在组织决策维度的政府协同机制方面，生态治理需要考虑区域层面的组织决策动力机制，包括合理划分长江经济带沿线省市政府之间的决策边界和利益边界，进一步明确各级政府在生态环保和绿色产业发展规划上的责任和权限。同时，加强沿线政府之间环保政策的联动和协调，确保各级政府共同推动环境保护工作。在社会资本对项目投资和生态环保项目选择上，政府应保留一定的决策权利，政府和社会资本应协商确定项目的建设周期和支付方式，以确保项目的顺利推进。在环境协同治理与监督层面，基层管理部门应拥有环保服务监督评价方面的权利，而环保协会则应参与环保服务定价的过程。

其次，在组织决策维度的市场协同机制方面，市场供给侧的动力机制应立足于地方经济基础、产业发展规划和环保规划。这意味着需要根据地方的经济状况和产业结构，制定相应的环境治理计划和政策措施。同时，需求侧的动力机制则应立足于居民对环保服务的需求和环保标准的制定。通过市场需求调查和预测，建立公众参与环境治理的需求表达机制，以确保环保项目的规划建设与市场需求相匹配，实现供需协同。生态环保项目应完善地方建设需求与供给协同机制，建立全社会参与生态环保项目投资决策与环境服务管理政策制定的机制。这包括：引导社会资本参与环保项目的建设管理，提升市场主体参与环保项目投资管理能力与服务水平，采取有效措施调动社会资本的参与主动性；通过招投标选择社会资本进行生态环境整治与市场服务，建立生态环保项目收费机制，完善政府购买生态环保服务机制，从而实现环保服务的市场化和多元化。

最后，在组织决策维度的社会协同机制方面，需要积极发挥环保协会在项目建设与运行中的组织协调作用，协调环保协会与政府环保管理部门的工作职责。环保协会可以作为桥梁和纽带，促进政府、企业和社会资本之间的合作与协调，推动环保项目的顺利实施和运行。这样的机制可以促进市场主体的积极参与，推动生态环保工作向市场化、专业化和社会化方向发展。

生态治理机制建设是生态文明建设和责任政府构建的一项重要内容[159]。长江作为世界水能第一大河、亚洲第一长河，全线汇聚了1万余条支流，沿线滋养了近5亿人口，横跨我国东、中、西三大区域，作为我国重要的生态系统组成区域，其对我国经济社会发展与绿色转型具有重大意义。如何在保障区域经济发展与保护生态环境的双重任务下，缓解经济发展与生态保护两者之间产生的不协调、不平衡、不充分等问题，已成为流域、滨海或近海经济活跃区政府治理水平与治理能力的重要体现[160]。因此，构建长江经济带生态一体化协同治理机制是新时代生态文明建设的迫切诉求，更是绿色发展理念的科学内涵。

生态一体化协同治理机制应从治理主体、治理路径、治理模式出发，充分考量其相互联系与作用，构建决策、目标、利益、责任、绩效、保障“六体合一”的完整系统结构，并且实现目标设定、利益协调、监督管控、资源优化、绩效提升、信息共享等功能的融合，才能有效提升长江经济带区域生态经济的整体竞争力。另外，建立政府、社会资本和居民的利益协同机制至关重要。这一机制主要体现在企业的经济效益、居民作为用户的基本权益、政府代表社会公众的公共利益上。在环境治理与服务质量、收费、财政补贴等方面，应确保各方利益得到平衡。尤其是在农村地区，由于生态环保项目收费机制不健全，居民的支付能力有限，大部分生态环保项目难以通过收费回收投资。需要政府提供财政支持，采取建设补助或者运营补贴的方式，确保项目的顺利实施和运营。在确定补贴标准时，既要考虑到投资回报，也要兼顾政府及公众的支付能力，以实现环保目标的最大化效益。最后，强化市场与公众的生态文明理念、加强府际合作、构建责任体系、完善社会参与机制、重视治理人才储备，客观认识长江流域生态系统特征，是协调长江大保护与经济带绿色发展的关键所在。

第三节 长江经济带生态一体化多层级协同治理的构想

科学推动生态一体化进程既是重要的实践执行问题，又是重要的学术研究领域。根据多层级治理理论与长江经济带的现实状况，结合权利与组织配置，长江经济带生态协同治理体系可从高位统筹、机构机制、组织结构、人员安排、经费投入等方面重新构建。新的协同治理体系应采取“正金字塔与倒金字塔叠加”方式，公司化运作，建立多维生态治理机构与机制，以治理问题库为载体构建任务驱动型多层级协同治理模式，创新生态一体化多层级协同治理体系，助推长江经济带快速高质量发展。

一、公司化运作：多维生态治理机构与机制创新

公司化运作的核心在于“用系统管理公司”，具体特征包括：明确公司目标、将公司目标转化为公司关键绩效指标、将公司关键绩效指标逐层分解至部门和岗位层面、设定部门负责人及岗位任职者的关键绩效指标的目标值和权重、建立关键绩效指标数据采集与汇总流程、进行定期的绩效考核等六方面。公司化运作的优势在于可以帮助企业快速提高其竞争优势、提高盈利能力与整体经营素质以及加快扩张速度。将公司化运作模式融入生态治理机构，不仅有助于长江经济带内不同区域迅速明确生态治理目标、资源共享实现规模效应的成本节约、优势互补提升跨区域生态治理效率，更有助于提升其跨区域生态治理速度，为跨区域大江

大河生态治理工作发挥“公司动能”。

多维生态治理机构应由中央牵头成立，采取公司化运作模式，由“上中下游区域协调发展机制、生态产品价值实现机制、跨区域生态补偿机制、绿色产业合作推进机制、生态环境执法监督机制、资源设施保障机制”等六机制构成，充分发挥市场手段进行生态资源调控，解决跨区生态治理“碎片化”现状与单一政府经费投入的巨大地方财政压力。该机构中，上中下游区域协调发展机制负责规划长江沿线产业布局、整合多方利益主体的利益诉求、分配生态资源“所有权”与“使用权”等协调工作；生态产品价值实现机制进行生态资源所有权登记、规范生态产品收益权、建立绿色金融体系，促进生态产品价值最大化；跨区域生态补偿机制负责生态补偿制度的整体构建，建立分层分级的生态补偿模式，完善政府生态购买方式，提高生态补偿区域的生态产品的生产能力，实现生态购买与生态补偿双方的共赢；绿色产业合作推进机制负责推荐经济带内各区域间“飞地经济”的合作，制定跨区税费优惠政策，健全绿色绩效考核机制等具体工作，推动经济效益与生态效益的同向发展；生态环境执法监督机制应大力建设生态环境数据共享平台，使用现代化科技建设互联网＋河湖长制，坚持生态执法监督的透明化，推动生态治理执法的进一步规范；资源设施保障机制应建立多渠道生态治理专项基金，配套成立现代化治理技术管理部门，严格落实《长江保护法》。此外，应根据不同生态治理任务建立动态生态治理问题库，及时更新治理任务并办结已执行的治理行动，保持生态治理问题库的动态滚动。治理任务由多维生态治理机构协调上述六大机制统筹执行，为区域生态环境的长效治理奠定基础，具体如图5-4所示。

目前，长江经济带生态协同治理的实施已取得了一定成果，流域内水资源与空气质量均得到明显改善，流域沿线生态工程建设取得了重大进展，但现行的生态协同治理机制弊端也逐渐显现。公司化运作的长江经济带多维生态治理机构为进一步推进流域生态协同治理工作提供了新的思路与模式。公司化运作的模式可较好解决政府主导与市场引导中实际问题落实不到位等实践难题，可通过构建公司内部六大机构，明确长江沿线产业布局、明确生态资源的“所有权”与“使用权”、实现生态资源所有权登记且规范生态产品收益权、建立分层分级的跨区域生态补偿机制、成立生态治理专项基金、构建透明化的生态环境执法监督机制、实行绿色产业合作推进机制，全面协调各方利益、调动各方参与度与积极性，以期真正建立长效化的长江经济带生态治理体系，实现长江流域的生态保护与经济发展的互利共赢。

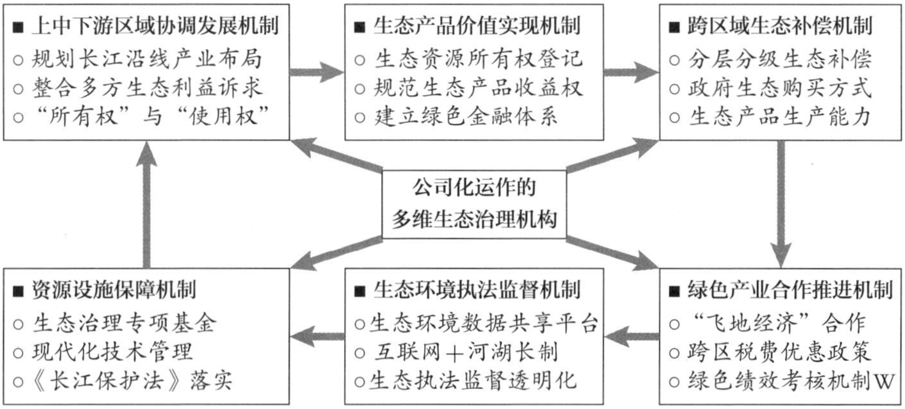

图5-4 公司化运作的长江经济带多维生态治理机构示意图

生态环保项目的运营本身应受到多方监管，如地方政府、各级环保监察部门、社会民众等，但具体项目的运用管理应采取公司化的运作模式，由公司负责具体运营。然而，不同公司对项目运营的水平不同，即使同一公司对不同项目的投入也具有一定的差异。生态环保项目的盈利程度与治理成效反映公司运营的价值。因此，公司化运营对生态治理项目的实施具有关键性作用，管理效率、投入资本、运营能力均直接影响着生态环保项目实施的效果，其具体的运作程序应确立为“确定治理目标、治理项目策划、项目统筹规划、资金投入测算、执行监管规划、收入分配测算”等环节，将生态治理项目规划为一站式服务，将“绿水青山”的生态价值转化为“金山银山”的经济价值，助推政企合作双赢，为国家社会经济高质量发展贡献商业智慧。

二、任务驱动型：以治理问题库为载体的多层级协同治理模式

“清单式”治理模式是一种精细化的社会治理模式，针对某项范围内的治理活动，分析治理流程，建立治理台帐，并对流程内容进行细化、量化，形成清单，列出清晰明细的治理内容或控制要点，检查考核按清单执行。这种治理模式可方便快捷地反映治理活动的动态化痕迹，能追溯到整个治理过程的来龙去脉，具有全面清晰、细节提醒、简单明了、实操性强等特点，可较好运用于生态环境治理

领域。长江流域沿线快速的工业化与城镇化进程，导致多区域频发水土流失、湖群萎缩、排放污染、非法采砂等各类环境污染事件，急需建立“清单式”的“生态环境治理问题库”，针对各类生态问题逐一快速整治。

“清单式”治理模式可进一步汇集经济带沿线生态治理的具体问题，并将具体问题按治理区域与主体进行划分，包括权责清单、负面清单与自治清单。权责清单可为基层执行组织确定具体的权责依据。在基层治理的实施中，权责清单可明确各级政府、机构的权力与责任，具有限权定责的功效，有助于实现治理目标的规范化、法治化、高效化。负面清单可界定市场与社会领域的治理边界，在激发市场活力的同时，优化社区资源配置，整合市场资源的要求，明确哪些是允许的市场行为，哪些是禁止的市场行为，充分调动市场要素参与城市社区治理的积极性。自治清单则可最大程度赋予治理机构治理权力，减少了监管、汇报、对接等管理工作，提高了治理能效与项目服务效率。综合不同类型的治理清单形成“治理问题库”，并根据不同区域、不同性质将治理项目划分给不同层级的治理机构进行统筹管理，形成以治理问题库为载体的多层级协同治理模式，具体如图5-5所示。

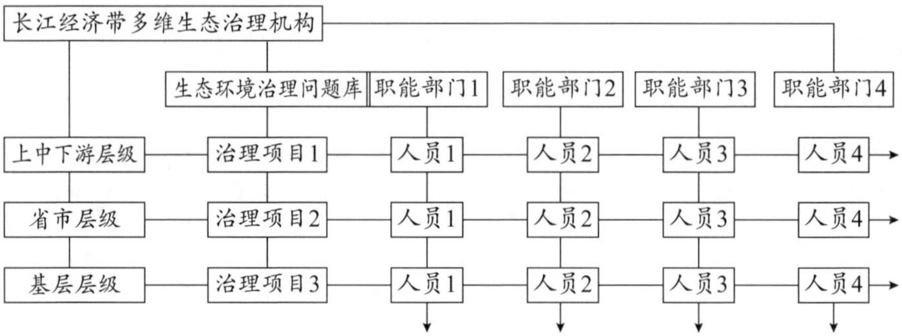

图5-5　任务驱动型多层级协同治理模式

该模式将具体区域的生态问题转化为治理项目嵌入多维生态治理机构，建立矩阵式、任务驱动型多层级协同治理模式，有效推进问题整治中协同合作效率，减少协同治理的实操难度。首先，各地政府负责收集生态治理问题，构成具体的生态治理项目，例如：岷沱江流域油污水违法排放项目、乌龙江水域违法倾倒垃圾项目、洞庭湖水域非法采砂项目等。然后，根据生态治理项目的具体特征与区域，将其归属于不同层级政府统筹管理，由多维生态治理机构从六大机制与不同职能部门调配具体执行人员组建治理项目组。多个治理项目可同时推进，既提高了治理效率，又符合“因地制宜”“统分结合”的灵活性，涉及不同层级、不同主体间的权利分配与利益冲突等问题，可交由区域协调发展机制处理。需要注意的是，该任务驱动型多层级协同治理模式的有效推动需要不同层级间与层级内各主体间达成高度协作共识意识、匹配正确的治理人员、实行有效的实时监督与具有激励性的考核制度，方能彰显最大能效。

三、整体构建：长江经济带生态一体化多层级协同治理构想

长江经济带生态协同治理应从构建区域联动共生治理体系出发，形成具体执行的共生单元。生态系统的整体性要求流域上中下游各地区形成具体的共生关系，在流域沿岸各地区生态环境之间形成一种紧密的关联关系。其中任何一个区域的生态环境变化均会直接对相邻区域产生影响，这种相互依存的关系会直接影响地区的产业安排和经济绩效。长江经济带横跨11个省市，地理位置依次相连，为其共生体的形成提供了有利的地理条件。同时，近年来国家通过宏观经济政策强化了经济带内相关省市的联系，为形成长江经济带生态环境治理联动共生单元奠定了基础。在“共抓大保护，不搞大开发”战略方针确定后，长江经济带跨区联动工作迈上了新的台阶。事实上，地理相连造就了沿岸各地区频繁的经济交流、文化互动和人口流动，已形成了非正式存在的流域共生体系。经济带内应形成明确的“共生单元、共生模式、共生环境”，为生态一体化多层级协同治理奠定基础。其中，共生单元是基础，共生模式是关键，共生环境是重要的外部条件，三大基本要素之间的相互影响和作用决定了共生体系的状态和进化方向。

（一）长江经济带共生单元的构成

共生单元可理解为共生体系中的基本能量生产和交换单位，各自具有不同的性质和作用，共同支撑着体系的运转与工作。长江经济带作为一个系统的共生体系，各共生单元间应密切合作，互促互进，共同形成环境治理绩效。从地理位置来看，上游地区包括云南、四川、贵州和重庆，属于长江经济带的源头位置；中游地区包括湖南、湖北、江西和安徽，属于长江经济带腹部位置；下游则包括了江苏、浙江和上海，属于长江经济带的末端。由于地理位置与资源禀赋的不同，

不同区域在生态治理方面面临着不同的生态建设成本与收益。

长江上游区域由于地处源头，其生态环境状况对中下游地区会产生明显的正外部性，是生态治理的主要建设者之一，构成了流域的“上游共生单元”。但由于上游区域位置偏远、经济水平相对落后，往往难以承担生态建设的过高成本。也由于经济水平的落后，上游省份往往更关注经济发展，在生态与经济发生冲突时，更倾向于牺牲生态利益而换取更多的经济利益；在某些情况下，可能会导致环境问题的加剧，使得生态环境治理任务更加艰巨。

长江中游地区的湖南、湖北、安徽和江西四省，构成了流域的“中游共生单元”。在整个长江经济带共生体系中，中游共生单元不仅是生态建设的主要投入者和建设者，还是受益者，处于承上启下的重要地位。由于长江在中游地区流域面积增加、支流密布，中游地区不仅享受了上游共生单元对生态环境治理的正外部性，还享受到了更加丰富的流域自然资源；中游地区相对于上游地区，人口更加密集，经济也更加活跃，但污染情况也相对严重，且可能会面临承担上游区域带来的联动污染，导致生态治理压力相对较大。因此就治理任务而言，中游共生单元必须承担长江生态环境治理的核心任务。中游地区应该加大对生态环境的投入力度，加强生态环境保护与治理的法律法规建设，鼓励企业加强环保投入，推动绿色技术创新和应用，提高资源利用效率，减少环境污染排放。同时，政府应加强对环境保护的监管力度，建立健全生态补偿机制，引导和激励企业更加注重生态环境保护。

上海、江苏和浙江三个省市，共同构建成为长江流域的“下游共生单元”。下游共生单元是长江经济带经济最为繁华的区域。由于其地处长江末端且经济水平较高，生态建设投资成本相较上中游区域更低，是整个共生体系中的主要受益方，处于相对强势的地位。下游共生单元享受了上游和中游共生单元对于长江经济带生态环境治理所带来的巨大正外部性，叠加较高的经济发展水平，产生了对生态产品的较高需求，参与联动治理的积极性较高。另外，下游地区作为长江经济带的核心经济区域，拥有丰富的人力资源和先进的技术力量，实现绿色经济转型的速度更快，应成为推动流域生态治理的重要引擎区域。

因此，针对长江经济带和上中下游地区的不同情况，各共生单元需要制定相应的、具有针对性的政策和措施，推动其更加积极地参与生态环境治理，促进各地区共生单元之间的协调发展，实现经济发展和生态保护的双赢。

（二）长江经济带共生模式的选择

共生关系是形成共生模式的基础，是为适应外部环境变化而形成的一种具体模式，具体而言是指各共生单元间的相互作用方式与程度，可划分为寄生关系、偏利共生关系、非对称互惠共生关系、对称互惠共生关系；在组织程度上又可划分为点线共生、间歇共生、连续共生、一体化共生等四种状态。由于长江经济带系统性与整体性特征，结合共生关系的组织程度与划分类型，长江经济带共生模式的选择应为“一体化互惠共生模式”。

从经济实力方面来考量，长江经济带11个省市中下游共生单元经济实力最强，而上游共生单元的经济实力相对较弱。从生态建设投资方面来考量，经济实力最低的上游共生单元承担了整个经济带中生态建设的主要责任，其生态建设投资占比最高。近年来，在国家战略导向与财政支持下，上游共生单元不断设立自然保护区，进行植树造林、退耕还林还草等生态建设项目，为中下游共生单元的经济发展提供了重要生态保障。上游共生单元水土治理等相关工程有效改善了长江水质，减少了流域内的泥沙含量，为中下游共生单元的商品进出口与贸易航线的畅通奠定了坚实的基础。从生态建设收益方面来考量，长江下游共生单元是主要的生态受益者，充分享受了来自上中游共生单元生态环境治理的正外部效应。下游地区经济实力卓越，人口密集，地区城市建设也相对完善，但城市开发导致土地空间有限，导致其生态建设与投资程度相对较低，造成了其生态投入与生态收益关系的失衡，共生行为模式可能会出现偏利性特征。从共生组织关系方面考量，上中下游三大共生单元间具有典型的相互影响、相互关联、相互作用的特征，生态治理应形成模式化的联动常态。为推进“一体化互惠共生模式”的形成与固化，上中下游三大共生单元应进一步探索利益联动枢纽，实现流域更加高效的生态环境治理和可持续发展。

（三）长江经济带“一体化互惠共生”与多层级协同治理体系

长江经济带一体化互惠共生体系必须形成组织结构的“一体化”，行为模式上的“对称互惠”，才能真正实现互惠共生的相互促进作用。一体化的组织结构具体反映为上中下游三大共生单元间的整体性、协同性与协调性。各共生单元间必须基本实现全维度的协同与交互，才能使共生关系更加稳定。对称互惠的行为模式则体现在各共生单元间相互支持、互惠互利、共荣共辱的具体行为上，是各共生单元间生态治理的理想行为准则。在实现“一体化共生”的组织模式方面，可以进一步加强各级政府间的沟通和合作机制，建立起跨区域的生态环境治理联动体系。例如，设立专门的生态环境治理委员会或机构，统筹规划长江经济带各地区的生态建设工作，确保资源的合理配置和协调发展；建立跨区域的生态环境数据共享平台，实现信息的互通共享，为科学决策提供数据支持。在实现“对称互惠共生”的行为模式方面，则需要加强各共生单元之间的合作与协调，如加强生态补偿机制建设，通过经济手段促进各地区共同参与生态环境治理。同时，为促进生态治理行为的执行，各共生单元间应明确属地责任，落实具体执行准则，共同推进生态环境治理工作。

长江经济带生态一体化多层级协同治理体系的构想分为两个方面：搭建多级治理平台，推动生态治理一体化进程；创新生态治理方式，推进治理现代化进程。关于搭建多级治理平台，应全面优化资源配置，采取多层、多元、网格与网络相融合的方式，搭建多级、多层面的协同治理平台，实现经济带生态治理区域的全覆盖。此外，矛盾纠纷处理是建立协同治理中心的关键，应建立健全的信访投诉渠道，整合有关治理职责分工和工作机制，实现“一站式”治理服务工作，确保“生态治理纠纷不出户，生态权益纠纷不出村”。关于创新生态治理方式，应全面审视生态治理体系，基于上述协同框架、权力配置、组织结构、执行系统、机构机制以及治理模式等方面，结合“治理目标、治理方案、利益协调、利益主体”，全面实现生态治理全过程的多层级协同治理，具体如图5-6所示。

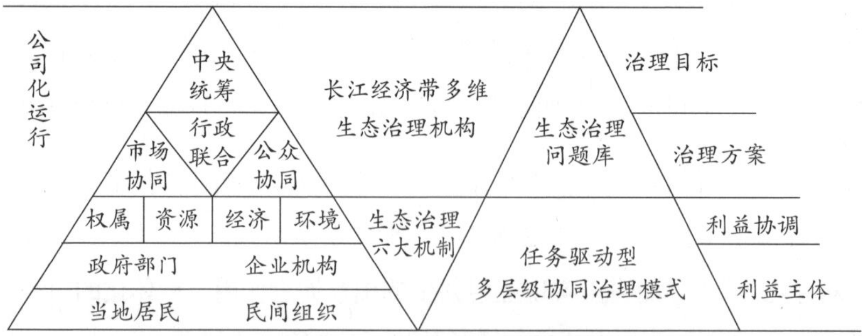

图5-6　长江经济带生态一体化多层级协同治理体系构想

“正金字塔”与“倒金字塔”是主要的企业组织结构管理模式，将两者相叠加的扁平化组织已成为当代企业管理组织结构发展的必然趋势，是一种通过减少管理层次，压缩职能机构，裁减人员，使组织的决策层和操作层之间的中间管理层级不断简化，以便组织最大可能将决策权延至最远的底层，以提高企业的效率，而建立起来的一种紧凑而富有弹性的新型团体组织，既保证了企业的控制力，又给予了员工最大程度的自由度。新的协同治理体系采取“正金字塔与倒金字塔叠加”方式构建整体治理体系。中央高位统筹结合市场与公众双方协同，对“权属、资源、经济、环境”等领域进行全面行政联合治理，并在微观治理过程中强调政府部门、企业机构、当地居民以及民间组织的全程参与，形成“主导、协同、参与”相结合的共同治理方式。宏观层面，以中央统筹与市场公众协同的方式构建多维生态治理机构与生态治理问题库，确定具体治理目标与治理方案。微观层面，针对具体领域对接具体组织、治理机制与治理模式，协调不同利益主体的利益冲突。整个体系应在多层级、多主体协作间着重考量以下三个方面。

（1）允许政府职能与事权在一定范围内纵向跨层级与横向层级内动态调配。经济带沿线各级省市政府可根据自然资源确权登记，明确生态产品的权责归属，合理界定各级政府在生态治理方面的事权，动态调配各级政府治理权力。例如，中央将一定范围的生态治理权下放至长江上中下游生态治理联合委员会，允许生态治理权在上中下游层级、省市层级以及基层（社区）层级间动态流动。

（2）明确政府、市场、社会在生态治理活动中的供需关系结构。生态产品作为公共产品重要的组成部分，是人类生存的基本前提，其第一提供者与生产者理应为中央与各级政府，市场应为其共同生产者，其消费者则为社会民众。在同级政府、市场机构与社会组织之间应鼓励产生绩效竞争，形成生态产品生产者竞争体系，提高生态产品的市场供给效率。

（3）中央应通过调配层级主体拥有的“所有权”与“使用权”而充分发挥干预作用，降低生态治理的交易成本。从协同学意义而言，多层级协同治理体系应构建为上下结合的多元互动网络化参与结构，内部建立纵向权力分配系统与横向协作行动系统，形成正式与非正式结合的多维协作关系立体化范式。在纵向与横向层间的不同主体间寻找、分配、整合协同的具体实施路径，不断提高治理能效。

第六章　长江经济带多层级生态协同治理体系实践路径

长江经济带是由长江三角洲地区（简称“长三角地区”）、长江中部地区、长江西部地区三大板块组成的经济地带。其中，长三角地区包括上海、江苏、浙江三个沿海省市，长江中部地区囊括安徽、江西、湖北、湖南四个省域，而长江西部地区则由重庆、四川、云南、贵州四个省市构成。长江经济带是中国创新研发的驱动地带与中国制造的核心领域，在我国产业发展中发挥了重要作用。然而，高新技术与产业制造的快速发展导致长江经济带各地域存在严重的生态失衡问题，地域间生态治理力度与治理成果差距极大。简单来说，长三角地区在高新技术产业外贸的发展上具有较大的竞争力，区域经济发展相对较快且生态治理起步较早、成果斐然，而长江中部地区和西部地区因产业发展相对较慢且生态治理仍处于相对粗犷的治理模式、区域生态治理水平仍具有较大优化空间。为此，分析长江东、中、西部三个地区的产业发展状况、生态治理措施与治理成果，并找出影响三个地区生态治理效果的主要问题，对长江经济带多层级生态协同治理体系的构建具有重要的意义；解决这些问题也是生态协同治理体系的具体实践路径。

第一节　长江经济带产业发展总体情况

长江经济带是我国纵深最长、覆盖面最广、影响最大的黄金经济带，是事关国家可持续发展的重要生态安全屏障，更是推动我国形成优势互补高质量发展的先行区域，在我国区域发展格局中具有极其重要的地位和作用。目前，长江经济带在我国是仅次于海岸经济带的第二大经济体，但两者相较而言，前者具有联系更紧密、腹地更深广、发展潜力更大、持续性和爆发力更久等后发优势。长江经济带所覆盖的经济地区，全都位于长江流域沿岸，人口规模和经济总量占据全国的“半壁江山”，生态地位突出，具有得天独厚的区域经济发展优势和巨大的发展潜力；推动长江经济带发展对有效扩大内需、稳定经济增长、推动经济转型升级具有重要意义。近年来，随着我国发展战略地不断深入，长江经济带在经济领域得到了蓬勃发展，现在已经是全国总体综合能力最高、战略性支撑功能最大的区域之一。

经济发展与环境保护是相互影响、相互制约、共生的双因子。环境是人类社会在经济活动中产生的废弃物的排放场所和自然净化场所，经济的发展对环境的污染与破坏如超过环境本身的承载能力，则可能导致严重的环境问题，影响经济的发展，但发展经济又可以为保护环境提供物质保障，两者均为人类更好的生存与发展而服务，应为互惠互利的关系。因此，构建跨区域生态治理模式应从理清不同区域间的经济发展状况为切入点，基于不同区域的经济基础构建符合当地经济与环保关系的生态治理模式。

一、长江经济带经济发展规模

经济贸易发展是衡量区域经济发展的重要指标之一，更是研究经济带内不同区域生态环境压力的基础。环境问题是在经济活动中产生的污染排放问题，环境问题说到底就是经济问题，经济活跃区域往往污染排放量较高，但用于污染治理的资金投入也相对充足。因此，研究区域经济发展现状可深入了解环境保护的基础条件。长江经济带覆盖11个省市，上游地区的成渝城市群、长江中游城市群和下游的长江三角洲城市群，共同组成经济带内三大城市圈。2022年，该区域的经济总量占全国总量的比重为46.7%，对全国经济增长的贡献率从48.5% 提高到51.1%[69]。全国GDP 排名前十的城市中，共有7个城市位于长江经济带，分别为上海、重庆、苏州、成都、杭州、武汉和南京。可见，该区域经济贸易交易频繁，人均经济规模持续上升，领先全国同期水平的幅度进一步扩大，经济水平相对较高。

随着全球各个地区和国家之间在政治、文化、社会、生活等方面的交流越来越多，长江经济带的经济贸易规模在这种利好的环境下逐步扩大。2010—2022

年，长江经济带的经济对外贸易总额平均增长率为58%，整体呈上升趋势。仅在2014—2016年、2019—2022年两个阶段出现下降，其主要原因就是2014—2016年受到欧洲债券危机的严重影响，外需低迷，国际经济复苏乏力，抑制了长江经济带对外贸易的发展；2019—2022年，新冠疫情的暴发导致全球对外贸易发展的滞退。进出口贸易额快速增长主要是得益于《长江经济带发展规划纲要》的颁布，长江经济带在全国经济发展中的重要性和战略地位得以确立，给长江经济带的发展带来巨大动力。2010—2019年，长江经济带出口额均大于进口额，说明长江经济带长期处于贸易顺差的地位，产业在国际上有较强的竞争力，经济规模不断扩大。10年间，长江经济带进出口总额在全国总量的占比维持在40%左右，出口额比重在2019年达到48.64%，表示近年长江经济带对外贸易规模持续增长，对外贸易发展水平整体较高。此外，这个区域以长江为主轴线将沿江城市串联起来并不断地向南北两侧延伸发展，有利于资源配置更加高效和市场融合更加紧密。长江经济带也成为我国东部、中部和西部地区协同发展至关重要的枢纽区域，该区域的建设和发展对于推动全国经济增长有着重要的作用。

近年来，面对国内外复杂局势的挑战，长江经济带始终坚持“生态优先、绿色发展”的战略定位，将“稳中求进”作为经济带发展的总目标，积极落实“绿色高质量发展”的总要求，达到了“经济增长、创新改革、结构优化”等实践目标，充分体现了长江经济带的活力与潜力。总体来说，目前长江经济带经济规模持续增大，各省市经济比重持续提升，省际间经济差距逐步缩小。据统计，2022年长江经济带区域生产总值约占全国总量的46.7%，实现了连续五年的经济增长。此外，经济带内各省市间经济差距不断缩小，区域共同发展特征明显。2019—2022年，东部发达的长三角地区的经济总量在长江经济带内所占比重有所下降，从2019年的52.3%下降到2022年的51.8%，下降了0.5个百分点；中部地区从2019年的24.6%下降到2022年的24.1%，西部地区的占比从2019年的23.2%提高到2022年的24.1%[161]。流域西部地区GDP占比有所上升，中部与东部地区GDP占比有所下降，可见，中东西三部间省际经济差距不断缩近，产业结构进一步优化，各地区在服务业、工业、战略性新兴产业等方面的发展各有千秋。

二、长江经济带内各省市经济发展概况

经济发展与环境保护之间是相互依存、紧密关联的，经济发展较好的区域往往在环境保护方面具有一定的压力，如何处理好经济发展与环境保护的关系，实现两者的良性互动，是当前不少地方面临的现实问题。为进一步了解长江经济带内不同区域的经济状况与生态环境保护压力，本研究通过综合分析2022年经济带沿线11个省市的实际进出口额，来进一步明确各省市对外贸易和当地经济社会发展运行状态，为后续分析流域跨区域生态治理打下坚实基础。如表6-1所示，可得出以下结论。

表6-1　2022年长江经济带省市对外贸易依存度

省市	进出口 /GDP	出口 /GDP	进口 /GDP
全国	34.57%		
上海	102.04%	38.02%	64.02%
江苏	53.15%	30.92%	22.23%
浙江	53.91%	40.05%	13.86%
安徽	13.59%	8.34%	5.24%
江西	12.85%	8.41%	4.44%
湖北	8.94%	5.52%	3.42%
湖南	6.68%	3.96%	2.72%
重庆	22.98%	15.49%	7.49%
四川	15.73%	8.06%	7.67%
贵州	3.87%	2.66%	1.21%
云南	10.43%	4.04%	6.39%

数据来源：国家统计局相关资料。

首先，东部沿海省市经济发展活跃。从表6-1中可以明显地看出，长江经济带东部沿海的浙江省、江苏省和上海市，对外贸易额远远高于长江经济带中的其他省市，这说明沿海省市在对外贸易上具有很强的比较优势。除此之外，三个省市的外贸依存度也非常高，上海市甚至达到了102.04%，远远高于全国外贸依存度的

34.57%，表明该区域经济贸易活动频繁，经济基础较好，生态环保压力也相对较高。东部三省市是中国改革开放后最早一批对外开放的省市，工业基础较好且多聚集于沿江两岸，自身经济发展条件相对优于其他沿江省市，相比于经济带内其他区域，贸易交易成本更低，经济更加活跃，排污量相对较高。另外，东部三省市都处于长三角一体化建设和发展的战略规划范围内，获得了大量经济发展的新动力。长三角经济区应将经济发展与环境保护相互转化，倡导传统产业改造升级、鼓励绿色新兴行业发展、调整传统产业结构，有效减少企业污染排放，形成绿色生产方式和生活方式，促使环境质量不断提升，从而为经济发展提供更大空间。

其次，流域中部省份经济发展较快。长江经济带中部的四个省份，安徽省、湖南省、湖北省和江西省，在对外贸易总额上远远低于东部沿海省市以及西部的四川省和重庆市，但其平均增长率较高。经研究发现，四个省份的增长趋势与长江经济带整体发展趋势是一致的，并大多高于长江经济带总增长率，尤其是湖南近五年来增长率高达37.3%，这主要受到国家中部崛起战略的影响，加上中部区域机械工业基础较好。除此之外，“一带一路”倡议使较多中部内陆省份快速打开国外市场，开展经济活动。长江中游城市群位于国家经济地理位置的正中央，生态资源丰富，湘江、赣江、鄱阳湖、洞庭湖等水域资源充沛。武汉、长沙、合肥、南昌等四市2012年经济总量仅为2.17万亿元，一般公共预算收入不足2 000亿元，社会消费品零售总额约8 000亿元；2022年，四市经济总量已达5.2万亿元，一般公共预算收入4 074亿元，社会消费品零售总额突破2万亿元[161]，经济总体增长较快。

再者，流域西部省市经济贸易发展差异较大。长江上游地区在维系长江生命线、保障战略资源供给、筑守生态基底、加实空间联系、拓宽内陆消费市场等方面起着不可替代的作用。流域上游西南毗连缅甸、老挝、越南，西北衔接欧亚大陆桥，为我国通向东南亚、南亚提供了重要的通道。此外，“渝新欧”“蓉欧”等国际班列的相继开通，构建起了流域上游国际铁路网络，充分发挥了国际铁路网络定点、定线、定时、定价、定车次的优势，为上游地区建设面向欧洲市场的出口生产基地和产品贸易集散中心提供了重要的平台支撑。然而，长江上游的四个省市经济贸易发展形势差异是相当大的，云南省、贵州省经济贸易总额与四川省和重庆市有着明显差距。四川省和重庆市是西部经济发展较好的两个地区，主要得益于其完整的产业结构以及便利的交通环境。云南省和贵州省由于地处高原，交通不方便，产品流通相对不畅。除此之外，云南省位于边境地区，对外贸易除了一般贸易外，还以边境小额贸易为主，总量较小。虽然，目前流域西部省市经济贸易发展仍差异较大，但未来随着西部地区巩固脱贫攻坚成果工作的持续推进，长江经济带城市群间的经济差距将逐步减小，初步呈现绿色高质量协同发展的大趋势。

三、长江经济带产业结构现状

研究长江经济带产业结构现状是分析其生态治理研究的基石，可从产业结构现状了解区域生态污染情况。根据《国民经济行业分类》（GB/T 4754—2017），中国的三次产业划分是：第一产业是指农、林、牧、渔业（不含农、林、牧、渔服务业）。第二产业是指采矿业（不含开采辅助活动），制造业（不含金属制品、机械和设备修理业），电力、热力、燃气及水生产和供应业，建筑业。第三产业即服务业，是指除第一产业、第二产业以外的其他行业。区域内第一产业占比较高则说明该区域生态治理基础较好，区域内第二产业占比较高则说明该区域生态治理任务较重、生态污染相对严重，区域内第三产业占比较高则说明区域内产业向清洁能源转型较为成果，生态污染相对较轻。

首先，区域内第三产业占比不断增高，但生态污染持续。2017—2021年，长江经济带总体区域内第三产业的比重不断提高。如表6-2所示，五年间经济带第三产业占比从47.4% 上升至53.5%，尤其在2019年占比就已经接近总产业结构的50%，其后两年更是超50%。第一产业在长江经济带产业结构中的占比非常低，尤其是下游城市群。区域内第一产业占比在五年期间平均约为8%，而下游城市群的第一产业占比平均低于5%，特别是上海市的第一产业在2019年仅占比0.3%，数据显示近年来长江经济带第三产业不断提升，但第一产业占比较低，始终处于10% 以下，生态污染持续，亟待加强综合治理。这主要是因为长江下游长三角城市群是中国经济最发达、城镇集聚程度最高的城市化地区，该地区水陆运输交通方便、工业基础雄厚、商品经济发达，导致长三角地区化工排污量巨大、生态承载力负荷较重。

其次，区域内第二产业占比仍近四成，生态治理任务艰巨。采矿业（不含开采辅助活动），制造业（不含金属制品、机械和设备修理业），电力、热力、燃气及水生产和供应业以及建筑业，相对来说均属于污染制造企业，对区域生态环境具有一定破坏性。如表6-2所示，虽然长江经济带总体的第二产业占比相对第三产业较低，且在2017—2021年间区域内共11个省市的第二产业占比均有不同程度的下降趋势，但占比仍远超第一产业。2021年，区域内第二产业占比仍为38.8%，说明经济带内生态污染产业仍然较多，生态治理任务艰巨。

表6-2　2017—2021年长江经济带11个省市产业结构比例

单位：%

年份	产业	上海	江苏	浙江	安徽	江西	湖北	湖南	重庆	四川	贵州	云南	平均合计
2017	第一产业	0.4	5.7	4.3	11.2	10.6	11.2	11.5	7.3	12.2	15.6	15.1	8.3
	第二产业	31.8	45.7	45.9	49.7	50.3	45.7	44.3	45	44.1	39.5	39.8	44.3
	第三产业	67.8	48.6	49.8	39.1	39.1	43.1	44.1	47.7	43.7	44.9	45.1	47.4
2018	第一产业	0.4	5.3	4.2	10.5	10.3	11.2	11.3	7.4	11.9	15.6	14.8	8
	第二产业	29.8	44.7	44.9	48.4	47.7	44.9	42.3	44.5	40.8	39.7	38.5	42.9
	第三产业	69.8	50	51	41.1	42	43.9	46.4	48.1	47.3	44.7	46.7	49.1
2019	第一产业	0.3	4.7	3.9	9.5	9.4	10.3	10.7	6.9	11.6	14.9	14.9	7.5
	第二产业	30.7	45	43.4	49	47.9	44.5	40.9	41.1	38.7	40.2	38.6	42.6
	第三产业	69	50.3	52.7	41.5	42.7	45.2	48.4	49	49.7	44.9	47.4	49.9
2020	第一产业	0.3	4.5	3.4	8.8	8.6	9	8.5	6.8	10.9	14.6	14	8.1
	第二产业	29.8	44.5	43.6	46.1	44.6	43.4	39.7	40.9	37.7	38.9	38.9	40.7
	第三产业	69.9	51	53	45.1	44.8	47.6	51.8	52.3	51.4	46.5	47.1	51
2021	第一产业	0.3	4.3	3.4	7.9	8.3	8.3	9.2	6.6	10.3	13.6	13.1	7.8
	第二产业	27	44.4	42.6	41.3	44.3	41.7	37.6	40.2	37.3	36.1	34.3	38.8
	第三产业	72.7	51.3	54	50.8	47.5	50	53.2	53.2	52.4	50.3	52.6	53.5

（数据来源：推动长江经济带发展网）

从目前长江经济带产业结构的现实状况来看，近年来在国家政策调控的作用下，流域沿岸对部分化工企业实行关停限转改迁等措施，专项整治了造纸、电镀等重点排污行业，积极治理区域重金属污染等问题，生态整体情况得到了一定的改善。然而，由于长江经济带沿岸重化工业高密度布局与高污染高耗能企业数量较多，导致流域废污水及碳排放量较大、部分地区水土重金属污染较为严重。为从根本上解决这一难题，必须从优化长江经济带沿江地区的产业结构入手，依照一体发展、合理分工、相互支撑的原则，统筹调整各行政区的主导产业布局。同时，还应建立长江经济带产业结构协调机制，加强跨省市产业规划的沟通与协调，在基于国家产业导向、区域战略要求和区位特点、产业现状等现实条件下，对经济带内整体产业进行统筹规划，最大程度地降低低层次重复建设与过度同质竞争。总体来看，长江经济带发展必须从中华民族长远利益考虑，把修复长江生态环境摆在压倒性位置，始终坚持生态优先、绿色发展的战略定位，推进生态环境整治，促进经济社会发展全面绿色转型。

第二节　长江经济带多层级生态治理主体网络互动机制构建

“共抓大保护、不搞大开发”是长江经济带建设的精神主线和实践要求。近年来，有关部门和沿江省市把修复长江生态环境摆在压倒性位置，推动沿江化工企业搬迁、非法码头整治、航道治理、湿地修复等，努力把长江经济带建设成为生态更优美、交通更顺畅、经济更协调、市场更统一、机制更科学的黄金经济带。目前，长江流域重点水域已启动“十年禁渔”行动，自2021年1月1日起，长江干流和重要支流、大型通江湖泊（即“一江、两湖、七河”）等重点水域已实行十年禁捕，通过实施精准退捕，强化安置保障，加强执法监管，推进了长江水生生物资源和水域生态保护修复。四川、贵州、云南三省建立了流域横向生态补偿机制，共同保护长江上游生态。中游的湖北等省将长江生态治理向纵深推进，阻断城市污水流入长江。下游长三角地区协同治理、共享数据、联防联控，共促经济带生态环境良性改变。基于长江经济带上中下游不同省市的社会经济基础与产业结构，应建立多层级生态协同治理体系，特别是生态治理主体网络互动机制。

一、生态治理主体网络互动机制的社会属性

“生态”本是一个生物学概念，将生态思维应用至社会科学研究，所要关注

的就是各生态要素的发展状态及要素和环境之间的相互关系。主体间性是指作为主体的人与人之间在语言和行动上相互作用、相互理解、双向互动、主动对话的交往中体现出的相关性[162]。主体网络、信息网络、互动网络是构成生态治理主体网络的三大关键要素。其中，主体网络是治理体系的建构主体，信息网络是价值与意义的载体，互动网络则是整个治理体系的关键所在。

“人的社会属性在其现实性上是一切社会关系的总和”，即人最根本的特性是社会性。社会属性是指在一定区域经济基础下的、事物本身固有的不可缺少的性质与上层建筑的结合体，随着自然社会的变化而形成的自然形态所反映的东西。同时，社会属性也是区别人与自然的重要指标之一。随着生产力和科学技术的提高，自然界里自然属性的东西也在不断发展和变化。例如：地球的自转、公转，水往低处流，天要下雨，生物要繁衍生息，人要生老病死这些事物，有的可以被人类意志改变：可引水上山，可人工降雨，可生灭物种，可延长寿命等等，而被改变了的事物的属性就是社会属性范畴了。生态治理的社会属性具有两层含义，其一为政府、市场、社会等治理主体的主体作用，其二为治理客体即生态治理环境的污染问题，是指治理主体通过生产力和科学技术改变生态环境污染，优化生态环境等具体事务。生态环境治理涉及生态保护、绿色发展、农民居住、乡村产业等诸多领域，相关事务更是盘根错节，系统工作的开展离不开政府部门之间的衔接、市场和社会要素的参与，任何单一主体都难以确保足够的资源和能力来长期独立应对好生态治理问题[163]。

生态治理应将政府、市场、社会等纳入生态治理的主体范畴，建立产权多元化、服务市场化的动力机制和激励机制[164]。可见，确定生态治理主体、构建治理主体网络、明确主体互动机制，可最大程度地整合社会资源与市场力量，特别是网络互动机制的建立，应充分基于治理主体的社会属性，提高信息互动的有效性，激发治理主体的社会价值，发挥其生态环境治理中最直接理性相关者的主观能动性，减低治理成本与提升治理能效。因此，全面研究政府、市场、社会等生态治理主体的社会属性，是构建生态治理主体网络互动机制的基础。政府是一个国家的统治机构，是为维护和实现特定的公共利益、按照区域划分原则组织起来的政治统治和社会管理组织。社会性是政府根本属性，具有政治、经济、文化和公共服务职能。生态环境治理是既涉及经济又涉及社会公共利益的政府事务，其社会属性明显。治理机构的互动性应充分考量利益相关者间的权力结构与利益关系，才能建立沟通顺畅的生态治理网络互动机制。

二、生态治理主体网络互动机制的利益关系

政府、市场、社会均具有不同的治理结构、目标和社会属性，在生态治理机构中呈现出不同的权力结构与利益关系，构成了具有区域特色的“利益博弈性”。不同治理主体应根据自身不同特性和优势在治理机制中发挥不同作用，其中优势互补与利益协调是实现协同治理的关键。

利益是行为体对于一定对象的各种客观需求，是行为体最重要的驱动因素之一。全面考量生态治理主体的利益相关度是构建其主体互动机制的关键性要素。生态治理机制中，利益是指各行为体在参与生态治理过程中所形成的收益和损失，各治理主体在面对不同环境污染治理事务时，其权力结构与利益关系会直接影响参与主体的利益及认知。政府利益的核心是权威、影响力与社会收益，更偏好自上而下的治理模式；市场与企业则更加偏向经济收益是否合适、政府限制是否必须参与，可以说降低成本是企业参与生态治理中首要考虑的要素；社会则更多地关注公民个体与公民群体的生态利益，既包括社会层面的经济利益，也包括个体层面的经济利益。可见，不同治理主体对于生态治理的具体事务具有一定的博弈性与差异性。换言之，各治理主体因利益差异，参与生态治理的态度也不同。利益与影响性高的治理主体，其参与性与积极性更高，协同性与沟通性更好，合作协议的达成也更简单；利益与影响性低的治理主体则参与度、沟通性与协同性都较低，合作的达成相对困难。

利益相关者之间的权力结构失衡是制约生态治理的关键因素。可以说，正是治理主体间权力关系的失衡影响着利益关系与生态治理的结果。明确生态治理主体的利益责任与职责功能，才能全面发挥多元主体协同治理体系的价值和优势，形成各有所长、互帮互助的高效协同治理模式。区分政府、市场、社会等不同机构、组织与群体的资源、能力与不足，基于优势性选择原则完成不同主体的功能性定位工作，充分发挥其主导、参与、监督、辅助、协调等不同职责与职责。

首先，生态治理具有典型的公共属性，政府作为社会公共利益的集中代表和乡村生态治理的官方主体，理应发挥主导作用，协调各方，引领全局。负责制定乡村生态治理工作方案及相应规章条款，确保治理工作思路及方向符合党和国家的路线方针和政策。同时，政府应加大其作为生态治理主体的举措探索和实施力度，确保生态治理的有效性[165]。政府可采取多种激励政策与措施鼓励各类组织与个人全面参与生态治理事务，并给予生态治理贡献突出的企业与个人一定的特许政策、税收优惠、企业荣誉与个体升迁等红利，致力于将政府主导性生态治理真正转变为多元主体生态治理。此外，还应将生态治理能效纳入干部绩效考核指标体系，督促各级领导干部引导社会资本参与长江流域生态环境治理事务。

其次，鼓励企业全面融入生态治理主体，使其充分明白自身所承担的生态环境责任与义务，促使其改变传统粗放的生产经营方式，减少污染物排放，主动向绿色产业升级转型，并将生态资源价值引入企业价值体系，以生态价值反哺生态治理，推动企业降低生产经营活动对生态的负面影响，自觉保护长江流域生态环境。

最后，流域沿线居民是生态治理中影响最大、人数最多、分布最广的主体。生态治理事务直接影响着流域沿线居民的日常生活与切身利益，流域沿线居民理应成为流域沿线生态治理中最主要的治理者，但由于普遍文化水平不高、生态保护意识相对较弱，多数居民认为生态治理主要是政府行为，与自身关系不大。“沿线居民”这一庞大群体未能较好发挥其生态治理的主体作用，反而在某些事务中成为治理行动的阻碍者。因此，提高流域沿线居民生态治理意识应成为政府生态治理主要工作之一，促使其自觉避免因自身行为可能造成的生态污染，以及发挥其对沿线企业生态污染排放的监督作用，双向推动生态治理的有效性。

概括而言，流域沿线各级政府、科研机构、企业与居民均应发挥主体优势，形成利益互补的多元主体协同治理格局，将治理主体的功能与职责确定下来，避免在实际协同治理过程中发生主体间权责模糊、推诿扯皮等问题，实现生态治理的优势互补、资源互惠、功能融合。

三、生态治理主体网络互动机制的信息共享

近年来，随着网络科技的发展，网络化、数据化已成为现代化生态环境治理

新模式的基础。早在2015年，国务院就在《生态环境监测网络建设方案的通知》中指出，2020年我国生态环境监测网络建设需达到“初步建成陆海统筹、天地一体、上下协同、信息共享的生态环境监测网络”[166]。生态环境大数据建设与应用有利于促进实现生态环境综合决策科学化、监管精准化、公共服务便民化。生态环境信息互动网络可分为两类：一是生态环境监测数据的收集，二是生态治理主体间的信息交互。生态环境监测数据是指采集生态治理区域的大气、水、土壤等多种环境要素污染数据。生态环境监测数据平台应由政府统一建设，将政府数据导入其中，如区域自然资源和空间地理基础数据等。生态治理主体间信息交互是指不同省市区域间、不同生态治理主体间的信息互通，有利于区域生态环境治理的协同互促。两类信息数据的互联互通是使用大数据技术推动生态治理精准化的关键。

生态环境是人类赖以生存的基本载体，长江流域生态环境是长江经济带高质量发展的基础。理性的决策是在有限的信息中作出权衡，而科学决策的基础是大量的信息。生态环境监测数据平台建设的目标就是在大数据间发现隐含价值、挖掘潜在价值，为生态治理科学决策提供依据，对人类可持续发展具有明显的促进作用[167]。数据平台中汇聚的各方数据流可以显著提高环境形势分析能力，例如，将流域沿线企业导入生态治理数据库，当某企业排污超标时，生态环境监测数据平台可及时发现排污数据异常并预警，提示相关管理与执法人员及时到现场查看污染物排放源、制止生态污染行为的持续。此外，大数据监管还可对流域沿线居民的生态舆情进行监管，及时处理沿线居民反映的生态环境问题，并立即开启生态治理机构的现场测评，将生态污染行为扼杀在初始阶段，降低生态污染行为的环境危害。可见，生态环境监测数据平台可用最小的社会成本满足最大的社会群体的福利，即其生态福利。生态环境治理部门间的信息交互可有效降低沟通成本与时间成本，即节省了公共管理支出。同时，治理信息的同步化至关重要。长江经济带涉及流域沿线11个省市，不同省市各级环保部门普遍存在一定的信息差，及时共享生态信息可加强不同层级与部门间的组织性与协同性，是多层级生态协同治理体系构建的基石。

此外，生态环境数据的收集可及时反映公众的生态利益诉求，有利于推动流域沿线居民参与生态治理事务。特别是在互联网平台上，市场企业与普通居民可以更快速、便捷地表达生态利益诉求。生态修复工程可能会在短期内影响部分群众的利益，例如工程施工地居民的搬迁与安置等，导致情绪化的群体性事件时有发生，阻碍生态修复工程的顺利实施。因此，提早收集生态数据、及时重视群众舆情，对生态修复工程的建设至关重要。生态数据的管理工作应由政府主导，市场、企业、公民等多元主体间信息互联，应充分激发市场、企业、公民的生态责任意识。生态责任意识指人对生态环境负有保护的责任，人是自然的存在物，人对自然规律的遵循就是履行自己作为自然界的一个能动存在应该负有的义务[168]。治理主体应当积极承担生态责任意识，主动践行生态环境保护行动，自愿自觉抵制各类生态环境污染行为，及时上传各类生态污染信息，助力生态治理行动的科学化与及时性。2016年3月，我国环保部发布《生态环境大数据建设总体方案》，为环保系统开展生态环境大数据建设提供了强有力的政策支持和技术框架，代表着"实现生态环境数据互联互通和开放共享"已上升为国家层面的战略方针。方案要求要重视大数据在推进生态文明建设中的地位和作用，推进全国生态环境监测数据联网共享，开展生态环境大数据分析，为生态环境保护科学决策提供有力支撑。

第三节　长江经济带多层级生态环境制度协同机制构建

制度协同是生态环境保护的法治防线，建立有效的生态环境制度协同机制，统一长江流域沿线省市的生态司法制度，是长江经济带生态协同治理的关键环节。2018年9月，长江经济带11个省市及青海省在重庆共同签订了《长江经济带11+1省市高级人民法院环境资源审判协作框架协议》。自此，我国范围内以法院、检察院为司法主体的多元化生态环境保护协作性规范性文件纷纷出台[169]。例如，2019年印发的《关于在检察公益诉讼中加强协作配合打好污染防治攻坚战的意见》是由最高人民检察院与生态环境部等九部委联合制定的，该文件指出应形成司法与行政机关相结合的生态环境制度协同机制，为生态环境治理提供制度保障。2021年《关于新时代加强和创新环境资源审判工作为建设人与自然和谐共生的现代化提供司法服务和保障的意见》的出台，表明了制度与司法协作在生态跨部门联动治理中的重要性，应及时给予完善。我国现行的司法权配置是与行政区域划分一致的，即司法管辖权与具体的行政区相匹配。然而，长江经济带横跨我国东、中、西三大区域，沿江省市与行政区较多，流域生态治理涉及众多不同行政区司法管辖权，导致在某种程度上制约了生态治理的效率。流域、河湖的生态保护是一项复杂的系统工程，涉及上下游、左右岸、干支流，不同流域和行政区域，涉及的部门多、层级多、行业多，需要建立什么样的协调机制才能真正推动区域生态治理？本节以长江经济带沿线流域生态环境制度运行的现实困境为例，探寻生态环境制度协同机制的完善路径。

一、生态环境制度协同的内涵解读

环境科学将生态环境理解为自然环境中影响人类和其他生物生存和发展的一切外界条件的总和。生态环境与人类生产和生活的相关性决定了其所具有的价值意义，从而发展出了一系列与保护生态环境出相关的立法、司法行为，形成生态环境制度。长江经济带是全国除沿海开放地区以外，经济密度最大的地区，拥有广阔的腹地和发展空间，是我国可开发规模最大、影响范围最广的内河经济带。近年来，随着长江经济带的不断开发，其跨流域、跨区域环境问题不断增多，针对生态环境保护的制度协同日趋重要。生态环境制度协同是指在生态治理中多元主体间协同合作的制度安排及具体运行方式。

协同是指两个或者两个以上的不同个体与部门为了达成某一共同目标，相互协同、共同努力形成一种合作的力量一致地完成这一目标的过程。生态环境制度协同是指以生态环境保护与治理为目标，通过多元主体间的相互配合，达成环境保护制度的一致性并共同推动这一规范或运作模式，进而逐渐形成一种社会公认的生态环境保护秩序，实现社会生态环境利益的最大化。生态环境制度保护的目标为生态环境利益，具有明显的公共性特征，是典型的环境正义核心问题，即“如何维护环境公共利益，合理分配社会环境资源，降低社会环境风险与利益冲突”。从生态环境保护的现实意义出发，生态环境制度应从生态整体主义理论、环境多元共治理论、生态利益平衡理论等方面出发，以统一制度的方式推动流域生态环境治理。生态环境治理必须从生态整体主义思想出发，加强以统一制度为核心的多元主体对生态环境保护的协同共治，才能实现生态整体利益平衡与环境治理效能提升。

生态环境制度建设必须以罗尔斯的正义论为基本原则，即基本自由原则、机会平等原则、差异化原则等三大原则。此外，生态环境制度建设还需符合治理地环境发展的一般规律，尊重自然、顺应自然、保护自然。生态环境制度协同是通过协调生态系统各要素的功能与作用，达到生态环境治理与生态修复的社会公益。长江流域的生态环境制度协同应充分考虑流域不同省市与区域的地理和环境要素，将其视为一个整体进行考量，这就需要打破属地原则，遵循统一的生态环境制度，有效协调、整合和优化不同地区的生态资源，从而形成一个统一的决策机制和制度，促进环境治理的效率和公正。生态环境制度建设应充分考量生态环境治理地的经济需求，避免环境需求与经济需求在实际生产生活中出现矛盾。简单来说，环境利益与经济利益是人类社会中不可或缺的双重利益，具有相同重要的利益价值。然而，两者之间具有一定的客观冲突性。因此，生态环境制度需要考量环境与经济两者之间的利益兼容问题，明确两者间的利益相容：环境与经济是相辅相成的，人类为了更好地生存与发展在一定程度上牺牲了环境利益；但随着经济的高速发展，人类在基本生存利益得到了满足后，意识到经济利益发展到一定程度时，环境成为制约经济发展的核心因素；只有当经济利益与环境利益相互兼容，两者之间的利益牺牲最小化时，才能真正达到社会可持续发展，即“能满足当代人的需要，又不对后代人满足其需要的能力构成危害的发展”。此外，生态环境制度应考虑到环境利益与经济利益在发生矛盾冲突时如何进行协同的问题，并采取“紧迫性优先原则”。紧迫性优先原则是指当人类的某类利益迫在眉睫之时应优先解决，但不能忽略其他暂时被搁浅的利益需求。生态环境制度应协调长江流域沿线不同部门制定具体的生态保护措施与规定，统筹开展水资源保护、生态污染防治、水生态修复、水域岸线管理与水行政执法等工作，统筹协调流域上下游、左右岸、干支流之间发展与保护关系的制度与秩序，形成上中下游协同联动的保护格局。

二、生态环境制度协同的运行现状

生态环境制度建设是区域生态一体化进程的主要推手，坚持长江流域生态环境整体主义原则并重视协同理论的实践运用，是生态环境制度协同的基本运行机理。近年来，长江流域已初步建立了统一的生态环境制度，但流域沿线区域由于行政属地的差异，制度协同机制仍处于探索阶段，其具体实施策略仍有待完善。目前，长江流域生态治理已取得了阶段性胜利，但仍有部分顽固性生态污染问题亟待解决，其面临着区域协作理念不足、主体间协作缺失、协作保障性欠缺等问题。2016年1月5日，习近平总书记在推动长江经济带发展座谈会上指出，推动长江经济带发展必须从中华民族长远利益考虑，要把修复长江生态环境摆在压倒性位置，共抓大保护、不搞大开发，努力探索出一条生态优先、绿色发展新路子。推动长江经济带发展是党中央作出的重大决策，是关系国家发展全局的重大战略。落实长江经济带发展战略，要全面正确理解习近平总书记讲话精神，科学准确把握其精神实质。“共抓大保护、不搞大开发”这一理念的确定为长江经济带生态环境制度协同提供了充分的协作理念支撑。流域保护理念的渗透推动了长江流域不同行政区主体间的协作有效性，长江经济带已形成了以司法机关为主导的生态环境制度协同机制，主要依托于流域沿线监察与督查机关开展跨区域生态治理项目。然而，现有协作主体间的协作深度与广度都无法满足经济带绿色发展的需要，且无法较好平衡不同区域间因生态治理而产生的暂时性利益损失。此外，地方保护主义的长期存在导致跨区域生态污染调查取证具有一定的实施难度，缺乏完善的调查取证、督查监督制度。

长期以来，长江流域生态环境协同形式多为各地发布的合作框架协议与备忘录。这类合作框架协议与备忘录类似于某种建议与参考，并不能作为具体的实施制度和法律依据为流域生态治理提供支持。生态治理制度的建设需要依靠法律的力量，需从合作框架协议与备忘录转为具体的司法制度。2020年12月26日，第十三届全国人大常委会第二十四次会议表决通过《中华人民共和国长江保护法》，并从2021年3月1日起实施，这是我国历史上第一部流域性保护法律。湖南省政府制定了具体的《湖南省贯彻落实〈中华人民共和国长江保护法〉实施方案》（下称《方案》），有效推动了《长江保护法》在长江流域中部的实施，特别是为洞庭湖流域生态治理提供了法律保护。《方案》指出，湖南省要坚持规划引领，强化生态环境系统管控，将贯彻落实长江保护工作纳入湖南省国民经济和社会发展规划，完善生态环境管控措施，建立环境应急联动体系。要强化和落实河湖长制、林长制，推进上下游、左右岸、干支流建立共建共治共管共享机制。严格落实《湖南省河道采砂管理条例》，依法划定禁采区、禁采期，合理确定可采区、控采总量，开展生态环境风险评估，强化河湖疏浚砂石采挖、销售统一管理，严厉打击非法采砂。《方案》指出，湖南省要坚持资源保护，加强饮用水水源地和地下水资源保护，推进湿地生态保护和生物多样性保护，健全防洪减灾体系，推动资源高水平保护和高效利用。要建立与经济社会发展相适应的防洪减灾工程和非工程体系，提高防御水旱灾害的整体能力。《方案》明确，湖南省要坚持水污染防治，抓紧制定湖南省水污染物排放标准。要坚持绿色发展，制定湖南长江中游城市群高质量发展实施方案。制定全省做好碳达峰碳中和工作的实施意见，积极发展风电、光伏发电、氢能、抽水蓄能及新型储能，大力发展战略性新兴产业，推动钢铁、石化等产业升级改造，构建绿色低碳工业体系。《方案》强调，湖南省应专项安排长江流域生态环境保护资金，用于长江流域生态环境保护和修复，健全生态环境损害赔偿机制。同时，应组织开展《长江保护法》集中宣传活动，把《长江保护法》宣传融入地方法治实践全过程。

从长江流域环境制度协同的现状来看，《长江保护法》虽已实施两年，但法律的实施仍受制于地方区域性特征。环境法律制度协作无法打破地方保护限制，绿色发展理念仍被某些省市、区域置于地方经济发展之下。长江流域应以高水平生态环境保护推动经济社会高质量发展。流域各省市应以绿色低碳为导向，推动传统产业转型升级、新兴产业快速发展；全力建设低碳环保的优质产业集群，加快构建现代产业体系、从根本上减少污染物排放，实现生态环境高水平保护与经济高质量发展协同共进。

目前，长江流域生态环境制度在协同治理方面已取得了阶段性进展，主要体现在“协同理念、顶层设计、地方合作、治理手段”等四方面。

首先，在协同治理理念方面，协同观念不断强化。近年来，中央高度重视长江流域生态环境修复与治理工作，习近平总书记多次视察长江上中下游地区，并就“推动”“深入推动”“全面推动”等多次对长江经济带生态治理工作进行讨论。此外，习总书记亲自主持召开了三次长江经济带发展座谈会，为长江流域重塑碧水蓝天奠定了坚实的基础。流域生态治理工作应加强协同联动，强化各类生态要素的协同治理，推动上中下游地区展开互动协作，增强各项举措的关联性和耦合性。在党中央的高位统筹下，流域沿线各省市区深入贯彻落实国家政策，从流域全局出发开展了大量实治理践探索工作，包括联动监督、联合执法、协同立法、产业协作等多项举措，坚定地落实了流域生态系统多元共治的基本原则。例如，上海、江苏、浙江、安徽等地相继围绕“支持和保障长三角地区更高质量一体化发展”与“促进和保障长江流域禁捕工作”等议题开展协同立法工作。这些联合立法举措有助于形成统一的法律规范，为流域内的生态保护和发展提供了法律保障。另外，湖北、安徽、江西、湖南、重庆等地签署了《长江流域重点水域“十年禁渔”的联合执法合作协议》，以区域实际行动支持了长江立法。各地通过在特定区域内展开了协同执法行动，加强对违法捕捞行为的打击力度，有效保护了长江水域的生态环境，不仅加强了地区间的合作，也提升了执法效率和治理水平，为长江流域的生态保护作出了积极贡献。总的来说，区域间协同合作的多项举措有助于加强长江流域各地区之间的联动性和协作性，为推动长江流域生态治理工作提供了有力支持和保障。

其次，流域生态治理工作的高位统筹与顶层设计工作已逐步健全。近年来，长江流域生态治理体系机制创新已取得显著成效。在机构设置方面，进行了流域机构建设的优化，充分利用生态环境部长江流域生态环境监督管理局、农业农村部长江流域渔政监督管理办公室、交通运输部长江航务管理局、水利部长江水利委员会、公安部长江航运公安局等各级长江流域治理机制，全面贯彻“共抓大保护，不搞大开发”的国家战略，促进了各省市各部门间的紧密衔接和协同合作，充分体现了流域生态治理工作的整体性与系统性，为长江生态环境保护和治理提供了有力的机构保障。另外，在立法方面，《长江保护法》作为我国首部流域法律，标志着流域生态环境保护从分散立法走向综合立法的转变。该法案提出了两级流域协调机制，分别是国家协调机制和地方协调机制。国家协调机制通过“统筹协调”跨地区跨部门重大事项，而地方协调机制则通过“统筹协调”推动区域间的合作。立法模式的创新，使长江流域的治理更加系统和有序，为协同治理提供了法律依据和操作机制。同时，《长江保护法》通过直接列举的方式系统梳理了长江流域面临的协同治理困境，并相应设计了具体机制来解决这些问题。流域系统性的分析和解决方案的提出，彰显了管理体制由“条块分割”向“统筹协调”的变革，为长江流域生态环境保护和治理提供了更为清晰和有力的指导。

再者，流域生态治理的地方合作明显增多。近年来，长江流域各省市在加强区域合作方面积极探索，取得了一系列有益的探索和进展，在协同机制、行政执法、司法协作、绿色发展等领域均有所突破。例如，各省市相继签署了一系列协议和方案，其中包括《关于建立长江上游地区省际协商合作机制的协议》《关于建立长江中游地区省际协商合作机制的协议》等，建立了省际协商合作机制，为长江流域各地区之间的沟通与合作提供了有力保障。在司法协作方面，各地司法机关也积极构建跨行政区域集中管辖制度和跨区域司法协作机制。近五年来，流域沿线法院纷纷设立了环境资源审判庭或合议庭等专门审判机构，实现了对流域治理重点区域的全覆盖。专门性审判机构的设立为保障流域生态环境和高质量发展建立了坚实的制度屏障，为加强生态环境保护和法治建设提供了有力支撑。

最后，流域生态治理的手段与技术呈现多样化趋势。为应对流域复杂多样的治理问题，市场化、数字化、智能化、法治化的治理手段不断丰富，例如流域不同区域的生态补偿机制已在各地按照“谁超标、谁补偿，谁达标、谁受益”的原则具体实施，流域各地已开展跨省跨区生态补偿工作。特别是流域江西段，相关县市超七成已建立了横向生态补偿机制；四川、云南、贵州等地也在赤水河流域开展了横向生态保护补偿实践，初步形成了跨省、跨区域的大保护格局。长江沿线城市还通过“数字长江”等项目加强信息化、智能化手段的应用。利用数字化技术，沿岸地区正在初步建立起多层次的信息共享机制，从而更好地监测、预警和应对生态环境变化，为长江流域的生态治理提供了新的支持和手段。这些举措的实施不仅丰富了治理手段，也为长江流域的生态保护和可持续发展注入了新的活力。

三、生态环境制度协同的完善路径

目前，“生态优先，绿色发展”的国家战略强烈要求当前生态环境制度协同的进一步完善，这不仅可以进一步优化我国法律制度体系的构建，还可以推动社会经济与生态环境的长久可持续发展。生态环境制度协同的完善路径可从三个方面全面升级，即全面宣传渗透“绿色优先，协同发展”的生态协同理念、完善司法协作的法律支持以及明确协作主体的权责、沟通与监督。

首先，全面深化与渗透生态环境保护制度的协作理念至关重要。绿色法治是指以绿色发展为理念，针对生态环境资源的法律事件以及涉及生态治理方面的司法制度与生态相关的法律活动[170]。绿色法治的重要性在于能运用法治的手段来化解生态环境方面的社会矛盾，不仅有利于恢复生态环境，更有利于完善司法制度的全面性。绿色法治的全面推进依赖于绿色发展观的全面渗透，将生态环境保护放在首要位置，国家发展既要绿水青山，也要金山银山。绿水青山就是金山银山，深刻阐述了经济发展和生态环境的关系，指明了协同共生是实现社会可持续发展的必由之路。党中央高度重视绿色发展，把生态文明建设摆到党和国家事业全局突出位置，坚持倡导绿色、低碳、循环、可持续的生产生活方式，科学阐释生态环境保护和经济发展的辩证统一关系，不断开拓生产发展、生活富裕、生态良好的文明发展道路。

习近平总书记多次指出，建设绿色家园是各国人民的共同梦想。中国以推动构建清洁美丽世界和人类命运共同体为目标和方向，以构建相互尊重、公平正义、合作共赢的新型国际关系为路径，以坚定维护多边主义、共商共建共享为准则，以共同但有区别的责任原则、公平原则和各自能力原则为基础，为共建人与自然生命共同体作出积极贡献。一个浓缩中国智慧的全球绿色发展观已然形成。绿色发展观指出，良好的生态环境可以促进生产力的发展和提升，同时也可以促进经济发展和保护环境。两者之间的关系不仅不是相互对立的，而是相互促进协同发展的。2014年4月修订的《中华人民共和国环境保护法》明确了生态环境治理应由多方主体共治，倡导政府、市场、企业等多方参加环境治理机制，更说明了绿色发展观已渗透司法制度建设之中，是实现生态文明的有效路径之一。

绿色发展观体现了生态环境就是生产力的新理念，强调经济要环保、环保要经济的一致性，是把市场机制引入环境保护的新理念[171]。多元主体共治是生态环境治理的核心要义，市场、企业、社会组织均为生态环境保护的主体，将绿色发展观与协作理念渗透入多方治理主体，积极推动跨区域生态协作，培育区域地方整体归属感，消除跨区域治理的边界感。所谓地方整体归属感，是指“是在一定的经济基础之上，在一定的区域界线范围内，通过长时间的联合、协作，逐渐建立信任感和依赖感、相互团结、精神理念和支持以及行为规范”[172]。这需从强化认识治理主体的绿色发展观与协作理念出发，促使各治理主体自发自愿地遵循生态环境利益处理相关事宜，其实施的具体行动也应照此行事。

其次，生态环境保护离不开司法层面的支持，建立有效的司法沟通机制，保障流域各区域各部门的有效协作。长江流域环境司法协作是长江流域“共抓大保护，不搞大开发”的重要法治保障。目前，长江流域环境司法协作面临着协作范围不全面、协作形式不统一、协作主体不明确、协作规则不健全等多重困境。长江流域生态环境保护制度应从流域的整体性、关联性及特殊性出发，打破流域现有行政区划分块管理的现状，以生态整体主义和协同治理理论为基础，构建长江“全流域”环境制度“大协作”的整体生态环境保护体系。具体方式包括明确长江流域环境司法制度协作的法律内涵、完善长江流域环境保护制度的内部协作、强化长江流域环境保护制度的外部协作方式，实现长江流域生态治理现代化进程。

“全流域”环境制度“大协作”要求长江流域沿线制度协同的广泛性，应包括三个层次的制度协作。第一层为流域整体范围，将流域沿线各省市连接起来，例如《长江经济带11+1省市高级人民法院环境资源审判协作框架协议》为流域环境保护制度的司法协助提供了具体的支持保障。如可进一步将此框架协议优化会具体的实施制度与方案，将对长江经济带内的环境保护奠定坚定的基础。第二层为长江经济带内的重点城市集群间的协作，即全面加强长江三角洲城市群、长江中游城市群和成渝城市群这三大城市集群制度协作的深度与广度。第三层为城市间具体的块状协作方式，加强地方间的流域合作治理，并加大制度协作的实施力与执行力。总体来说，长江流域生态保护制度的具体协作应从“整体流域、城市群、块状城市”等三个层次出发开展立体化协作模式，实现流域整体规划与块状城市具体执行的实施方案。同时，可将制度协同划分为内部协同与外部协同两部分。内部协同机制是指生态环境治理案件的审判方面，应进一步丰富协作形式与协作内容。例如，完善生态环境治理案件的会商、协商与审判制度，建立治理信息共享平台，推动生态污染案件审判队伍专门化与专业化。外部协同机制是指具体的司法执行方面，强化外部协作的及时性、有效性与威慑力，可有效遏制生态污染案件的再发生。在涉及生态治理案件的处理过程中，应将公、检、法三家机关有效衔接，确保相关案件的侦查、立案、移送、交接、执行、监督等各个环节的有效进行，发挥最大的震慑作用，确保类似案件在源头就得到有效遏制。

最后，生态环境保护制度应明确协作主体的权责、沟通与监督等方面。多元治理主体相互协作治理模式其实更趋向于政府和非政府组织之间达到权力共享资源共享，将各方力量都联合在一起，为公共利益的实现而奋斗，打破行政区划的硬性制约，打破不同行业之间、不同部门之间的保护主义，打破固有的思维和空间局限，实现资源能够自由的流动和共享。各主体面对重案、疑难案件中可以通过案件讨论的方式进行处理[173]。生态环境治理具有一定的复杂性与多变性，将沟通、谈判、组织、协商等作为政府与非政府组织间制定环境治理决策的具体常规流程，提升生态治理能效。非政府组织相对政府而言，是自发性、自组织的社会民间力量，缺少公权力的保障，具有话语权不对等的客观事实；在和政府合作的过程中，就必须在制度和法律上加以强化，明晰各方的权利与义务，明晰各方的责任，才能真正实现政府与非政府组织间的平等合作。

制度的制定需全面考量各方利益分配，制度的协作需从司法方面考量各利益主体的核心利益需求，从同一水平衡量各方需求进行合理分配。尤其是制度主体进行协作时应当保证公平执法、合理执法，对于司法机关的工作需要按照公平、合理原则来进行任务分配。在环境资源管理上也需要司法机关的配合协作，让权利真正得到实现，确保司法机关与行政机关和流域机构以及相关部门高效协作，让环境信息得到共享，促进各制度机关形成合力共同保护生态环境。同时，有效的监督机制可提升环境执法力度，充分调动社会主体与公众参与监督的积极性，将社会舆论力量引入制度层面来确认各环境主体的治理责任与义务。生态环境制度的完善有赖于检察院和法院以及各级政府部门，合理划分农林、水利、环保等部门的环境权责，建立清晰、权责统一的环境责任体系[174]，才能切实解决生态资源枯竭等现实问题。生态环境制度要站在人与自然和谐共生的高度来谋划经济社会发展，坚持节约资源和保护环境的基本国策，坚持节约优先、保护优先、自然恢复为主的方针，形成节约资源和保护环境的空间格局、产业结构、生产方式、生活方式，统筹污染治理、生态保护、应对气候变化，促进生态环境持续改善，努力建设人与自然和谐共生的现代化。

长江流域作为重要的生态屏障，是水土保持、天然林保护和退耕还林等生态工程的重点实施区。长江流域地貌类型复杂多样，气候类型众多，复杂的气候特征孕育了丰富的生态系统类型，是全球气候变化大背景下研究植被覆盖度时空变化及其驱动因素的理想区域。由于长江流域覆盖区域极广，流域内不同地区水热条件和生态系统类型多样导致植被覆盖变化响应具有明显的空间差异[175]。构建长江经济带多层级生态环境制度应将长江流域视为一个综合各生态要素的复杂生态体。经济带内自然要素与社会要素互相影响、互相作用、互相渗透，增加了生态治理的难度，也使我国传统的以地理行政区为划分的生态治理模式与制度体系难以发挥能效。长江经济带应以生态整体主义和协同治理理论为基础，跨越多行政区域障碍，建立“全流域”“大协作”的多层级生态环境制度体系，从“整体流域、城市群、块状城市”等三个层次出发开展立体化协作模式，结合内部协同与外部协同两部分，真正实现长江经济带生态环境制度协同。

四、生态协同治理体系的实践方向

在现实实践中，长江经济带生态治理体系需要进一步深入探讨多个方面的内容，为多层级生态协同治理体系的构建奠定基础。首先，治理体系需要构建多元治理的生态建设成本分担机制，以确保各参与主体在环境治理中承担合理的责任和成本。其次，应构建政府、企业、社会资本和居民共同参与的生态公共产品供给协同机制，实现各方利益的平衡与协调。同时，需要研究区域环保项目协同供给可能面临的利益冲突与风险形成机理以及相应的风险防范和化解策略，分析生态环境社会风险传导路径及其应对机制，确保环境治理过程中各方面风险的及时识别和有效处置。为了加强跨区域生态与绿色发展的协同建设，未来流域需要确保生态产品与服务供给的公平性，明确各长江沿线省市政府之间、政府与市场之间的责任范围和供给模式，构建适应多元供给模式的环保公共服务价格形成机制，以促进生态环保产业的发展和生态环境的改善。

（一）推动市场企业的生态治理行为

目前，长江经济带生态治理的政府引导机制基本形成，但市场治理体系仍需进一步优化，将保护生态环境的理念与追求企业利润的生产服务方式有机结合起来。为实现这一目标，企业应积极推动生产和服务方式向绿色清洁方向转变，包括采用更加环保的生产工艺、使用更加清洁的能源、减少资源浪费和污染排放等措施。还应促使企业通过绿色转型提升产品和服务的品质和竞争力，将创造出的绿色优势转化为长期的经济效益。可以说，市场企业的生态治理机制是生态发展的主要趋势。企业需要树立绿色生产的服务理念，提高保护生态环境的社会责任意识，在制定发展规划时将提升资源利用效率、减少污染排放与业绩增长并重，将绿色发展置于未来发展的核心位置。企业管理人员应具备绿色发展的眼光，从决策方面引导企业生产服务方式向绿色转型，而非仅追求短期经济利益最大化。同时，企业在生产服务过程中应主动采用绿色高效的能源，并重视资源的循环利用，积极改进传统生产方式，减少能耗和污染排放。此外，企业还应贯彻绿色发展理念于产品设计、原材料选择、生产制造和销售服务等各个环节，确保环保意识贯穿于整个价值链。为进一步促进企业绿色发展，应着重以绿色技术创新推动市场向绿色生产服务转型迈进。企业作为科技创新的主要应用主体和技术落地的关键平台，其采用绿色生产技术将直接推动绿色生产的实现，从而进一步促进整个区域环境协同治理绩效水平的提升。

在这一过程中，政府扮演着关键性角色。政府应当持续增加对绿色生产基础研究和产业尖端技术领域的支持力度，调动企业在绿色生产领域的技术创新积极性。通过配套新的国家研发投资战略强化企业在绿色生产创新决策体系中的主体地位和主导作用，通过鼓励企业参与重要领域的底层技术攻关来推动技术创新。在财政和政策方面，政府可以采取“财政＋补贴”的方式，激励企业深度参与早期研发和尖端技术项目，尤其是原本缺乏投资意愿和回报率低的项目。同时，政府还应系统布局核心领域的知识产权，以确保企业在技术创新过程中的利益和地位。政府特别应明确企业绿色生产研发技术成果的产权归属，并将项目激励和补贴激励转向知识产权激励，以促进企业在绿色生产领域的技术创新和成果转化：在科学发现和实验开发阶段，政府应明确技术成果的归属和收益机制，落实《中华人民共和国促进科技成果转化法》中政府资助项目产权的发明人归属，并鼓励绿色生产技术成果的产业化；在推广应用阶段，政府应建立破产清算制度，以帮助企业家在产业转化过程中应对失败，促进经验积累和二次创业。同时，需要加强知识产权的保护力度，推进司法和行政执法体系建设，降低知识产权纠纷案件的立案标准，简化审理流程，并大幅提高知识产权侵权赔付额度。另外，将侵权行为记入个人或企业信用档案，以提高侵权成本。

（二）加快建设绿色新兴产业

随着长江流域生态承载压力的不断加大以及经济带内产业结构绿色发展的内在需求增长，发展绿色新兴低碳产业已成为提升长江经济带产业竞争力的关键环节。相关企业应尽早介入绿色新兴产业前端，以与国内外知名高校、研究机构以及技术转移服务机构的合作为切入点，推动构建市场导向的战略性新兴产业“产学研用”联动机制。为了推动这一目标的实现，企业可采取以下措施：第一，可与高校、研究机构联合设立校企协同创新中心，专注于绿色新兴产业的基础研究和原始研发工作。政府可以通过资金补贴、载体支撑、购买服务等方式为此类中心提供支持，以促进技术的转化和产业化。第二，可与专业机构合作成立技术转移公司，通过早期投资、专利收购等方式锁定排他性知识产权，并掌握行业标准制定权，以充实项目和技术储备，抢占绿色新兴产业领域的前沿资源。第三，可加强与技术转移服务机构的合作，利用其丰富的技术转移经验和资源，更好地获取和应用先进的绿色新兴产业技术。此外，企业还应密切关注国家绿色新兴产业的政策导向，把握国家对于绿色产业的支持力度和方向，以便及时调整自身的发展战略和布局：要根据当地的资源禀赋和产业基础，结合国家政策导向，精心设计绿色新兴产业发展的路线图和规划方案，为地方经济的转型升级提供有力支持；着重关注但不限于农业生态化、制造业高端化和服务业智能化，并重点投入与绿色发展理念相契合的新一代信息技术、高端装备制造、节能环保、生物医药、数字经济、新材料、海洋经济等战略性新兴产业。

针对经济带内部分产业基础较为落后、生态环境与自然资源禀赋较弱的区域所面临的绿色新兴产业发展困境，企业应在充分调研的基础上，发挥自身技术优势，实现基于现有资源禀赋的绿色产业转型升级。这包括对当地的自然资源、人力资源、技术水平等进行全面调查，找出潜在的绿色产业发展方向。例如，如果该地区拥有丰富的水资源，可以考虑发展水资源开发利用、水生态保护、水产养殖等相关产业；如果地区气候适宜，可以发展生物能源、太阳能、风能等清洁能源产业。引入先进的绿色生产技术和管理经验，可以提升当地企业的生产效率和产品质量，推动绿色技术和绿色产品的开发和应用。

（三）绿色金融助力产业转型

绿色金融是产业转型的重要支撑，在生态协同治理中同样承担着关键作用。绿色信贷是我国绿色金融体系中最为主要的工具，另外绿色债券、绿色基金、绿色金融产品、绿色金融租赁、环境产权和绿色保险等多种新型绿色金融工具也在不断发展。其中，绿色债券的种类日益多样，ABS、企业债、公司债、中期票据与短期融资等种类不断丰富。近年来，中债登、中央结算公司、兴业银行、上海证券交易所和中证指数有限公司相继发布了一系列绿色债券指数。目前，我国已有超过20支绿色股票指数，为投资者提供了多种选择，也进一步推动了我国绿色金融市场的健康发展。

从绿色信贷方面来看，我国绿色信贷的未来供给主体应越来越多元化，除政策性银行、四大国有商业银行以及兴业、浦发、光大等大型股份制商业银行之外，地方性城市商业银行与农村商业银行等也在陆续开展绿色信贷业务。地方性城市商业银行、农村商业银行和农村信用合作社作为与农户最接近的金融机构，具有更灵活的经营模式和更深入的地方服务网络，可以更好地满足地方环保、生态建设和可持续发展的融资需求。除传统的环境保护项目外，对于一些新兴领域如可再生能源、清洁技术等，金融机构也需要加大对其绿色信贷的支持力度。政府可以通过制定更加优惠的贷款政策、提供贷款担保等方式，鼓励金融机构加大对这些领域的信贷投放，推动相关产业的发展与壮大。

从绿色债券方面来看，近年来企业债券、ABS以及中期票据等品种的发行量占比明显上升，越来越多的实体企业借助绿色债券进行直接融资。随着绿色债券市场的不断发展壮大，各类企业都在积极探索借助绿色债券筹集资金的途径。政府可以通过提供财政补贴、优惠税收政策等方式，鼓励企业发行绿色债券，加大绿色产业的融资支持力度；金融机构也应积极创新绿色债券产品，满足不同类型企业的融资需求，推动更多实体企业参与绿色金融市场。未来，长江经济带应在更大范围内推动绿色金融的地方实践，鼓励各地政府将积极探索“本土化”的绿色金融政策和制度，鼓励金融机构在地方层面积极参与绿色金融业务，推动绿色金融的全面普及和深入发展。

（四）推广绿色低碳的居民家庭生活方式

绿色经济的低碳转型不仅需要政府与市场的全面推进，还需要普通民众对家庭生活方式进行转化。居民家庭是社会最基础的主体单元，其生活方式的绿色低碳转型是影响地区生态环境治理的关键环节。随着绿色低碳生活理念的深入人心，居民越来越意识到自身的生活方式与环境的关系密切，开始主动采取绿色低碳的生活方式，包括选择环保型产品、节约能源、减少废物产生等。绿色低碳生活方式的改变是一个长期的过程，政府应在全社会加强环境协同治理的国情教育，引导民众改变传统的生活观念，推广绿色低碳的生活观，将生态保护行为融入普通居民的日常生活。具体而言，主要包括转变民众以往对环境造成显著负面影响的高能耗、高污染的生活方式，提倡多元化、低能耗的可持续消费方式，引导民众消费观念由片面追求物质消费向更高层次的精神消费领域转变。为深化民众的绿色生活理念，政府可进一步强化绿色生活消费的政策激励，规范、引导和激励民众的生活消费行为向绿色消费领域转变。例如，我国在新能源汽车购置方面已开展多年的购置税减免和专项补贴政策，极大促进了新能源汽车产业的发展。

（五）支持绿色非政府组织发展

绿色非政府组织（NGO）在生态治理方面的作用不容小觑。绿色 NGO 作为独立于政府和市场的治理体系之外的第三方机构，其公信力可在生态治理中发挥重要作用。绿色 NGO 可以通过开展生态保护宣传教育、监督生态治理执行情况、提供绿色专业技术支持等方式，促进民众环保意识的提高，推动公众参与生态治理的积极性，促使政府和企业更加重视生态保护。例如，一些绿色 NGO 组织环保义工团队，开展环境清理、植树造林等公益活动，引导民众积极参与环境保护行动，形成生态环保理念的社会共识；绿色 NGO 可以提供绿色专业技术支持，对生态环境问题进行分析研究，推动企业履行环境责任；绿色 NGO 可以向公众传递环境信息，揭露企业违规行为，推动企业改善环境管理和生产方式，促进产业转型升级。值得关注的是，绿色 NGO 的作用不仅限于监管企业生产经营的污染性行为，还能对居民的日常生活方式产生积极的影响。例如，世界自然基金会（WWF）等组织通过开展“熄灯一小时”活动，向全球传递节约能源消耗的理念，深刻影响了人们的消费习惯。为确保绿色 NGO 能够更好地自主治理水平，应建立绿色 NGO 行业协会的民主治理机制，鼓励会员广泛参与，确保决策的公正和合理性；加强绿色 NGO 行业协会的专业化和规范化建设，提升其在行业内的权威性和影响力；鼓励绿色 NGO 与其他相关利益进行合作，形成多方共治的治理格局，共同推动生态环境保护工作的发展。

（六）建设长江流域智库专家咨询委员会

智力资源是国家和民族的宝贵资源，大力建设长江流域智库专家咨询委员会可以为流域治理机制的科学运作智慧赋能。应着重将专业知识、信息技术、科学原理全面融入流域生态治理，强调将专业知识、运用于环境法治中，以弥补权力机构在某些专业领域因知识狭隘而产生“外行”缺陷。长江流域智库专家咨询委员会的设立充分利用了流域优势的智力资源，提供了环境法、环境科学、管理科学等领域的专业知识和方法支持，为流域生态环境的良性有序管理提供科学性支撑。专家学者的建言献策在一定程度上反映了民众对社会性正当利益的支持，有助于强化公众对流域治理决策的认同，是科学、民主推动现代化生态治理进程的一种表现。

长江流域智库专家咨询委员会的建设可根据下述步骤实施：

（1）明确总智库与分智库的具体定位与建设目标，为流域生态治理的不同领域提供专业性的智力支持。例如，制定治理政策、推动治理执行、提高生态保护意识、研发绿色科技等。

（2）建立跨学科的研究团队。长江流域生态治理涉及多个学科领域，包括生态学、环境科学、水利工程、经济学等。智库专家咨询委员会可根据上中下游共生单元推荐专家共建智库资源，吸纳来自不同共生单元的专家学者进行交叉讨论，建立跨学科的研究团队，整合不同领域的知识和资源，形成综合性的研究成果。

（3）提高数据收集与分析能力。智库应设立专门的数据收集库与数据分析体系，将实时监控所得的数据完整导入数据分析库，通过科学的数据分析，为治理决策提供数据支持。

（4）推动政策研究和评估体系。智库通过对长江流域生态治理政策的深入分析和评估，可以为政府提供改进政策的建议，推动政策的科学制定和实施。

（5）加强多方合作与学习。智库应与其他研究机构、政府部门、企业等加强合作与交流，共同推动长江流域生态治理事业的发展。通过合作与交流，借鉴其他领域的经验和做法，提高智库自身的研究水平和影响力。

第七章　长江经济带多层级生态协同治理新体系构建

长江流域指长江干流和支流流经的广大区域，其发源于唐古拉山，横跨中国三大地形阶梯，自西北向东南流经青海省、四川省、云南省、重庆市、湖南省、安徽省、上海市等省、市、自治区，横贯中国东部、中部和西部三大经济区，素有黄金水道之称。推动长江经济带发展，是以习近平同志为核心的党中央作出的重大决策，是关系国家发展全局的重大战略，对实现“两个一百年”奋斗目标、实现中华民族伟大复兴的中国梦具有重要意义。2016年9月，《长江经济带发展规划纲要》正式印发，确立了长江经济带“一轴、两翼、三极、多点”的发展新格局：“一轴”是以长江黄金水道为依托，发挥上海、武汉、重庆的核心作用，推动经济由沿海溯江而上梯度发展；“两翼”分别指沪瑞和沪蓉南北两大运输通道，这是长江经济带的发展基础；“三极”指的是长江三角洲城市群、长江中游城市群和成渝城市群，充分发挥中心城市的辐射作用，打造长江经济带的三大增长极；“多点”是指发挥三大城市群以外地级城市的支撑作用[176]。2018年11月，中共中央、国务院明确要求充分发挥长江经济带横跨东、中、西三大板块的区位优势，以“共抓大保护、不搞大开发”为导向，以生态优先、绿色发展为引领，依托长江黄金水道，推动长江上中下游地区协调发展和沿江地区高质量发展。时代的发展要求长江沿线省市绿色转型，以绿色发展观为指导构建长江经济带多层级生态协同治理新体系。经过多年的生态治理，长江经济带绿色发展试点示范已处于全国先进水平。近年来，经济带内上海崇明、重庆广阳、湖北武汉、江西九江、湖南岳阳等地均结合自身资源和禀赋特点，逐步探索出生态治理与绿色发展的地方性新模式，为绿水青山转化为金山银山提供了有益经验和发展样本。

第一节　长江经济带生态发展现状与水平

生态环境是人类生存发展的基本条件和经济社会发展的重要基础。长江经济带作为我国重要的生态功能区，具有重要的水源涵养、水土保持和生物多样性维护等功能，还是我国重要的战略水源地。长江经济带对我国生态安全具有重要的战略支撑作用，是支撑我国经济社会可持续发展的重要基础。党中央、国务院高度重视长江经济带生态环境保护工作，习近平总书记多次就长江经济带生态环境保护与修复作出重要指示，中央经济工作会议将长江保护修复攻坚战列为国家污染防治攻坚战的七大标志性战略之一。2019年1月，生态环境部及国家发展和改革委员会联合印发了《长江保护修复攻坚战行动计划》；2022年8月，生态环境部、发展改革委等多部门制定《深入打好长江保护修复攻坚战行动方案》（下称《方案》）。《方案》明确了主要目标：到2025年年底，长江流域总体水质保持优良，干流水质保持Ⅱ类，饮用水安全保障水平持续提升，重要河湖生态用水得到有效保障，水生态质量明显提升；长江经济带县城生活垃圾无害化处理率达到97%以上，县级城市建成区黑臭水体基本消除，化肥农药利用率提高到43%以上，畜禽粪污综合利用率提高到80%以上，农膜回收率达到85%以上，尾矿库环境风险隐患基本可控；长江干流及主要支流水生生物完整性指数持续提升[177]，代表着长江流域生态治理行动在全流域范围内的全面展开。

生态发展是长江经济带发展战略的重要领域，是长江经济带高质量发展的必由之路。在新形势下，长江经济带生态发展依然面临严峻挑战，表现为水环境质量巩固难度增大，水生态系统保护修复欠账较多等方面。同时，各省市生态发展水平与面临问题各不相同，推动生态发展的行动举措也多样。为此，了解当前长江经济带生态发展现状与水平，认清生态发展问题与不足，分析各省市推进长江经济带生态发展的成效与经验，对于长江经济带打好修复攻坚战，具有十分重要的意义。

一、生态系统逐步修复，生物多样性问题依然严峻

长江自然资源丰富，地貌类型复杂多样，气候类型众多，植被类型繁多，复杂的气候特征孕育了丰富的生态系统类型。长江拥有独特的生态系统，是我国重要的生态宝库，是当前与未来一个世纪生态环境修复的主战场。近年来，在中共中央、国务院关于长江经济带生态优先、绿色发展等相关措施下，长江经济带生态发展水平不断上升，生态系统逐步恢复、环境质量总体改善、资源利用效率不断提升，但区域性、局部性的生态环境问题依然明显。

2019年长江经济带完成造林面积248.21万公顷，约占全国造林总面积的35.13%，远高于国土面积占比，其中四川、重庆、贵州、湖南、湖北等中上游省市造林面积位居前列；长江经济带各省市森林覆盖率平均值为44.93%，高出全国平均水平约一倍，其中江西、云南、浙江、贵州、湖南、重庆等上中游省市位居前6位，森林覆盖率均高于50%。生态环境状况指数是评价区域生态环境质量的综合指数，2019年湖南、江西两省生态环境状况指数大于75，生态环境状况指数级别为优，其余各省市在62.40~71.90，生态环境状况指数级别为良，云南、贵州的生态环境状况指数优良率占比分别为100% 和93.50%，以上省市均远高于全国平均水平51.30，如表7-1所示。

近年来长江经济带水土流失状况总体好转。2018年，经济带水土流失面积40.10万 km^2，较2011年下降了38 964.96 km^2，占土地面积从21.35% 下降至19.46%。其中，2019年属长江流域的水土流失面积约29.39万 km^2，占土地面积的20.14%。土壤侵蚀主要分布在四川、湖北、贵州、云南、湖南、重庆等长江经济带上中游省市，尤其是金沙江下游、岷江沱江中下游、嘉陵江中下游、赤水河上中游、三峡库区等区域，上述省市水土流失面积普遍占土地面积的14.50% 至31.32%。2019年，长江干流主要水文控制站年输沙量与近10年平均值比较，直门达、攀枝花、向家坝、朱沱、寸滩、宜昌、沙市、汉口、大通站分别偏小4%、81%、98%、37%、36%、52%、40%、30%、13%，石鼓站偏大22%；长江干流泥沙含量不断降低，减少了长江中下游的泥沙淤积，但也一定程度上会降低长江口淤积造地的速度。

表7-1 长江经济带造林面积、森林覆盖率及生态环境状况指数

地区	全年完成造林面积/万公顷	森林覆盖率/%	生态环境状况指数
上海	0.75	17.60	62.40
江苏	4.40	12.19	66.10
浙江	1.43	61.15	69.20
安徽	5.12	28.65	68.60
江西	6.98	63.10	76.11
湖北	29.92	39.60	70.50
湖南	33.30	59.90	77.80
重庆	42.67	50.10	—
四川	62.56	39.60	71.30
云南	26.40	62.40	优 44.19%、良 55.81%
贵州	34.68	59.95	优 8.9%、良 84.6%、一般 6.5%
全国	706.70	22.96	51.30

资料来源于2019年各省市国民经济统计公报和2020年生态环境状况公报。

（注：重庆市未公开发布生态环境状况指数，云南、贵州仅发布2019年生态环境状况各等级的占比）

长江经济带生物多样性情况依然不容乐观。长江鱼类400余种，鱼类产量占我国淡水鱼类产量70%左右，长江沿岸经济蓬勃发展导致了生物栖息地不同程度的破坏，人类对资源的开发和利用远远超过资源的再生能力以及环境容纳量，生物资源量急剧下降，特别是鱼类资源严重受损，部分鱼类甚至已经濒临灭绝。同时，海洋生态问题仍较为突出，生态环境部2019年开展的河口、海湾、滩涂湿地、珊瑚礁、红树林和海草床的生态系统检测显示，检测的18个海洋生态系统中，仅3个呈健康状态，14个呈亚健康状态，1个呈不健康状态，说明经济带内生态系统质量欠佳，稳定性亟需改善。

二、环境质量总体改善，局部区域环境问题突出

自2019年起，长江经济带各省市在“共抓大保护、不搞大开发”以及打好污

染防治攻坚战等政策指引下，积极推动生态环境治理，水土气环境总体改善，但局部水环境问题、部分城市空气质量问题、部分区域土壤环境问题仍较为突出，应为下一步生态治理工作的重要领域。

首先，经济带内水环境总体改善，局部水环境问题依然突出。2019年长江流域监测的509个水质断面中，Ⅰ—Ⅲ类水质断面占91.7%，比2018年上升4.2个百分点；劣Ⅴ类占0.6%，比2018年下降1.2个百分点。其中，干流和主要支流水质均为优（详见表7-2）。长江经济带各省市地表水质达标率也存在较大差异，如湖南、贵州、江西、浙江、湖北、四川的Ⅰ—Ⅲ类水比例均为90%以上，重庆、云南分别为88.6%和84.5%，江苏、安徽为77.9%和72.8%，上海比例最低，仅为48.3%；化学需氧量、氨氮、总氮、总磷等污染物排放量占全国排放总量比重超过40%；乌江、岷江、沱江、螳螂川、南淝河等支流以及太湖、巢湖等主要湖泊主要污染物超标，富营养化，局部水环境污染严重；近岸海域污染物超标，江苏近岸海域水质良好，而上海和浙江近岸海域水质极差。

表7-2　2019年长江流域水质状况

水体	断面数（个）	比例/%					
		Ⅰ类	Ⅱ类	Ⅲ类	Ⅳ类	Ⅴ类	劣Ⅴ类
流域	509	3.3	67.0	21.4	6.7	1.0	0.6
干流	59	6.8	91.5	1.7	0.0	0.0	0.0
主要支流	450	2.9	63.8	24.0	7.6	1.1	0.7
跨界断面	60	3.3	81.7	13.3	1.7	0.0	0.0
水体	断面数（个）	比2018年变化/百分点					
		Ⅰ类	Ⅱ类	Ⅲ类	Ⅳ类	Ⅴ类	劣Ⅴ类
流域	509	−2.4	12.3	−5.7	−2.3	−0.8	−1.2
干流	59	0.0	13.5	−13.6	0.0	0.0	0.0
主要支流	450	−2.6	12.1	−4.6	−2.6	−0.9	−1.3
跨界断面	60	−8.4	11.7	0.0	−3.3	0.0	0.0

资料来源：2019中国生态环境状况公报

其次，经济带内大气污染排放负荷大，东、中部地区空气质量相对较差。长江经济带以21%的土地承载了全国30%的石化产业、40%的水泥产业，大气污染排放量大。2019年，长江经济带SO_2、氮氧化物、烟尘粉尘的排放量分别为321.96万吨、441.01万吨、227.49万吨，分别占全国排放量的36.78%、35.03%、28.57%。从长江经济带各省市六项污染物年均值看（详见表7-3），江西、贵州、安徽SO_2污染物排放平均浓度较高，江西排放浓度高于全国平均水平；上海、重庆、江苏、浙江、安徽等NO_2排放浓度较高，这也导致可吸入颗粒物、PM2.5较高；CO排放浓度较高的为江西、湖北、湖南、安徽、重庆等省市；江苏、安徽、湖北、重庆O_3排放浓度较高；云南、贵州、四川、江西等主要污染物排放总体好于其他省市，这也集中表现在各省市的空气质量优良率上，如云南、贵州空气质量优良率达98%左右，遥遥领先于其他省市，江西、四川、浙江、重庆空气质量优良率也在85%以上，江苏、安徽、湖北、湖南、上海空气质量优良率相对较低。

表7-3　2019年长江经济带各省市六项污染物年均值状况

排放单位：万吨

地区	SO_2	NO_2	PM10	PM2.5	CO	O_3	降水 pH 平均值
上海	7.2	42	45	35	0.66	151	5.34
江苏	9	34	70	43	1.2	173	5.49
浙江	7	31	53	31	1	154	5.13
安徽	10	31	72	46	1.2	165	5.79
江西	13	24	24	35	1.4	151	5.12
湖北	9	26	70	42	1.4	158	6.81
湖南	9	25	61	41	1.4	148	5.03
重庆	7	40	60	38	1.2	157	5.82
四川	9.4	27.8	52.9	34.4	1.1	134	5.97
云南	9	16	38	22	1	127	6.34
贵州	10	18	38	24	1	118	6.40~7.89
全国	11	27	63	36	1.4	148	4.22~8.56

（注：①资料来源于2019年各省市生态环境状况公报；②贵州、全国仅发布降水pH年均值范围）

最后，经济带内固废污染处置相对不足，土壤金属污染不容忽视。长江经济带是钢铁、电力、化工等行业的主要集聚区，也是有色金属、非金属矿物等的富集区以及有色金属和非金属矿物加工行业的主要集聚区，燃煤、矿产开采、冶炼等产生大量矿渣、粉煤灰、炉渣等工业固废有待处理。2017年，长江经济带一般工业固体废物产生量为9.37亿吨，占全国总量的28.26%；生活垃圾产生量为9 153.4万吨，占全国总量的40.14%，总体上长江经济带固废产生量大面广。非法倾倒、处置、堆存或跨区域转移各种固废的环境违法问题严重，直接导致长江流域漂浮垃圾成灾，水质恶化，土壤污染严重。江西、湖南、浙江、重庆等酸雨严重，土壤酸化、板结。

三、资源利用效率不断提升，利用水平区域差异较大

随着工业化、城镇化进程加快和消费结构升级，长江经济带能源需求刚性增长，节能降耗和提升资源利用效率成为了制约长江经济带经济社会发展的主要瓶颈之一。2019年，长江经济带单位生产总值能耗继续下降，各省市单位 GDP 用电量均保持下降，下降幅度最大的为上海、重庆、贵州、江苏等省市。从各省市单位 GDP 用电量看，上海、湖北、湖南、重庆的单位 GDP 用电量最低，能耗控制水平相对较好。从水资源利用效率看，上海、浙江、重庆的单位 GDP 用水量最低，约为30 m^3/ 万元左右，而江西、安徽、湖南、云南、江苏等省的单位 GDP 用水量则相对较高（详见表7-4）。从土地资源利用效率看，长江经济带每万元 GDP 占用建设用地面积最低的城市主要分布在长三角地区以及中西部经济发达地区，如常州、杭州、扬州、宁波、上海等，每亿元 GDP 占用建设用地面积仅为0.06 km^2。可见，长江经济带资源利用效率不断提升，但区域差异也较大，单位产值能耗、水耗、土地利用效率等与经济发展水平、产业结构关系密切，经济发展水平越高、产业结构越好，资源利用效率也越高，导致长三角地区资源利用效率最优，中西部地区资源利用效率有待提升。长江经济带应抓住资源利用这个源头，大力发展循环经济，全面提高资源利用效率，充分发挥减少资源消耗和降碳的协同作用，打造面向碳中和目标的绿色低碳循环社会。

表7-4 2019年长江经济带单位GDP能耗水耗情况

地区	单位GDP用电量（千瓦时/万元）	单位GDP用电量下降率（%）	单位GDP用水量（立方米/万元）
上海	411.10	-5.50	27.10
江苏	628.75	-4.37	59.42
浙江	754.79	-3.42	27.87
安徽	619.90	-1.25	77.01
江西	620.30	-1.38	101.30
湖北	483.17	-1.98	64.79
湖南	468.99	-2.37	84.78
重庆	491.49	-5.16	32.70
四川	565.14	-1.37	55.58
贵州	918.75	-4.83	63.69
云南	780.25	-2.97	67.04

目前以长江流域各港口为纽带的现代化物流运输体系尚处于构建阶段，尤其是长江上游局部地区物流运输网络运力没有明显提升，导致虽然流域资源利用效率不断提升，但经济带全域资源互动性不高，高效集成互动网络尚未形成。经济带全域仍存在经济发展差异性较大，产业结构发展不均等问题。例如，以上海为主的长江三角洲城市群已率先迈入了工业发展高级阶段并向绿色产业全面升级转型，但长江中游与上游大部分地区工业化程度仍处于中级阶段或初中级阶段，区域间工业化发展差距较大，产业污染治理水平不一，资源利用水平也因区域差异而差别较大。此外，长江流域仍存在水土流失、生物资源量急剧下降、局部环境质量问题突出、灾害频发等生态问题。区域内农业发展、城市化建设以及居民生活质量的提高均对流域沿线自然承载能力和生态环境承受力提出了更高的要求，经济带急需对生态资源利用进行系统性的严格管理，提高流域生态环境保护的长效性与系统性。

第二节　长江经济带生态治理发展成效

《长江保护修复攻坚战行动计划》指出，长江是中华民族的母亲河，也是中华民族发展的重要支撑。长江沿线各省市必须以改善长江生态环境质量为核心，以长江干流、主要支流及重点湖库为突破口，统筹山水林田湖草系统治理，坚持污染防治和生态保护“两手发力”，推进水污染治理、水生态修复、水资源保护“三水共治”，突出工业、农业、生活、航运污染“四源齐控”，深化和谐长江、健康长江、清洁长江、安全长江、优美长江“五江共建”，创新体制机制，强化监督执法，落实各方责任，着力解决突出生态环境问题，确保长江生态功能逐步恢复，环境质量持续改善[178]。随着《长江保护法》与《长江保护修复攻坚战行动计划》的颁布实施，长江沿线各省市积极配合党中央国务院全面推动长江经济带发展的重大决策，强化生态环境空间管控，严守生态保护红线；排查整治排污口，推进水陆统一监管；加强工业污染治理，有效防范生态环境风险；持续改善农村人居环境，遏制农业面源污染；补齐环境基础设施短板，保障饮用水水源水质安全；加强航运污染防治，防范船舶港口环境风险；优化水资源配置，有效保障生态用水需求；强化生态系统管护，严厉打击生态破坏行为，并加强了生态治理保护措施，全力围绕生态优先、绿色发展的目标，全面整改长江经济带生态环境的切实问题，推动生态文明体制机制改革，加快生态基础设施建设，生态治理已取得了一定成效。

一、沿线省市陆续出台具体治理方案

2020年，全面推动长江经济带发展座谈会进一步强调，要贯彻落实党的十九大和十九届二中、三中、四中、五中全会精神，坚定不移贯彻新发展理念，推动长江经济带高质量发展，谱写生态优先绿色发展新篇章，打造区域协调发展新样板，构筑高水平对外开放新高地，塑造创新驱动发展新优势，绘就山水人城和谐相融新画卷，使长江经济带成为我国生态优先绿色发展主战场、畅通国内国际双循环主动脉、引领经济高质量发展主力军[179]。近年来，长江沿线各省市已积极落

实流域水污染防治行动实施方案，将水治理目标任务分解落实到沿线各市区县和有关部门，定期梳理统计考核断面水质情况，严格按照水质目标要求，加大排查整治力度，加强监测预警，如四川省编制印发全省10条主要河流水污染防治规划，对岷江、沱江流域未达标国考断面全部制定实施限期达标规划；印发《四川省加强长江经济带沿江化工产业污染防治实施方案》，制定《四川省长江经济带发展负面清单实施细则（试行）》；浙江、安徽、云南、湖南、湖北、江西、贵州等省市持续推进饮用水源地问题整治行动，开展“千吨万人”以上饮用水源地保护区划定工作，截至2022年底，已基本完成水源地环境问题整治工作，实现集中式饮用水水源地保护区划定全覆盖。同时，沿线各省市积极推动城市黑臭水体治理工作，按照“控源截污、内源治理、疏浚活水、生态修复”的思路，开展控员截污，强化排污管理，加强工业污染和农业面源污染控制工作。“因河施策”推进城市黑臭水体治理，如上海2019年全年完成7 600多条段劣Ⅴ类河道整治，湖北推进黑臭水体整治实现全省地级及以上城市建成区黑臭水体消除比例达到99%，云南地级市建成区33条黑臭水体全面整治完成[161]，生态治理工作已见成效。

近年来，长江沿线省市陆续出台“三线一单”（即生态保护红线、环境质量底线、资源利用上线和生态环境准入清单）生态治理方案，但仍急需建立生态一体化规标准体系，启动长三角区域大气、水污染防治等法律法规的制订等工作。目前，各省市积极依靠源头控制、末端治理、监测管理、联防联控推动大气污染防治。例如，上海着力实施钢铁行业超低排放改造和工业炉窑专项治理方案。在切实加强源头控制的同时，积极推进末端治理，开展“散乱污”企业及集群分类整治，有序推进城市主城区重污染企业搬迁改造，并积极推动交通领域污染治理。例如，浙江省2019年完成了102个重点工业园区废气年度治理任务、1 048个工业 VOCs 废气治理项目、11 156家涉气“散乱污”企业综合治理、239个臭气异味治理项目；贵州省完成了全省88个区县高污染燃料禁燃区划定，完成了411台工业炉（窑）开展环境污染综合治理，完成了63家挥发性有机物重点行业企业综合治理工作[161]。在强化生态监测管理工作方面，长三角城市群率先成立大气污染综合监督组、督导帮扶组等，开展空气污染应对工作预警、问题移交、重点污染源曝光、会商约谈等制度，以及城市环境空气质量定期会商、通报、预警、现场督查等制度。例如，上海加强扬尘在线监测，开展商业综合体油烟污染集约化治理试点，完成治理863家大气污染企业的升级转型工作。在强化区域合作方面，长三角、成渝等城市群积极建立和完善大气污染联防联控机制。2019年5月23日，长三角区域大气污染防治协作小组第八次工作会议审议通过《长三角区域柴油货车污染协同治理行动方案（2018—2020年）》；2019年11月4日，生态环境部、国家发展和改革委员会、工业和信息化部等14部联合印发《长三角地区2019—2020年秋冬季大气污染综合治理攻坚行动方案》。2020年4月1日，四川省生态环境厅、重庆市生态环境局召开推动成渝双城经济圈建设生态环境保护工作联席会议第一次会议，签订《深化川渝两地大气污染联合防治协议》[161]，对加强两地重点区域大气污染联防联控有关工作做出了具体的部署工作。

此外，长江经济带在土壤污染防治方面也取得了一定的阶段性成果。《中华人民共和国土壤污染防治法》的实施，对流域沿线重点区域实施重点监管，建立土壤环境管理制度，印发关于建设用地土壤污染状况调查、风险评估、效果评估、污染风险管控和修复等一系列文件。同时，各省市积极开展土壤污染调查，一方面推进农用地土壤污染状况详查，开展农用地土壤环境质量类型划定，2019年底长江经济带各省市基本完成农用地土壤污染状况调查、成果集成和上报工作；另一方面推进重点行业企业用地土壤污染状况调查，江西2019年完成2 393个重点行业企业用地土壤污染状况调查地块的信息采集工作，四川、贵州分别完成5 291个、2 216个重点行业企业地块基础信息采集、空间信息整合和风险筛查纠偏等工作，重庆完成调查地块空间信息“一张图”并通过国家审查入库[161]。针对土壤污染重点行业成立重点监控区域与重点监管单位清单，谨防重工业与重金属等行业对流域沿线土壤的污染。各省市应建立“土壤污染治理修复项目库”，建立专项资金库，根据具体项目清单逐一治理并动态更新项目治理状态。

浙江、安徽、云南、湖南、湖北、江西、贵州等省陆续将水土保持、湿地修复、退牧还草、退耕还林、生物多样性保护以及江河湖库水生生物洄游通道恢复等流域生态环境治理工作置于重点位置，全力帮助长江重塑生态自然屏障。例如，贵州投入34.3亿元专项资金开展乌蒙山山水林田湖草生态保护修复重大工程，重庆编制并印发《重庆市生物多样性保护工作方案》，四川印发《四川省重要湿地认定办法》等；农业农村部、财政部、人力资源和社会保障部联合印发了《长江流域重点水域禁捕和建立补偿制度实施方案》，要求2019年底以前完成水生生物保护区渔民退捕，率先实行全面禁捕。此外，各地强化自然保护地监管，持续开展“绿盾2019”专项行动，推进重点难点问题整改落实，组织开展自然保护地遥感监测和实地核查。例如2019年重庆共发现需整改点位1 557个，整改完成率达83.27%。同时，长江经济带各地市持续深化生态文明示范创建工作，编制和完善省级生态文明建设示范市县创建管理规程和指标，全面提升创建标准，完善生态文明示范创建制度体系，持续推进省级生态县（市、区）、乡镇、村创建工作。2019年11月生态环境部办公厅发布的第三批国家生态文明建设示范市县名单中，长江经济带共有44个市、县、区入围，占全国总数的51.8%[161]。可见，长江经济带沿线省市的具体治理方案已见成效，并取得了阶段性治理成果。

二、生态治理体系日趋完善

长江经济带生态环境治理是一个长期复杂的工作，需要流域沿线各省市通力合作才能完成。因此，长江经济带各省市应将生态环境规划、生态环境治理、生态环境修复、生物多样性保护等多项任务融入生态治理体系，形成新体系、新机制，全面推动长江经济带生态治理任务的完成。2019年2月推动长江经济带发展领导小组办公室印发了《长江经济带发展负面清单指南（试行）》，明确了长江经济带沿岸禁止建设的项目类别，尤其是对污染排放大、环境影响强、产能过剩的产业实施逐步淘汰和退出，并要求管好重要岸线、河段，管住污染排放大、环境风险大的产业，严格监控其可能出现污染范围与污染行为。2022年1月又更新印发了《长江经济带发展负面清单指南（试行，2022年版）》，将沿江自然保护区、饮用水水源保护区、水产种质资源保护区等长江流域河湖岸线等具体区域划分出来，明文禁止开发、改造与保护生态资源无关的项目，并禁止在“一江一口两湖七河”与332个水生生物保护区开展生产性捕捞活动[161]。在推动长江经济带发展领导小组办公室的要求和指引下，浙江、云南、四川、贵州、湖南、湖北等地陆续出台相关生态治理负面清单的实施细则，构建出以国家层面和地方层面相结合的双层生态治理负面清单体系，全面制约长江经济带范围内生态污染行为的发生，以“严规矩”形成长江生态环境保护“硬约束”。

在严规矩、硬约束的制约下，长江经济带生态环境约束机制已然成立。2019年长江经济带完成了“三区三线”和“三线一单”的划分与编制工作，即“城镇、农业、生态空间和生态保护红线、永久基本农田保护红线、城镇开发边界”的划定工作与“生态保护红线、环境质量底线、资源利用上线和生态环境准入清单”的制定工作。各省市根据“三区三线”和“三线一单”划分具体的生态环境治理单元，将治理目标与治理范围具象化，初步构建了长江经济带生态环境治理体系，从生态治理范围、污染排放物监控、生态风险预测、生态治理行动等不同方面出发，同步生态治理数据，并逐步简化生态环境治理手续与生态环境评价程序，分级审批、快速审批、深化改革，全面提升生态治理能效。为贯彻这一目标，重庆编订了《重庆市建设项目环境影响评价文件分级审批规定（2019年修订）》，将生态环境评价的部分权力下放至具体县区，加快环评审批速度。贵州制定了《环评排污许可及如何排污口设置“三合一”行政审批改革试点工作实施方案》，明确除矿产等有色金属行业外，其余行业的环境评价、污染物排放测评与审批以及入河口排放物检测与监控等行政审批手续实施一体化审批手续，优化减少审批手续与环节。此外，为快速高效治理生态环境，应对流域全域实施排污物监管，各省市加强了排污许可管理。例如，上海发布《关于开展2019年度排污许可证专项执法检查的通知》、江西出台《江西省排污许可证管理办法（试行）》、湖南颁布《湖南省排污许可管理办法（试行）》等，均明确了排污者的责任与义务，规定相关企业应遵从“企业承诺、自行监测、台账记录、执行报告、信息公开”等五项制度，并对排污许可证的申请、核发、实施、监督以及登记管理、证后监管等具体工作进行了规定。

生态治理需要专项基金进行支持，长江经济带生态治理工作应努力争取中央与地方专项财政支持，健全生态环境保护的资金机制，确保生态环境治理工作高效运行。2019年全年，国家开发银行、农业发展银行分别发放贷款3 621亿元、1 529亿元支持长江大保护和绿色发展。2019年10月17日，国家开发银行重庆分行向重庆330万亩国家储备林建设一期项目发放首笔贷款5亿元，这也是长江中上游国家储备林项目首笔落地的贷款。2018—2020年中央财政安排长江经济带沿江省市各项转移支付达9.6万亿元，年均增长11.8%；2021年已安排3.2万亿元财政指出用于长江大保护，表现出国家层面对长江经济带绿色生态发展的全力支持[161]。3.2万亿元的财政支出主要用于5个方面的生态发展工作，具体为：完善生态补偿机制建设、支持综合交通等基础设施建设、支持沿海沿江沿边和内陆贸易转型升级、支持加快破除旧动能转换和支持长江经济带城乡融合发展等，为长江经济带绿色高质量发展提供切实支持。

总体来说，长江经济带生态治理体系正在不断完善。目前，长江下游4省市、中游3省以及上游4省市均全面建立了省际协商合作机制。长江上游的重庆、四川、云南、贵州4省市签署《关于建立长江上游地区省际协商合作机制的协议》，中游的湖北、江西、湖南三省签署《关于建立长江中游地区省际协商合作机制的协议》，并签署《长江中游湖泊保护与生态修复联合宣言》，标志着长江经济带省际协商合作机制的全面建立。下游的上海、江苏、浙江、安徽四省市已建立了“三级运作、统分结合、务实高效”的合作协调机制，叠加长江上游与中游的区域性协商合作机制，构建了长江流域多层级的协商合作机制。此外，《长江保护法》明确划定了经济带沿江11个省市的生态保护红线，对长江流域国土空间管控机制进行了完善。

三、长江经济带生态治理评价

长江流域作为中国重要的生态屏障，是水土保持、天然林保护和退耕还林等生态工程的重点实施区。过去的数十年间，长江流域生态治理成效取得了阶段性胜利，但由于经济带沿线11个省市自然资源与社会资源具有一定的差异性，生态治理成果也具有区域性差异。植被覆盖是维持陆地生态系统平衡的关键因素之一，在调节区域气候、平衡全球碳循环等方面发挥着重要影响[180]。近年来，植被生长受气候与人类活动的干扰增多，地表植被覆盖变化动态空间差异性显著。研究地表植被覆盖变化是监测区域生态环境改变的主要途径之一，可客观反映区域生态系统的变化，对区域生态治理的效果具有明显的指示意义。特别是针对长江流域大尺度范围与长时间序列的植被监测与驱动力分析，已成为目前研究生态系统变化的关键内容，对未来制定环境政策至关重要[181]。

长江经济带的绿色发展与生态治理修复工作是关系国家发展全局的重大战

略。2016年以来，习近平总书记先后三次在推动长江经济带发展座谈会上发表重要讲话，并对长江流域的系统修复与治理工作做出了全面规划与部署。2018年至今，中央财政不断加强对长江流域生态治理的政策倾斜与资金支持。在长江生态功能区建设方面，2018—2021年中央财政累计下达长江经济带省份重点生态功能区的转移支付1 321亿元；在长江防污治理方面，2018—2021年中央财政累计下达长江经济带省份大气、水、土壤、污染防治资金504亿元；在长江山水林田湖草沙一体化的保护与修复方面，2018—2021年中央财政累计下达长江经济带省份林业、草原转移支付资金1 203亿元；在长江沿线农村环境治理方面，2018—2021年中央财政下达资金183亿元支持长江经济带相关省份开展农业面源污染治理以及农村生活污水垃圾和黑臭水体治理[182]。财政支持力度之高说明国家对长江生态治理的决心之大。在中央有关部门以及地方共同努力下，长江生态保护修复攻坚战取得明显成效。2020年长江流域的水质优良断面比例达到96.7%，高于全国平均水平13.3个百分点。干流首次全线达到Ⅱ类水质，地级及以上的城市集中式饮用水的水源水质优良比例达到97.6%[161]。可见，人类活动在长江流域生态治理方面产生了巨大的作用。

近年来，长江各子流域根据不同的现实状况开展了具有地域针对性的生态治理工程，造成不同区域地表植被变化的显著差异。因此，分区认清长江流域植被覆盖变化对人类活动干扰的响应特征和长期趋势，分离量化人类活动在影响植被变化中的相对贡献具有重要的研究价值，有利于对长江经济带生态治理进行更为科学的评价判断。鉴于此，本研究采用 Theil-Sen Median 趋势分析、偏相关分析、残差分析之上叠加 NDVI 变化驱动因素判定及影响等方法，对2000—2019年间 MODIS-NDVI 数据、气象数据以及土地利用数据进行研究，有助于评估流域生态恢复措施的实施效果，为完善流域生态治理体系提供新思路。研究结论得出，2000—2019年长江流域植被 NDVI 呈显著增长趋势，植被覆盖状况得到有效改善，其中以流域中部最为显著。21世纪初，中国大规模实施的生态工程是促使地表植被变绿的重要原因[183]，而长江流域实施的天然林保护、退耕还林（草）、长江流域防护林建设、国家自然保护区建设等生态工程是促进植被 NDVI 显著增加的重要原因。在绿地空间影响上，通过分区研究发现人类活动对长江流域不同区域植被覆盖年际变化的影响程度亦不相同，对中下游区域的影响程度明显大于上游区域。主要原因可能在于长江中下游地区海拔地势较低，生态系统多样，人口密集，经济活动频繁，人类活动积极，如退耕还林、城市建设等；而上游地区海拔高，植被覆盖类型较为单一，人口密度小，人类活动较少。

此外，通过研究计算得知，人类活动对长江流域植被 NDVI 变化的影响以正贡献率为主，面积占比为92.77%。其中，人类活动的贡献率在60%~80% 和大于80% 范围的区域面积占比分别为23.86% 和54.74%；其中汉水流域、洞庭湖流域、鄱阳湖流域、嘉陵江流域北部和金沙江流域云贵高原等区域的人类活动贡献率超过80%。长江流域仅7.24% 的区域人类活动对植被 NDVI 变化的贡献率为负，整体上人类活动对植被 NDVI 增加的贡献大于气候变化的贡献。根据长江流域实际 NDVI 平均变化趋势以及受人类活动影响的 NDVI 平均变化趋势，计算可知人类活动对长江流域 NDVI 变化的综合贡献度约为79.29%。在子流域尺度上，人类活动对植被 NDVI 变化的贡献率在44.52% ~ 100% 之间，其中有11个子流域的人类活动贡献率超过50%，说明这些地区人类活动是植被覆盖变化的主要驱动因素，其中太湖流域人类活动的贡献率为100%，说明该区域植被覆盖变化全部受人类活动影响。

为了更好区分植被覆盖变化过程中人类活动的空间分布特征，本研究分析了人类活动贡献率在 Getis-Ord G 统计量的空间分布情况。长江流域人类活动贡献度呈“东热西冷”特征，冷热点与人类活动和气候密切相关。热点区集中分布在长江流域中下游的洞庭湖流域、汉水流域、鄱阳湖流域、中游干流区、乌江流域、嘉陵江流域和金沙江下游的云贵高原等区域。这些区域植被类型多样，植被覆盖度较高，受人类活动影响较大，是退耕还林等生态治理工程重点区域，热点区面积占比为55.59%。冷点区主要分布于长江流域西部的金沙江流域，面积占比为25.48%，该区域海拔较高，特别是金沙江流域横断山区和三江源区受气候因素影响为主，受人类活动的影响较小。

可见，人类活动（如人口密度变化、人工生态恢复工程和城市化建设）是影响植被覆盖变化的重要驱动因素之一，对植被变化具有双重作用；如 Tong 等[184]剔除气象因素对植被变化的影响，分析了黔滇桂地区人类活动对植被的干扰，发现生态工程对植被恢复的正向作用。然而，不同地理位置自然条件、地质背景和干扰方式及强度等方面的差异，使得退耕还林等生态工程成效具有空间差异性。研究结果显示，长江流域人类活动在 NDVI 变化中的综合贡献度整体较气候变化的贡献度大，在影响因素中占主导地位，尤其是在植被正退化的地区。流域人类活动贡献较高的区域，其贡献度普遍呈现明显增加趋势，气候因素贡献度则呈明显下降趋势，说明此区域人类活动程度不断加强，自然因素对区域 NDVI 的影响不断减弱。受地形和土地利用类型的影响，气候变化对植被覆盖的影响具有明显区域特征。20世纪80年代以来，长江流域植被发生了显著的变化，植被覆盖总体呈上升趋势，但在不同的坡度带、海拔带和土地利用 / 覆被类型区之间存在时段上的变化；在植被 NDVI 变化速度的空间分布上，低海拔、坡度小的长江中游各地区增速高，而长江上游和下游地区增速较慢，前者受自然地理条件制约，后者则受人类活动影响。同时植被覆盖降低的区域从农林业影响为主的山区转向城市群分布区，城镇建设成为植被 NDVI 降低的主要因素。具体研究结论可总结为：

（1）从植被覆盖的年际变化上来看，长江流域植被覆盖呈现波动上升趋势，增长速率为0.42%/a（$P < 0.01$），说明研究期内植被覆盖改善显著。从子流域来看，近20年各子流域植被覆盖年际变化差异性显著，其中中部子流域植被覆盖明显高于东部和西部子流域；除太湖流域外，其他子流域植被覆盖均呈现上升趋势。

（2）从植被覆盖的空间分布上来看，长江流域大部分区域植被覆盖状况良好，大致呈现“中部高、东西低”的空间分布格局，植被覆盖多年平均值为0.515 3。空间变化趋势上，流域植被改善区域远大于植被退化区域，其中改善区域面积比例为83.31%，退化区域面积比例为10.95%；整体变化趋势表现为中部强于东部、东部强于西部。具体原因或为东部地区虽绿色发展指数排名前列，但由于人口和经济密度很高，在自然禀赋、环境压力、城市绿化等方面存在严重短板，综合指数反低于中部区域；而西部则因相对恶劣的气候与自然环境人类密集度较少，绿色生态方面虽存在一定优势，但土壤侵蚀和考核断面水环境质量的提升空间依然很大。

（3）从植被覆盖的影响因素上来看，人类活动是促进长江流域植被覆盖变化的主要因素，且以持续增强为主，其中以城市建设、植树造林和农业开垦为主的人类活动是长江流域植被覆盖变化的主导因素。人类活动对区域植被覆盖变化具有双重作用，在生态保护工程实施的区域，人类活动呈现正面影响；在经济发展较好的城市群周围，人类活动则呈现出明显的负面影响。

未来长江经济带生态治理应结合自身优势与特点，全面考量“绿色生产、绿色生活、绿色生态”三大领域，从不同领域出发综合考虑绿色发展。首先，在绿色生产方面，流域东部区域明显高于其他地区，特别是上海，在绿色科技领域，人均GDP、全社会研发经费占GDP比重和人均环保经费投入等三方面在长江经济带11个省市中位居榜首。流域东部的浙江与江苏在绿色科技、节能减排方面也居于前列。其次，在绿色生活方面，流域中部区域存在一定的相对优势，普遍在城市绿化、环境压力、污染治理等方面排名较前。江西、湖北两省在绿色生活方面发展水平较高，其中江西省在城市绿化方面居于11个省市首位，湖北省在绿色生活与绿色生产方面也相对较高，居于平均水平之上。最后在绿色生态方面，流域西部区域与中部湖南区域相对较好。云南省的绿色生态指数在流域11个省市中排名第一，贵州省排名第二。湖南省虽位于流域中部，但其绿色生态发展水平仅次于云南与贵州。总的来说，流域西部云南、贵州、四川三省的自然资源与生态环境整体优异，植被覆盖水平较高。此外，对比“绿色生产、绿色生活、绿色生态”三大领域，绿色生产领域的区域差异性最大，而绿色生活领域的区域差异性则相对较小。绿色生产与绿色生态两大领域则呈现出明显的负相关，说明在一定程度上，自然生态禀赋与经济系统绿色转型的联动发展相对欠缺。虽然各地特色优势鲜明，但是绿水青山转化为金山银山的潜力依然很大，对于提高生态优势地区绿色发展水平的资金投入和科技投入力度可以继续加强。

第三节　长江经济带多层级生态协同治理新体系构建

长江经济带横贯我国东部沿海到西部内陆的多个发展梯度，以共抓大保护推进长江经济带高质量发展，进而实现我国经济社会发展提质增效，是长江经济带发展战略的目标导向。长江经济带构建多层级生态治理体系不仅是时代的诉求，更是现实的需要。目前，长江经济带生态环境保护工作已取得了积极的进展，水文生态、污染物排放、水土流失等方面均得到了有效改善，但仍存在长江沿线水岸线利用结构与整体布局欠合理，局部河岸线生态敏感区域被占用或破坏，城镇工业化水污染物排放仍未能实现全面监管，支流、湖泊富营养化严重，水土流失与珍稀物种灭绝等各类问题亟待解决，究其原因在于流域生态环境治理体系仍未健全，各省市磋商、沟通、协同机制仍未同频。构建长江经济带多层级生态协同治理新体系应从生态系统整体性和流域系统性出发，理清长江生态环境治理存在的现实问题，根据流域东、中、西不同区域的“绿色生产、绿色生活、绿色生态”情况“对症下药”。总体而言，目前长江经济带生态环境治理体系建设已进入优化与升级阶段，以往的局部改进与单项环节改良的体系优化方式已无法真正适应新形势的要求，必须全面升级现有生态治理体系，整体推进、系统治理，加快形成“三水统筹”（即水生态保护、水环境治理、水资源保障）的新格局。

一、长江经济带多层级生态协同治理新体系的完善方向

《长江保护法》的颁布与实施为长江经济带生态协同治理新体系的完善提供了坚实的基础。长江经济带生态环境治理新体系的完善方向为：坚持从生态系统的整体性和长江流域的系统性出发，设计不同层级间不同主体的综合协调机制，健全多元主体共治机制，优化生态环境规划制度，健全生态资金投入与使用机制，加强长江流域生态环境保护和修复，促进资源合理高效利用，为推动长江经济带生态环境治理高效发展提供制度保障。

首先，在生态环境规划方面，长江流域应实施全域精细化分区管理，严格管控长江沿线水岸线的用途，严守生态保护红线，建立和完善相关监管制度和标准体系，加快推进生态保护红线监管平台建设。同时，应明确流域水生态质量目标并实行全域统一化目标管理，精确流域各级水域保护目标标准，通过划分流域控制单元并责任到人，全面管控流域水质质量。如某流域控制单元水质未达到管控标准，应及时上报并责令限时整改。其次，在流域生态治理的责任归属方面，应加强责任体系构建。根据治理主体的不同层级划分其事权并落实其责任，包括落实各级党政主体生态环境保护责任，对各级政府每年的生态治理目标进行考核，深化中央生态环境保护督查制度，确保各级党政机关全力推动生态治理进展；健全市场机制并引导企业责任，全面启动碳排放交易市场，建立全流域横向生态保

护补偿机制，将长江经济带流域沿线固定企业污染源纳入环保监督与排污管控体系，引导、鼓励企业低碳绿色转型发展；加大宣传力度，引导公众形成绿色生活方式，自觉自愿参与生态治理，构建全民生态治理行动体系。例如，生态环境部牵头制定的《“美丽中国，我是行动者”提升公民生态文明意识的行动计划（2021—2025年）》，对加强生态文明宣传教育工作、引导全社会牢固树立生态文明价值观念和行为准则具有显著意义。再次，健全生态环境治理资金专项管理机制，将中央财政与地方财政用于生态治理的资金形成专项资金，合理划分中央与地方在生态治理方面的财政事权和支出责任，引导社会资本对生态环境保护领域进行投入，充分发挥市场在资源配置中的决定性作用，积极推进中央与地方在生态治理方面的财政事权和支出责任划分改革。最后，全面完善流域跨区域、跨层级、跨部门的生态环境保护协同机制，加强重点流域、重点湖泊、城市水体和近岸海域的综合协调治理，落实全流域生态环境联防联控工作制度以及政府间、部门间的协调沟通机制，统筹协调流域上下游、左右岸、干支流之间发展与保护的关系，形成上中下游协同联动的保护格局。

生态治理体系的有效运行需要强有力的生态环境考核制度保驾护航。《长江保护法》明确指出，国家实行长江流域生态环境保护责任制和考核评价制度。可见，生态环境考核评价制度和责任追究规定对动态了解生态治理目标的进展有决定性意义。长江经济带生态环境考核评价和责任追究制度应采取“小切口”的方式，聚焦到长江流域某些相对较小的但急需解决的生态治理问题，突出其务实、有效、管用的特征，对立法标准、程序等进行优化，才能让长江经济带多层级生态协同治理新体系“立得住、行得通、真管用”，让长江流域生态环境的现实问题得以解决。构建长江经济带多层级生态协同治理新体系应时刻围绕“切不切实、管不管用、能不能解决实际问题”而展开，完善法治建设规划，提高立法工作质量和效率。其生态环境考核评价和责任追究制度应聚焦“谁来考、考核谁、考什么、怎么考、结果怎么用、责任如何追究”等关键问题，在考核制度方面做出具体的行为规范，并构建区域化的生态环境保护目标指标体系，以更灵活、更快速、针对性与操作性更强为改革目标，是未来地方生态治理体系改革工作的重要方向。

统筹联动协调发展是长江经济带多层级生态协同治理新体系的核心完善方

向。区域协同发展不仅可以进一步提升流域水质监测质控和应急平台执法能力，更能深入推动生态环境科技成果的转化，构建生态环境科技创新体系。多层级生态协同治理新体系的核心在于两个层级三个层次的协同：第一个层级的协同，是从治理主体出发的区域协同，即长江上中下游三个区域的全面协同。例如，进一步加强省际协商合作联席会，各省市可轮流作为协商合作联席会的主持方，讨论处理不同区域的生态治理主题，统筹协商和合作共推长江经济带不同区域的不同治理任务。第二个层级的协同，是根据具体的生态污染问题，以其涉及的生态系统边界为生态治理单元，联合流域不同区域行政执法机构所形成的生态治理单元协同。在生态治理单元中应着重考量生态要素与水岸联动，加强山水林田湖草系统治理与流域沿岸的生产方式和生活方式的绿色转型。两个层级三个层次的协同为立式与横向的全面协同，区域协同与生态治理单元协同为两个层级的立式协同，横向协同则为三个层次的具体事务协同。第一个层次为统一监测，在流域全域建立统一的生态监测网络，合理布局生态监测点，统一全域监测标准，全面收集生态监测数据。第二个层次为统一监管，特别是在生态环境联合执法方面，应联合长江经济带山水林田湖草综合执法，加强行政执法与刑事司法的衔接，进一步提高生态领域执法工作成效与威慑度。第三个层次为统一评估，即以《长江保护法》为依据，强化相关环境保护法律法规，以相同标准评估生态治理成效，并根据评估结果予以奖惩。查清长江流域沿线主要的排污口及其分布位置，根据水域水质要求制定有针对性、分步骤的排污口整治方案，并将其与企业排污许可证的核发相关联，及时要求企业调整排污量，实现流域水污染联防联控，并进一步加大流域各类生态治理信息的收集、整理、公开，畅通公众对于生态治理信息渠道的获取，真正实现生态治理为人民，生态治理靠人民。

简而言之，长江经济带多层级生态协同治理新体系的完善方向，应为结合长江经济带生态环境修复的实际需求，从多层级角度出发对生态治理体系进行全面梳理。构建长江经济带多层级生态协同治理新体系不仅需要明确现有治理体系的升级完善方向，也需要明确新体系构建的核心内涵，才能实现生态治理效能最大化，最大限度地维护生态环境的公共利益。从生态协同的内涵来看，可以具体划分为四个方面的协同：治理主体协同、治理目标协同、治理措施协同和治理绩效协同。全面实现以上四方面的生态协同，不仅应是长江经济带生态协同治理新体系和治理能力现代化的内在诉求，更是提升长江流域生态环境质量的必然选择。

二、生态安全格局是多层级生态协同治理新体系构建的核心

21世纪以来，人口增长与经济社会的快速发展导致生态环境面临的压力激增。人类对长江经济带沿线自然资源的无序开发与利用引发了诸多生态环境问题，如流域生态系统退化、生物多样性锐减、水土流失、沙漠化、水气土壤污染等，直接危及区域与国家生态安全且制约经济社会的可持续发展。经过数十年的发展，人类逐渐认识到生态安全格局（Ecological Security Pattern）已成为平衡生态经济可持续发展的有效科学支撑。生态安全格局不仅是保障区域生态安全的基础，更是人类维护绿色、健康与可持续发展的重要手段。加强生态安全格局研究对维护生态系统结构与功能完整、保护生物多样性、保障长江经济带区域生态安全和提升人类福祉具有重要意义。党的十九大报告中特别强调了国土空间开发保护的重要性，优化生态安全屏障体系，极大地推动了相关研究进展。科学合理地构建生态保护格局对保障区域生态空间安全至关重要，是生态文明建设的重要内容与实现途径，也是“人——自然——社会”和谐可持续发展的共赢之路。

目前，生态安全格局优化已逐渐成为改善区域生态安全状况的重要手段，如何构建准确和实用的生态安全格局是当前研究的重点。例如，绿色基础设施（Green Infrastructure）、生态网络（Ecological Network）、生态系统服务（Ecosystem Services）、生态控制线（Ecological Control Line）、城市增长边界（Urban Growth Boundary）等研究[185]，均应纳入生态治理研究之中，有利于人类更全面、精准地构建多层级生态协同治理新体系。其中，绿色基础设施强调自然生态要素应融入交通等灰色基础设施之中，形成国家层面的自然生态保障系统。生态网络强调国家生态环境应由节点、廊道、缓冲区与自然保护区等共同构成网络状结构，保护生态多样性发展。生态系统服务强调人类直接或间接从生态系统中获得的各种服务价值，包括生态红线的建构。生态控制线强调在一定范围内严禁建设开发用地，形成区域生态保护边界。城市增长边界则强调应防止城市无序扩张，通过具体技术手段划分城市与乡村的边界，保护自然生态领域不受城市开发建设的侵犯[186]。

长江经济带应构建多个生态安全保护区，由维护生态过程安全关键功能的点、局部和空间关系构成的空间格局，有利保护和恢复生物多样性、维持生态系统结构和过程的完整性，以达到生态治理的预期目标，保障生态系统健康、稳定和持续发展。长江经济带多层级生态协同治理新体系的构建，应以关键生态问题为研究对象，从审视流域沿线生态格局与生态过程的相互关系入手，探究生态系统中重要组成部分及空间分布，进一步合理配置与优化生态要素，从而达到改善与修复生态系统中因气候变化和人类活动所造成的生态薄弱环节与受损生态功能的目的[187]。其治理目标为针对错综复杂的区域生态环境问题，通过规划设计区域性空间格局来保护和恢复生物多样性，维持生态系统结构过程的完整性，从而有效控制和持续改善生态环境问题。因此，长江经济带生态修复与生态治理工作应通过多学科交融的规划手段，基于对区域生态变化的趋势和内在关系的理解，结合生态问题诊断、生态功能需求评估和生态安全格局规划，充分发挥人的主观能动性，促使生态系统向健康、稳定和可持续方向发展，全面保障生态系统的功能性与服务性。生态安全格局相关理论基础包括景观生态学、恢复生态学、干扰生态学、保护生态学、生态经济学、生态伦理学等学科，有力支撑了生态安全格局的构建[188]，为区域生态治理工作指明了方向，具体如表7-5所示。

表7-5　生态安全格局相关理论基础

理论名称	理论内涵	关注点	主要应用
景观生态学	由不同生态系统所组成的整体（即景观）的空间结构（Forman et al.，1995）	景观格局与生态过程的相互作用	景观格局、生态系统结构与过程
恢复生态学	恢复已退化的生态系统，提高和改善生态服务功能与健康状况（Costanza et al.，1997）	保护原生生态系统、修复受损生态系统、管理现有生态系统	生态系统结构和功能恢复
干扰生态学	基于自然干扰与人为干扰尺度维持生态系统结构、功能、过程的完整（周道玮等，1996）	干扰的类型、原因、频率、强度、分布、阈值和范围等	干扰与格局的相互作用
保护生物学	保护和维持大自然与生物多样性（李晓文等，1999）	区域尺度保护和恢复生物多样性	维持生态系统结构和功能的完整性，提高生态可持续性

表7-5（续）

理论名称	理论内涵	关注点	主要应用
生态经济学	研究人类社会经济行为与其所引起的资源环境嬗变间的关系，平衡社会、生态与经济之间的效益（尤飞等，2003）	经济发展与环境保护之间的相互关系，通过经济措施解决生态问题	自然资源保护性利用，生态系统服务功能的价值评估
生态伦理学	从伦理原则与行为道德来规范、约束人类社会经济活动，规避不利于自然生态的社会导向与行为（刘振明，2003）	研究人对待自然的态度问题，规避不利于自然生态的社会导向与行为	生态安全格局的可持续性

当前，生态安全格局研究正处于不断更新完善的过程之中，研究进展可从“研究方法、研究尺度、研究内容”三方面进行具体归纳总结。整体而言，“诊断生态问题、明晰研究内容、界定研究尺度、确定研究方法”是构建生态安全格局的基本架构，更是当前主要研究进展的成果所在。在研究方法方面，生态安全格局构建的方法与手段更趋多样化、简便化与精确化，已从简单的层次分析法和适宜性分析转变为复杂的生态过程动态模拟。现有研究多将GIS软件结合图论模型、CLUE-S模型、FLUS模型、Markov模型、模拟退火算法（SA）、多智能体模型等相结合，开辟了生态安全格局构建的新途径（如图7-1所示）。在研究尺度方面，包括时间和空间两个维度。目前，针对时间尺度的研究较为单一，多集中于某一年度的具体数据与问题。而且，针对时间动态变化的格局构建研究也相对较少，更鲜有基于格局动态模拟的预测研究。比如，土地利用变化模拟研究在生态效应分析与生态保护政策制定等方面起着重要的支持性作用，应予以重视。空间尺度方面大致可分为大、中、小三个层级。其中，小尺度的研究区域主要为县级及以下的矿产开发区、城市开发区等；中尺度研究以城市化水平较高与生态脆弱的城市为主；大尺度范围的研究多指跨区域的城市群与区域一体化范围，主要表现为特定城市群与流域范围的相关研究。大尺度的生态安全格局构建是践行生态文明理念的有效支撑，也是实现生态环境治理的技术基础。在研究内容方面，其主要内容可归纳划分为“研究基础：源地识别”，“研究重点：阻力面构建与修正”，“研究实践：生态功能区”三方面。

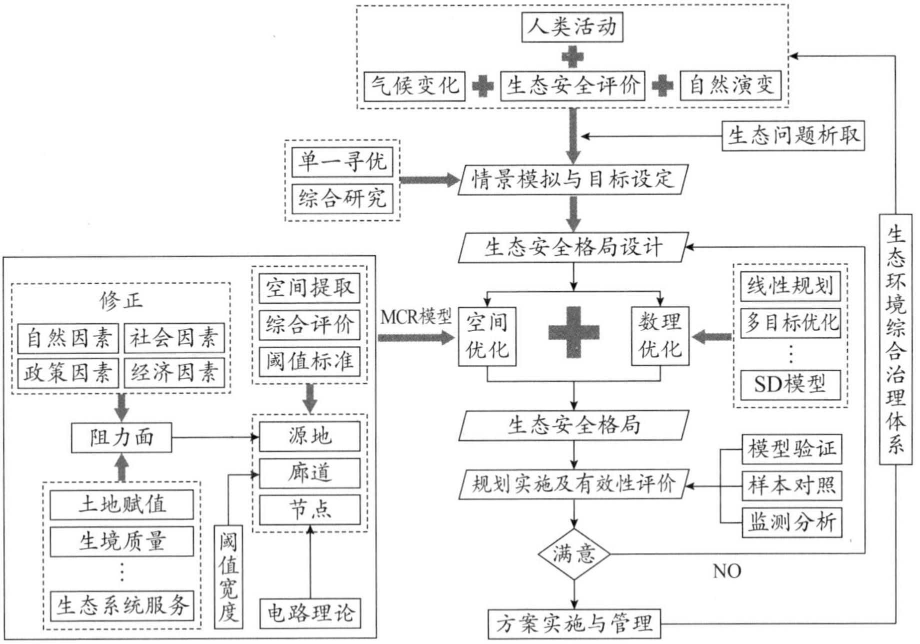

图7-1　生态安全格局构建流程

通过对现有研究梳理可发现：

（1）“源地识别——阻力面构建——廊道提取”的基本研究框架有待发展。现有研究集中于重点功能区识别与体系建设，缺乏生态过程机理的支撑，难以形成统一的识别方法与规划标准。基于长江经济带的现实国情与生态需求，研究应以生物多样性保护和生态功能维持及恢复为核心，集合“多尺度观测、多方法印证、多过程融合、跨尺度模拟”的整合生态学理论和方法，基于“格局 - 服务 - 管理”的思路将“源地——阻力面——廊道”的研究范式逐渐转为“源地——阻力面——廊道——节点——网络空间”的综合研究框架，从而系统构建多层次、复合型的生态空间结构体系。

（2）生态源地识别缺乏统一的科学标准，对生态系统服务供需关系的考虑未能兼顾。现有研究多以目标为导向确定源地，造成选取源地时无法有效覆盖生态系统中完整生态过程。然而，对于生态过程机理认知的缺乏，难以形成统一的源地识别方法与规划标准。现有研究多从“重要性—敏感性—连通性”来识别源地，缺乏对历史土地利用变化的综合考虑。学界也没有形成统一标准来解决生态源地最小面积阈值以及源地面积与研究区总面积的相对比例等问题。有学者尝试运用热点分析、MSPA、景观格局指数等方法确定生态源地，但仍无法避免人为因素干扰，且大多数生态源地的识别过程是静态、单一的。此外，现有研究大多从生态系统服务供给对生态源地进行识别，并未充分考虑人类对生态服务系统的需求，未将生态系统服务供需关系纳入源地识别考量范畴。生态系统的供需关系是决定人类福祉增益、提升生态系统服务水平的关键要素。未来源地识别研究应加强对生态供给和社会需求耦合分析的关注度。

（3）生态廊道提取方法有待进一步优化。现有研究缺少统一流程化的自动与批量处理过程来提取生态廊道。廊道识别研究多集中于线性元素空间位置的确定，而针对生态廊道宽度设定方面的研究需进一步加强。此外，现有研究多使用 MCR 模型构建生态廊道，该方法虽能有效划定廊道方向且快速指明生态廊道位置，但忽视了生物的随机游走性，不能提供任何有关生态廊道范围的具体信息，如物种的随机迁移、廊道宽度、节点等。因此，下一步研究应在识别生态廊道的基础上，重点关注如何确定廊道的宽度以及生态节点、生态战略点、生态修复点的空间位置、功能与边缘效应等问题。电路理论应为未来研究的较好选择方向，该方法能很好地表达生态源地和生态廊道之间的关系区曲线特征，应为未来生态廊道构建的重要关注点。

（4）地理空间联动性和生态系统功能的相互性考虑欠缺。空间联动性是生态安全格局构建的必要考量因素之一。生态空间与生态系统应不受行政边界所制约，充分考虑要素的流动性与空间的联动性，才能形成完整的生态系统。然而，现有格局构建研究多集中于孤立城市或单一区域，往往忽略城市间、区域间地理空间的联动性与生态要素间的影响关系，对生态系统功能的相互作用机理更是考虑欠缺。未来研究应充分考虑城市群与区域间的空间联动性，明确不同城市与地区间的生态功能区划与相互服务关系。根据不同地理空间的社会经济发展状况与生态资源禀赋，构建功能完善的区域生态网络，实现整体区域生态系统功能的优化与增强抗灾能力，应为下一步研究的重点领域。

（5）自然生态系统与社会经济系统间耦合关系的研究较为薄弱。现有研究多以生态安全格局自身空间特征为研究重点，欠缺考虑其与社会经济发展的内在关联性与互益性。生态安全格局研究应结合区域发展战略、国土空间规划、政策调控措施等实际问题，合理构建多种情景预案以调整不同情景下区域生态安全格局的规划目标。结合实际采用 CLUE-S 模型法、MCR 模型、电路模型、多目标优化模型、GIS 空间分析相结合等方法，优化配置不同区域情景下的生态安全格局构建模式。目前，从生态环境安全、社会经济发展等角度构建不同情景下区域生态安全格局的优化方案，并从中确定最优规划方案的研究有待进一步深化发展。

三、长江经济带多层级生态协同治理新体系优化方案

生态安全格局的发展为长江经济带多层级生态治理新体系的构建提供了技术支撑与科学依据。随着新技术与新方法的不断更新，生态治理体系的研究重点已由理论研究转为实证研究，体系研究热点逐步转向集成新技术与新方法对生态过程监测的“空间格局优化”，为生态经济领域的可持续发展奠定基础。可见，根据不同生态区域的现实状况，明确所需解决的问题并制定相关治理目标，进而形成具体的实践模式，是构建长江经济带生态治理体系的关键内容。现有生态治理的宏观目标多以研究生态功能区划分与优化为主，其主要研究范式为“区域现状解析——生态敏感性——指标筛选——区划构建”。然而，我国现行的生态功能区划分部门与环境保护部门间协调不够，导致生态优先在功能区划方面难以全面落实，对于具体的生态退化恢复措施则实践不足。通过对现有生态治理体系的梳理并结合长江经济带的现实状况，生态治理新体系的构建应从以下几个方面进行优化，以期为后续的格局优化与治理工作提供有益的理论支撑与指引。未来研究应更注重将生态功能区划融入生态治理体系研究之中，完成“主体功能区划——生态功能区划——生态治理体系”多维合一的多层级综合治理体系构建，真正解决现实的区域生态问题。

首先，多模型、多方法、多技术的集成研究为生态治理提供技术支撑。生态治理体系研究应基于跨学科综合研究，运用新技术与新方法来实现多模型、多方法和多技术的有效集成。例如：基于 NbMEA 理念开展“多尺度观测、多方法印证、多过程融合与跨尺度模拟”的整合理论研究，通过生态系统的长期联网监测和实验科学研究获取不同区域、不同类型的生态系统演变过程数据，实现对研究区自

然资源与生态环境的科学认识；在构建生态功能区划时可引入电路理论来模拟物种迁移的路径与识别重要生态廊道和夹点；耦合系统动力模型、CA 模型、综合优化法、神经网络、遗传算法、微粒群算法、蚁群算法、贝叶斯网络模型等方法应为未来生态功能区划研究的重要方向。另外，有必要从诸多因素来考虑模型、方法、技术的集成研究，这包括区域空间特征与非空间特征等多个领域。长江经济带生态治理体系涉及的因素多、难度大，既有小尺度生态过程研究，又有区域内多系统的综合性研究，既有生态学研究，也涉及社会经济研究，如何选择适用的模型、方法与技术，高效集成多个模型并将其有机融合以解决具体的区域生态问题，需要大量的实践探索，才能更加客观地分析与优化区域生态治理体系。

其次，动态考量生态治理目标的量化研究。生态资源的空间差异性可能导致相关生态治理目标的量化工作难以统一。长江经济带涉及11个省市，生态治理目标具有一定的差异性，且随生态修复进程不断变化。目前，多基于不同标准、不同区域与现实情况制定差异化的生态治理目标，但缺乏相关效价评估，特别是动态考量生态治理目标的调整研究。生态治理目标的制定具有极强的针对性与特定性，应基于生态系统服务需求为生态系统构建提供定量依据。因此，在"生态系统服务供给——需求核算"的基础上评估区域生态安全状态，深入了解区域生态要素、过程与功能间的相互作用机制，才能进一步确定自然生态过程的一系列阈值和安全层次，从而制定出合理的生态治理目标。此外，不同区域的同一年份与同一区域的不同年份，其治理目标量化也可能具有一定的差异性，相关量化研究需综合考虑区位的现实情况与时代特征，提出具有可实施性的生态治理目标。值得注意的是，随着社会经济的发展，生态与经济的矛盾也在不断演化，生态治理目标的标准也需随之调整，基于时间与空间两大维度动态考量生态过程与生态治理目标的量化研究应充分引入长江经济带生态治理体系研究之中。

再次，生态治理各方利益博弈的现实执行研究。区域生态环境治理是一个综合性问题，需要整体性的治理框架。该框架应有效集成多目标功能，充分考量各利益相关者之间的沟通与博弈，在规划过程中平衡不同使用者的需求。目前，生态治理体系的构建理论研究较多，理论与实践相结合的实例研究较少，理论成果的实践推广力度有待加强。生态治理的实施与执行面临着众多的现实难题，各方利益博弈的现实执行困境是解决治理难题的关键。提高公众参与度、引导公众关注从短期经济效应转变为长期生态效益、均衡不同利益相关者间的利益冲突等方面均应纳入生态治理体系构建的考量范畴，进一步推进治理体系构建的人性化、操作性与执行力。因此，长江经济带多层级生态协同治理新体系的构建应充分考量其实践应用研究，并逐步加强区域生态治理的多方参与机制，将各方利益相关者的需求进行定量评价，采取先进的管理手段更加人性化和便利化地构建区域生态治理体系，以改善治理结果的现实性和可持续性。

又次，生态预测、预警与调控管理的强化研究。生态监测、生态评估、生态预警是生态治理体系调控的关键技术支撑，能有效提升区域生态治理决策与管理的正确性，包括通过各类技术手段预测生态系统的变化趋势、驱动因素以及预警生态安全状态。例如，将 RBF 神经网络、GM（1, 1）模型等预测效果较好的数学模型与3S 技术结合来监测区域生态状况[189]，探究人类活动对治理体系构建的影响机制与趋势预测。通过实证研究或长期定位监测技术来检验模型预测准确性，是生态治理目标动态评价的研究重要方向。长江经济带生态治理体系应基于3S 技术的高效集成，结合多学科交叉融合的优势，充分发挥模型模拟的预测与验证功能，根据不同区域生态系统的空间差异特征选择不同的模型匹配，进一步开展生态安全的诊断与预警信号分级构建的相关研究，为生态系统服务的整合提供具体实践方案，并对区域治理与生态保护提供实践支撑。

最后，长江经济带生态治理体系研究融入国家战略研究。党的二十大报告明确提出将“双碳目标”与“绿色转型”纳入国家治理体系和现代化建设的总体布局，强调生态文明建设是关系中华民族永续发展的根本大计，必须推动绿色发展，促进人与自然和谐共生。长江经济带生态治理体系构建应在生态文明建设中得到有效落实，并成为生态系统保护与修复的重要途径与内容。当前，长江经济带生态治理体系构建研究多侧重于重点生态功能区的识别，在区域空间规划中多关注数量结构上的优化配置，较少从生态安全领域的空间布局与功能优化方面进行整体生态治理系统规划。长江经济带生态治理体系应进一步匹配国家战略层面需求，根据区域现实情况、格局形成机理、变化趋势、作用机制与技术方法，合理规划设计生态工程并进行有益干预。从维持与恢复生态功能和保护物种多样性角度出发，促使生态开发、生态修复、产业发展与资源环境承载力等多维契合，实现生态效益的最大化。长江经济带生态治理体系应遵循“生态功能规划——生态环境问题——保护修复任务措施”这一内生逻辑，从“三生空间”视角出发，有效耦合国土空间规划和生态环境综合治理体系，加强识别多功能廊道系统和生态安全关键区域、深化研究生态经济系统平衡、合理指导生态保护政策的调整与实施，构建更加科学严谨的生态治理体系，从而全面服务国家生态治理体系，服务国家发展建设需要，做到规划、管理、实施于一体的综合治理，从不同空间尺度解决区域内生态治理体系构建及环境治理等问题，为构建和谐、健康、可持续发展生态文明建设提供理论参考。

四、长江经济带多层级生态协同治理新体系的整体构建

所谓协同，就是指协调两个或者两个以上的不同资源或者个体，协同一致地完成某一目标的过程或能力。协同作用是指系统内部各子系相互作用和有机整合的现象，协同效应是指在外部信息与资料的不断输入下，系统内部子系统的协同作用不断累计，形成“1+1＞2”的整体效应。生态治理体系的核心在于如何通过构建协同治理网络达到更加高效的生态修复治理目标，实现区域协同“1+1＞2”的协同效应。长江经济带多层级生态协同治理新体系构建的关键条件为：第一，生态系统治理体系必须具有开放性，能实现治理信息的同步、治理执行的公开，治理绩效的同一。第二，生态协同治理体系必须为多元主体共治，政府、市场、企业、公众、媒体等均应纳入生态治理主体网络之中，才能实现互相监督、互相作用、互相影响的“1+1＞2”的区域生态治理协同效应。第三，系统内部形成的自组织系统有序结构的演化受临界涨落的影响和催化，不断形成新的有序状态。生态治理协同体系应充分融入自然生态系统的形成与发展，充分考量治理参与要素特征、系统结构、要素关系、系统环境以及演化过程等方面，将生态学中生态系统理论范式进行合理类比并正向迁移，是构建生态治理协同体系的关键[190]。生态协同治理体系具有参与主体多元化、组织结构具有复杂性、治理过程具有自组织和自我进化属性等特征，可以通过与自然生态系统的概念与理论框架建立映射关系来对生态环境协同治理生态网络系统进行理论结构解析[191]，具体如表7-6所示。

表7-6　生态环境协同治理体系与自然生态系统映射

映射项目	环境协同治理体系	自然生态系统	类比匹配
参与主体	由参与环境协同治理的多个参与主体：政府、企业、科研机构、环保社会组织、媒体以及公众通过权利、责任、义务、利益、法律等联系在一起的系统	由各种食物链、能量流动循环等联系在一起的各物种、种群、生境的共存演化系统	两个系统都是多元主体共同参与，前者是人类对环境的治理活动，后者是地球上物种自然的生存发展活动
系统结构	治理主体——治理群落——治理环境	种群——群落——生态环境	两个系统都具有各自的生态位、生态层级但系统发展目标和模式有所区分：前者是为了改善、保护人类自身的生存环境而进行的自觉行动，后者是维持个体生存、顺应自然环境的自发行为
要素关系	利益博弈、互利共生、相互协作	优胜劣汰、适者生存、竞争与共生并存	两个系统中要素间的关系都由协作、竞争共生构成，但前者是联系的主体是多中心的协同合作，后者是为了满足自身生存繁衍而适应外界环境的共生或寄生关系
系统环境	自然环境、社会环境（包括：经济环境、政治环境、法律环境、体制环境、科技环境、文化环境）	自然环境（包括各种气候、地理和资源条件）	两个系统对环境的双向互动作用是一致的，但前者与人类意识和行为紧密联系、具有社会属性，而后者只有自然属性
演化过程	多主体共同参与与协同配合，资金、技术、政策、体制与法规制度的优化调配是核心保障，遵循自然生态的循环与发展规律，坚持辩证唯物主义与历史唯物主义，发挥各治理主体的能动性，实现环境治理目标	生态系统的自然发展演进过程，遵循地球生态系统本身固有的发展规律	两个系统都遵循自然生态系统的循环与发展规律，但前者在能量守恒等自然界基发展规律之外，还要在人的意识、技术与行为规范的制约和主导下运转与发展

我国现行生态环境治理体系的基本范式为“生态环境分区管控——规划环评——项目环评——排污许可——监察执法——监督问责”，强调通过构建源头预防和过程管理的有效联动闭环体系，强化与执法、督察等制度的相互支撑，生态

协同治理能效逐步显现，具体如图7-2所示。

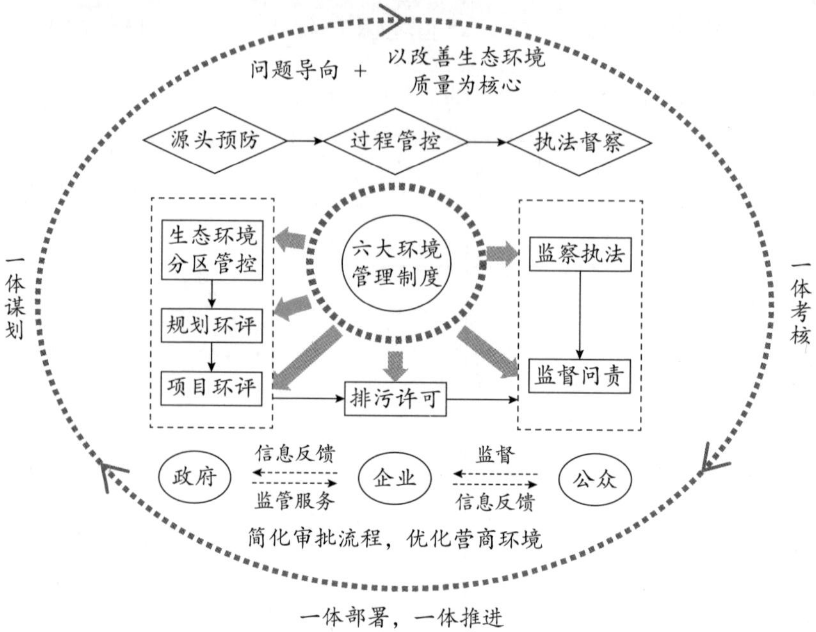

图7-2 现行生态环境治理体系构成

当前，我国生态环境治理体系已实现从“先污染后治理”向“源头预防”和“源头治理”的转变，以经济高质量发展为引领，运用各种措施推进生态环境治理目标[192]。同时，在生态治理体系中应坚持以问题为导向、以改善生态环境质量为核心，将六大管理制度全面植入源头预防、过程管控、执法督查等三个环节，结合政府、企业、公众等生态治理主体，加快生态治理工作的全面推进。长江经济带生态治理是我国七大江河流域开展协同治理的先行样本，也是我国城市群生态治理的示范区，工作的关键在于上中下游协同推进的区域一体化进程。通过全面梳理生态环境协同治理体系与自然生态系统映射，优化现行生态环境治理体系，从治理目标、治理主体、治理内容、治理措施等方面着手，构建跨区域、跨部门、多主体共同协作的多层级生态治理体系，实现长江经济带生态环境与社会经济的协同共生、良性发展。

新的治理体系构建应以实现生态修复与治理目标为方向，实现其治理效率和效益的最大化。中央政府、地方政府、市场企业、科研机构、生态环境保护组织、社会媒介、金融机构、社会公众应为多层级生态协同治理新体系的主体网络系统。首先，中央政府应为生态治理的主导者与引导者，负责制定生态治理的总体目标、要求、战略、政策、制度与法律框架，并统筹中央政府与地方政府的事权与财权，为生态修复与治理工作构建良好的秩序。地方政府应为生态治理体系的实施者，并具有制定具体实施措施的权力。地方政府是落实重要制定的大政方针与战略措施的具体执行者，对地方性的财政补贴、监督执法、政策调控等具体的治理工作进行布置和实施。同时，地方政府应对市场、企业、工作、科研机构、媒介等其他治理主体进行引导，促使社会向绿色生活方式与绿色消费习惯转型。其次，市场和企业则应扮演着生态治理的生产者与自治者的角色。企业是直接影响生态治理能效与生态修复目标达成的污染排放生产者；企业在政府的宣传教化下，可将生产转化为节能减排的绿色方式，从而又承担着自治者的角色。科研机构应在生态治理体系中担任技术创新者的角色。生态治理中的生态监测、生态红线划分、生态预警系统等均需科学技术的有效支撑。生态环境保护组织应为治理体系的监督者。生态环境保护组织是由全球各区域环保人士组成的非营利性的宣传、教育与服务组织，可作为连接治理系统的服务供给方和技术、信息与人才的支持方，为治理系统内各主体提供沟通交流等服务支持，并监督系统内各主体生态活动的执行情况，及时公布相关生态信息，引导社会公众有效参与生态治理。社会媒介也应纳入生态治理系统的主体网络之中，充当生态信息的传递与反馈任务，可有效连接政府、企业、环保组织等其他机构。此外，金融机构应为生态治理体系的有效运转提供强有力的支持保障。中央财政拨款的生态治理专项资金可以通过金融机构获得市场与企业支持，确保生态治理活动不因资金短缺而降低能效或终止运转。最后，社会公众既是生态治理成果的受益者，又是生态治理行动的直接参与者，其绿色低碳的生活方式可有效降低污染物和废弃物的排放，如绿色出行与垃圾分类等日常行为均对生态治理成效产生直接影响。

归纳而言，生态治理主体网络可由以上八大主体构成，在生态治理活动的运行中应充分考量其资源需求和承载能力，才能全面发挥其主体系统功能。

长江经济带生态治理体系在横向层级方面由上述八大主体构成，纵向层级方面则应由治理环境组成，即政策制度、社会经济、自然与社会资源、科技创新等四大环境因素。

（1）政策制度方面。生态治理体系的政策制度应由我国特有的多层级核心政治体制决定，重点由生态治理战略方针、国家财政支持力度、权责分配制度、督查与绩效评估制度以及生态环境立法环境、生态执法与诉讼执行环境所构成。党的十八大以来，我国全力推进生态文明建设，在全国范围内猛抓生态修复与环境治理工作，加大财政支持力度，生态文明建设方面发生了历史性、转折性、全局性的变化[193]。我国现行的权责分配制度为中央统筹的“所有权”与地方执行的“使用权”分离模式，其生态治理体制、督查制度与绩效评估体系需基于现有国情进行构建。生态法律环境则主要是指生态立法、执法、诉讼、执行等具体法律环境。健全的生态法律与执法环境，可以大大降低生态环境污染程度，规范生态治理各主体的行为，降低生态协同治理生态系统中各主体开展治理活动的交易成本，有利于形成良好的生态治理秩序。

（2）社会经济方面。主要指社会文化与经济发展两方面。社会文化方面是指生态治理理念的推广，可从绿色发展、绿色行为、绿色消费、绿色教育、绿色宣传、绿色素养等角度全面塑造社会全民的生态意识，达到理想状态的“环境自治”。习近平总书记用六个“坚持”全面系统阐释“人与自然生命共同体”理念的丰富内涵和核心要义，从人与自然和谐共生出发，强调“我们要像保护眼睛一样保护自然和生态环境，推动形成人与自然和谐共生新格局”[89]，为构建绿色、开放、包容、共生的生态环境提供了坚实的思想保障。经济发展方面主要衡量一个区域的社会实际福利增长，它不仅是财富和经济机体的量的增加和扩张，还意味着质的方面的变化，即经济结构、社会结构的创新，社会生活质量和投入产出效益的提高，对于推动生态环境治理活动具有关键性与决定性意义。经济环境包括城市化程度、经济发展水平、人民收入水平、物价水平、消费水平、市场与企业需求等多种因素。社会经济水平的高低决定了区域生态治理的水平，它决定了资金、人才、技术等治理资源的多寡，也决定了治理主体间利益协调的可协商程度。

（3）自然与社会资源方面。主要包括自然资源与社会资源两部分。自然资源是生态保护的对象，如水、土地、森林、草原、动植物等；社会资源是生态治理的支持性因素，为生态治理活动提供了具体的物质资源，如社会公共设施、市场供给需求、社会服务水平、人力资源、高新科技、资金信贷等。生态治理体系的有效运转，不仅需要全面了解其治理对象，即具体的自然资源，更需要充足的社会资源在其实施层面予以全面支持。

（4）科技创新方面。科技创新环境包括生态治理所需的相关技术的研发、专利、人才、科研机构等方面。可以说，科学技术的创新大大提高了生态决策判断的正确性。科技创新对生态治理体系的主要影响是由治理主体的自身知识储备、技术积累和各主体间技术关联等要素所决定的。需加大绿色技术的研发资金投入、提高科学研究机构的社会地位，引导社会更多人才转入绿色科技研发领域，不断提高绿色科技水平，推动生态治理能效，实现生态治理目标与相关任务。

值得关注的是，在横纵向层级间治理主体与治理环境中，最核心的是让生态网络系统中的要素顺畅流动起来，才能使生态网络系统更具稳定性。生态要素的流动是指人力要素、资金要素、科技要素、信息要素等在治理区域范围内的转移。生态治理要素流动的原因在于区域间治理要素的禀赋差异，长江经济带覆盖范围较广，各地市生态治理要素的稀缺性差别以及稀缺性变化率的不同导致了生态要素价值的差异。要素的流动可刺激不同要素的发展，稳定生态网络系统间的联系，且在一定条件下要素流动对生态治理具有动态的互补和促进作用。

一是人才要素的流动。生态治理体系是由具体的人进行的治理活动，治理人才的数量足够，并且合适的人才匹配在合适的岗位上，才能发挥出生态治理能力的效用。人员在各治理主体间的流动，不仅能加强治理主体间的了解，更能提升协同治理的效率。二是资金要素的流动，可进一步平衡区域间经济的发展差距，关联各区域间经济发展的联动性，对区域一体化发展的进程有推动作用。资金流动强度对生态治理主体在协同治理网络中的功能性实现具有决定性作用——资金流动强度越强，说明生态治理活动覆盖的范围越广，生态治理效用越佳。资本的有效流动可促进长江经济带中西部地区的生态治理进程，形成良性循环的生态治理系统；反之，则会进一步扩大区域间的治理差距，导致经济带内不同区域生态治理格局失衡。三是科技要素的流动，提升治理主体间的知识网络，为治理主体的知识提升奠定基础。例如，2019年沪苏浙皖科协在上海共同签署《关于服务长三角一体化发展战略合作框架协议》。协议指出，区域一体化发展应着力打破影响科技要素流动的地方保护、部门壁垒、条块分割，破除制约创新主体活力的各类“弹簧门”“旋转门”，积极开放各地各级科技资源，实现跨区域科技项目共建共享。生态治理网络系统中的科技流动主要通过科技交流、科技成果转化、科普知识宣传教育等方式实现。随着长江经济带生态一体化进程的加快，科技要素的流动频率不断加大，流动范围不断扩大，各类科学技术要素以日益多样的形式进行着横向、纵向的广泛流动与重组，并在流动和重组过程中实现更有效的配置，从而推动生态治理体系的整体协同运行。四是信息要素的流动，促进生态治理效果。信息要素是生态治理系统中重要的生产要素之一，为进一步激发生态治理网络的创新性与治理的及时性，必须促进信息要素自由流动，提高要素的配置效率。畅通信息要素流动的渠道，就是处理好生态协同治理新体系中八大治理主体网络“融合加速度”的关键。简而言之，四大要素的有效流动是生态治理主体网络能形成紧密联系、提升治理能力的重要环节。

如图7-3所示，生态协同治理新体系结构框架将生态、治理环境、生态要素等有效串联，对长江经济带多层级生态协同治理体系构建具有指导意义。将生态治理主体具体界定为八大主体，并充分考量主体间治理资源与利益关联，加强主体间的沟通、交流、认识，完善生态治理资源与利益保障机制。同时，在了解治理主体的维度、宽度、深度之后，可通过合理分配资源供给范围、构建资源共享信息平台、配套绿色金融体系等方式，加强治理主体间的资源供给与利益交叉。通过对协同治理新体系结构框架的梳理发现，生态治理体系与生态环境具有一定的相似之处，可将其划分为生产者、消费者和系统环境等三方面，并明确治理主体利益的多样化。根据治理主体所扮演的生态角色不同，其治理权力诉求、治理利益诉求、治理责任诉求与治理义务诉求均具有差异性，应结合政策制度环境、社会经济环境、自然与社会资源环境、科技创新环境等四大环境因素，全面审视治理主体在不同环境下的治理诉求。其中，社会经济环境和自然与社会资源环境是生态治理的基础，政策制度环境是生态治理的保障，科技创新环境则是推动生态治理快速发展的核心驱动力。可见，生态协同治理是一个整体化协同的过程，应在充分考虑治理主体诉求与环境匹配度的基础上，重视高新技术在生态治理过程中的全面应用。利用互联网、大数据、云计算、人工智能、区块链等先进技术对生态治理系统进行革新，精准识别、及时追踪区域新发生的生态环境问题，为科学保护、系统治理提供支撑，为提升生态环境治理体系和治理能力现代化水平开辟新路径。可以说，目前用数字技术赋能生态环境保护，为生态治理系统进行信息收据、数据监督、反馈判断，是提高生态治理领域协同效应的关键，是促使生态治理体系向多中心、多层级、高效化、智能化、透明化转变的重要环节。

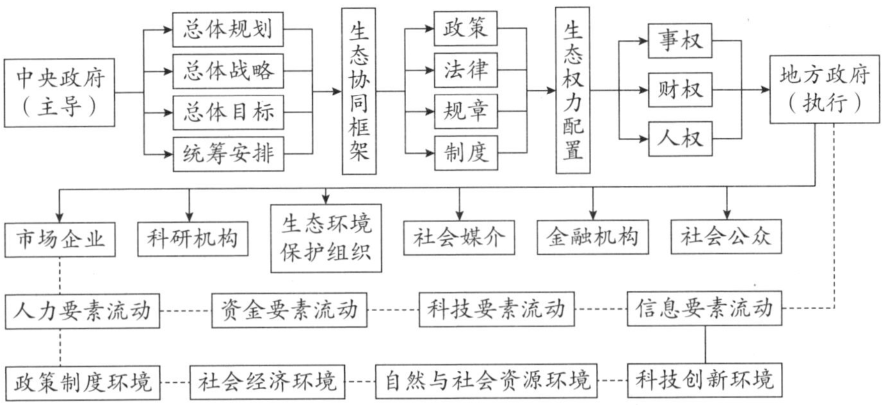

图7-3　生态协同治理新体系结构框架示意图

五、长江经济带多层级生态协同治理新体系的实现机制

长江经济带不仅仅是一个由长江流域组成的生态自然区域，更是一个串联起沿线社会、经济、文化发展的人类聚集区。自古以来，从“海河经济”到“江河经济”，流域沿线均为人类历史文明和经济社会发展的重要依托，是当今区域经济版图的突出亮点，众多经济发达地区都是围绕流域周边逐渐形成的，例如我国长三角地区、珠三角地区、粤港澳地区等重要区域。然而，经济与人口的聚集无可避免地造成社会发展与生态环境之间的冲突与矛盾。长江经济带是我国生态文明建设的重点区域，地跨东、中、西三大区域，由于各地自然环境、经济发展、社会人口等现实条件具有较大差异，目前经济带内生态环境治理体系呈现出相对“碎片化”的治理特征，陷入生态治理执行力度不足，基层干部普遍反映“责任大、权力小、利益薄”的生态治理困境。构建生态一体化多层级交互的高质量协同治理新体系，加强经济带内省际协同联动，强化各治理主体对山水林田湖草等各种生态要素的协同治理，提升生态治理综合执行力度，助推长江经济带快速高质量

发展。

主体协同体系与过程协同体系是长江经济带生态治理的核心。

（一）构建长江经济带生态一体化的主体协同体系

（1）政府协同。实现政府协同是长江经济带生态一体化成功实践的关键。流域生态文明协同治理中，政府协同存在的问题主要包括中央政府与地方政府之间的协同问题、地方政府与地方政府之间的协同问题、政府各部门之间的职能协同问题[194]。应优化中央与地方关系，形成中央权威整体规划、长江沿线11个省市积极响应的府际协同体系。

（2）市场协同。流域生态文明协同治理中，市场主体主要由市场中的企业构成，因此市场内部的协同问题可以分为企业内部的协同问题和企业之间的协同问题。企业最大的特征和目的就是盈利，交易成本过高是企业内部不协同的主要原因。市场与企业应努力降低交易成本，加快建立健全长江流域排污权交易和碳排放交易制度，实现企业内部协同与企业间的协同。

（3）社会协同。社会主体内部的协同包括了公民的协同和非政府组织的协同。应大力建设公民协同与环保协同，加强生态文明建设，提高非政府环保组织的协同能力，推进其与政府、市场间的三者协同，避免非政府环保组织的志愿失灵。

归纳而言，构建主体协同体系必须将政府、市场、社会三者放在不同的层级进行全面协同与利益协调，在政府与市场之间形成协作同步，实现关系协同。

（二）构建长江经济带生态一体化的过程协同体系

（1）强调生态文明价值的理念协同。摒弃“GDP 至上”的理念，树立“全局协同”“预防与治理并重”的政治、经济、文化、社会与生态协同发展的治理理念。

（2）强调议程设置的议程协同。议程设置是问题能否解决的关键，应建立相应诉求表达的机制，实现议程协同。

（3）强调生态治理方案的决策协同。政府主体的决策方案、市场主体的决策方案和社会主体的决策方案应努力实现相互协同，防止不协同甚至相互冲突的情况发生。

（4）强调生态治理执行中的过程协同。生态治理执行是一个由执行者、执行对象和利益相关人组成的多主体协同过程。多主体通过社会对话机制、民主恳谈机制、协商机制等实现执行过程的协同。

（5）强调生态治理绩效的评估协同。生态治理的绩效评估须将过程评估与结果评估结合起来，进行全面整体的评价，方能实现治理绩效的评估协同，提高整体生态治理成效。

（三）多层级生态协同治理新体系实现机制的五个考量

长江经济带多层级生态协同治理新体系的实现机制应从以下五个方面予以考量。

（1）构建长江经济带主体网络互动机制。将治理机制构建为上下结合的多元互动网络化参与结构，内部建立纵向权力分配系统与横向协作行动系统，形成正式与非正式多维协作关系的立体化范式。

（2）构建长江经济带生态环境利益协调实践机制。通过加强对流域内部利益分享和补偿机制的法律保障力度，完善利益分享和利益补偿机制，保障流域内部资源和利益的公平性。引入激励保障机制，建立以制度协调为中心的环境利益表达机制、共享机制、补偿机制和约束机制。

（3）构建长江经济带生态环境制度协同机制。基于现有的生态环境制度与政策，结合长江流域的现实状况，构建整体统一、局部协调的长江经济带跨区域生态环境制度与政策。在生态治理过程中除更多地关注和化解各主体之间的利益冲突外，还需要从法律、机制等方面进行完善和引导。健全的法律制度是生态文明建设、实施生态环境治理的重要保障，流域生态文明治理过程中需要通过法律来约束、促进各治理主体之间的有效协同，尤其是应该加强引导性制度的建设，利用其作用来避免各主体内部及各主体之间不协同行为的出现。

（4）构建长江经济带生态环境信息共享机制。随着互联网技术的快速发展，普通民众、市场主体可以通过新媒体发出自己的声音，表达各自的利益诉求。政府部门可以通过政府政务平台向社会搜集民意和诉求，公众的诉求数据经政务平台共享到具体环境决策部门，形成生态环境决策和反馈的闭环，使公众能够参与到生态环境公共治理的民主决策中，在关键事项的审批和监管上政府要接受群众监督[173]。通过建构多视角、立体化和全方位的信息共享机制，实现共享、约束、监督的信息一体化，可减少或消除由于信息不对称而引发的机会主义行为，减少生态环境群体事件的发生，大力发挥媒体与社会组织的参与功能，稳定生态合作治理秩序。

（5）建立长江经济带生态一体化协同治理体系的监督机制。监督机制的建立可有效推动生态一体化的发展进程。生态治理必须建立健全生态监督长效机制，加强生态保护全过程监督，确保生态系统得到全面保护。目前，长江经济带存在生态保护执法监督体系不健全、生态保护监督职能分散、社会公众对生态保护监督不足等问题。应结合生态保护基本情况，加强环保实绩考核，多项监督形式并举，加强生态保护监督力度，构建合理的监督体系。

总体而言，新的协同治理体系在主体构建方面，应将传统的生态治理主体扩展至八大主体，即由“政府、市场、社会”具化为“中央政府、地方政府、市场企业、科研机构、生态环境保护组织、社会媒介、金融机构、社会公众”。在中央政府与地方政府间应明确生态治理工作的总体规划、具体规章制度以及具体权责利的划分。在治理环境方面，新的协同治理体系应全面考量“总体环境一致，局部环境可调”的灵性治理模式，将“政策制度环境、社会经济环境、自然与社会资源环境、科技创新环境”等四大环境因素纳入治理体系。此外，新的协同治理体系还应让生态网络系统中的要素顺畅流动起来，即人力要素流动、资金要素流动、科技要素流动、信息要素流动等在治理区域范围内的有效转移，从而使生态网络系统更具稳定性。

第八章　余　论

长江下游上海崇明生态岛建设

崇明岛，位于西太平洋沿岸中国海岸线的中点地区，地理位置在东经121° 09′ 30″ ~121° 54′ 00″，北纬31° 27′ 00″ ~31° 51′ 15″，是地处长江三角洲东端长江入海口处的冲积岛屿，是中国第三大岛屿，世界最大的河口冲积岛、最大的沙岛，全岛面积1 269.1 km^2，东西长80 km，南北宽13~18 km。崇明岛历史悠久，形成至今有1 400多年，素有“长江门户、东海瀛洲”之美誉，岛上地势平坦、无山岗丘陵，西北部和中部稍高，西南部和东部略低，90% 以上的土地标高（以吴淞标高0 m 为参照）在3.21 ~4.20 m[195]。崇明岛大部分地区属上海市崇明区，小部分地区属江苏省南通市，岛上土地肥沃，气候温和湿润，年平均气温16.5℃，日照充足，雨水充沛，四季分明，林木茂盛，物产富饶；全域水土洁净，空气清新，生态环境优良，是有名的鱼米之乡。

一、崇明生态岛建设历程

《上海市城市总体规划（1999—2020）》中明确指出“将崇明作为21世纪上海可持续发展的重要战略空间”，并将崇明岛定位为生态岛屿建设。2003年，《崇明岛域总体规划》编制完成，指出崇明岛以生态环境为主导，建成以发达的清洁生产与清洁能源为支撑的生态绿色基地。崇明岛的总体功能布局为：依据生态岛的目标定位，结合崇明岛域自南向北的地带性规律和东西两端的生态环境特色，将崇明建成森林花园岛、生态社区岛、旅游度假岛、科技研创岛。总体规划要求崇明岛基于自身区域资源，建设“五大功能片区”，包括以森林度假与休闲居住为主的“中央森林区”，以人口集聚为主的“田园新式城镇区”，以生态农业为主的“规模农业区和战略储备区”，以生态居住、休闲运动、国际教育为主的“生态教研区和门户景观区”，以及以国际会议与湖滨度假为主的“生态景湖会展区”。2005年，国务院正式批复同意长兴、横沙两岛行政区划归崇明县管辖，正式形成了崇明三岛的联动发展新格局。同年，上海市政府批准《崇明三岛总体规划（2005—2020）》，该规划再一次明确将崇明本岛定位为综合生态岛，进一步全面推进崇明本岛的生态文明建设，将崇明岛建设为上海绿色可持续发展的重点示范区域之一。2010年1月，上海市政府颁发《崇明生态岛建设纲要（2010—2020）》（简称《纲要》），提出了崇明生态岛建设指标体系及分阶段建设目标。《纲要》按照建设世界级生态岛的总体目标，根据崇明岛的现实状况，制定了具体的三年行动计划，定于2020年完成“崇明现代化生态岛”的建设目标。2014年，鉴于崇明生态岛建设成果显著，联合国环境规划署根据国际生态岛评估具体标准对崇明岛进行了全面评估，并在上海公开发布了《崇明生态岛国际评估报告》，将崇明生态岛建设作为典型案例编入其绿色经济教材，充分肯定了崇明岛生态建设成果。2016年，上海市政府发布《崇明世界级生态岛发展“十三五”规划》，以更高标准、更开阔视野、更高水平和质量推进崇明生态岛建设，代表着崇明生态岛建设的阶段性成功。2018年，上海市政府批复《上海市崇明区总体规划暨土地利用总体规划（2017—2035）》，要求从“严格落实底线约束要求、构建城乡统筹的空间体系、落实重大专项统筹、加强乡镇规划指引、处理好远近期的发展关系”等五个方面，全面落实崇明生态文明建设，力争至2035年将崇明建设成为具有全球引领示范作用的世界级生态岛。上海市政府将崇明规划为“长江生态环境大保护的示范区”“国家生态文明发展的先行区”，并将崇明定位为“世界级自然资源多样性重要保护基地与鸟类重要栖息地”，在“生态环境、资源利用、经济社会发展、人居品质”等领域均以“生态 +”为战略向导，全面提升崇明生态价值。

归纳而言，为进一步提升城市的全面竞争力，上海将崇明岛定位为上海市经济社会发展的重要战略规划区，将崇明岛从产业与生态两个维度规划为现代化绿色生态型岛屿式大都市郊区，使之发展成为上海的“后花园”。

二、崇明生态岛产业定位规划

根据国家相关战略规划，崇明岛将绿色产业作为经济发展主线，以生态农业、现代化绿色工业、生态旅游、生态养老等方面为重点发展领域，探索出了一条“绿色、有机、环保”的现代化绿色生态型岛屿建设之路，形成了具有河湾岛屿特色的绿色生态产业格局与发展模式。

首先，崇明岛将生态农业确立为岛屿第一产业，全面规划现代农业园区，并规范农业标准化，对岛屿重点农业产业进行科技攻关与技术推广，实现了从传统农业向生态农业转型发展的全面升级，形成了具有较高生态附加价值的可持续发展现代生态农业。近年来，崇明现代农业园区高效发展，获得“国家级绿色食品加工示范基地”等荣誉称号，逐步形成“以种植业为基础的低碳农业示范区、以设施农业为基调的生态观光旅游、以县域优质农产品为基础的深加工区”等三大生态农业主导产业。在农业标准化方面，崇明专门成立了农业标准化工作小组，制定了《崇明县无公害农业产品技术标准》等29项地方性农业生产标准，并在全域范围内推广。目前，全县绿色优质农产品认证率达到92.2%，发布实施全国首份农业绿色发展负面行为清单，并已建成绿色投入品封闭式管控体系，创新推出“两无化”大米、蔬菜等特色种植，真正实现了生态农业的有效覆盖。为进一步推动生态农业的有效践行，崇明岛围绕现代化生态农业建设，对河蟹、优质大米、特色蔬菜、白山羊、林果花等五大重点农产品进行科技攻关和技术推广。目前，“崇明老白酒”“崇明老毛蟹”获国家质检总局颁发的国家地理标志产品保护认证；“崇明香酥芋”被国家工商总局商标局授予原产地地理标志；崇明“白狗”牌芦笋、“新健绿”牌花菜和“联益”牌黄金瓜等农产品获第七届中国国际农产品交易会金奖。科技助力生态农业能效已然凸显。

其次，绿色工业已逐渐淘汰传统污染工业。为打造崇明生态岛，崇明区政府严格限制并逐步关停了高能耗、重污染的传统工业项目，积极引入生物医药、电子信息等高新科技产业。例如，崇明全面推行排污许可证管理制度，要求辖区内所有企业进行排污申报，并限量审核颁发许可证：重点整治重污染行业，共淘汰环保不达标企业41家，其中电镀8家、铸造业2家、漂染4家、酸洗7家；开展重点污染企业在线监测和排污口整治，完成4家企业在线监测设施安装和7家企业的排污口规范化整治。同时，崇明致力于“烟尘控制区”与“基本无燃煤区”建设，进一步提升全岛大气环境质量。崇明岛濒江临海，拥有丰富的风力资源，崇明充分利用自身地理位置，积极将风力资源转化为风电工程项目，成为了上海地区风力发电最大的产区。

再者，生态旅游已成为崇明现代化服务的主要增长点。以崇明岛国家地质与森林公园建设为切入点，规划形成了“五源多廊”的总体生态旅游空间结构，“五源”包括崇明东滩、西沙、北湖、东平国家森林公园和长兴青草沙湿地等五个重要生态旅游基地。崇明依托其特有的海岛森林与湿地资源，规划推出“崇明森林旅游节”，采取多元化的市场运作方式，吸引更多游客入岛观光旅游，累计吸引国内外游客700多万人次。为丰富海岛旅游特色，崇明引入国际性环岛自行车赛事，举办“崇明岛杯”全国公路自行车冠军赛、环崇明岛国际公路自行车赛、国际自行车联盟女子公路世界杯赛等多项知名赛事，极大地推动了崇明生态旅游业的发展。此外，农家特色游、旅游土特产均为崇明生态旅游业的发展丰富了内容。例如，前卫村的“农家乐”、瀛东村的“渔家乐”，以及绿港村的“西沙风情游”等农家特色游项目，丰富了入岛游客的旅游体验，更塑造了崇明生态旅游的绿色招牌。旅游土特产是生态旅游业中重要的组成部分，崇明土特产品丰富，种类繁多，崇明老白酒、崇明甜包瓜、崇明糕等特色农产品均已作为崇明地理标志产品走出海岛，成为了崇明生态旅游一张闪亮的名片。

最后，生态房产养老成为崇明经济发展的另一亮点产业。近年来，随着生活水平的不断提高，人们普遍对居住生态环境的要求越来越高，叠加上海房价的居高不下，越来越多的上海居民开始倾向在崇明购置养老房产。生态环境质量与居住舒适度已成为人类选择养老目的地的主要影响因素之一，崇明岛拥有得天独厚的地理位置与生态资源，还拥有“中国长寿之乡”之美誉，这为崇明生态房产养老业的发展奠定了坚实的基础。根据《上海市“十二五”国民经济和社会发展规划纲要》，崇明东滩全面开发生态养老项目并建设“长者社区”，目前该项目已投入使用。崇明东滩养老地产项目主要包括计划总投资额15.45亿元、总建筑面积约11.5万 m^2 的持续护理退休社区（CCRC）项目（上实瑞慈花园），以及计划总投资

16.6亿元、总建筑面积约15.5万 m^2 的上实和风院两部分，包括“持续照护退休社区”和“活力长者社区”，养老模块由“独立生活”“辅助生活”“失忆照护”和“医疗照护”等四个方面组成，全面满足老年人多样化的养老需求，为不同身体状况的老人提供“一站式”专业养老服务。此外，崇明世界级生态岛的定位及其巨大的发展潜力吸引了一众具有前瞻眼光的房地产开发商，近年来各类低密度、高品质的生态住宅项目不断入市，为崇明经济发展增添了新动能。

三、崇明生态岛建设基本模式

生态城市是人类、社会和自然协调的并具有可持续性的良性城市状态。生态城市建设不仅能解决资源恶化对城市发展的瓶颈制约，更契合着绿色可持续发展的现实诉求，与“金山银山比不上绿水清山”的生态化发展理念不谋而合，是真正实现人与自然和谐共处的理想方式。生态城市（Eco-City）概念的正式提出源于苏联学者扬诺斯基（O.Yanitsky），他指出，理想城市模式就是生态城市，在其中，人类社会各方面技术与自然环境充分融合，人的想象力和生产能力得到最大程度地发挥，最大程度地保护市民的身体心理健康和城市生活环境质量，生存物质、环境能量、社会信息高速流通，城市生态环境与外部生态环境良性循环，并致力于将生态城市的理念推广至全球城市治理的范围内，以解决区域内环境恶化、资源短缺带来对城市发展的制约。生态岛屿是以四面环水的小块陆地为发展主体，发展经济的同时又保持了良好的生态环境，例如加拿大温哥华岛、爱德华王子岛，瑞典哥特兰岛以及美国纽约长岛，均为生态岛屿成功发展的典型案例。生态城市建设可以生态岛屿建设作为切入口，探寻生态治理的基本模式，为全面开展生态城市建设奠定基础。

崇明生态岛建设的基本模式，可从七个方面归纳，包括“总体规划、水、能源、交通、废物与再循环、绿色建筑、自然生态”等。

第一，从总体规划出发，崇明生态岛的建设历程充分说明了我国在国家层面与地方层面非常重视打造崇明生态岛的品牌打造，将崇明定位为以生态农业、生态旅游、生态养老与绿色清洁能源为主导的“生态优美、经济发达、文化丰富、保障完善”的世界级后花园。在总体目标的指引下，崇明根据自身区域特征结合岛屿东西两端的特色空间要求和道路布局特征，将全岛规划成“三区、两带、两片”的全域空间结构。其中，“三区——崇西、崇北和崇东”是代表崇明旅游特色与品牌资源的三大空间片区，崇西生态旅游发展片区着重发展“度假疗养、运动休闲、农业科创”等功能；崇北生态旅游发展片区着重发展“文化创意、休闲旅游、森林度假”等功能，崇东生态旅游发展片区着重发展“智慧创新、健康疗养、生态教育”等功能；“两带——崇南和崇中”是代表崇明本地城镇特色和乡村特色的两条空间带，崇南滨江城镇经济带规划为人口与经济聚集区，崇中乡村野趣带规划为特色海岛风貌与田园风景展示区；“两片——长兴和横沙”，是代表崇明战略性功能板块的预留空间，长兴片区规划为智能制造功能板块，横沙片区则规划为战略储备与预留空间。第二，在水资源建设方面，崇明始终努力建设健康的环岛水系，以水环境治理、水质改善、水源稳定作为水资源建设的主要目标与内容。崇明以西水闸为起点，构建了环绕全岛、贯通支流的环岛河，形成了崇明河网水系。同时，崇明重视河道清淤和污水治理，有计划地规划了污水处理一、二、三期工程，全面清洁崇明水质。在全岛范围内实施“河长制”，通过河湖管护市场化运营，让每条河道都有人管，实现“全方位覆盖、无缝隙对接、一体化管理”，达到水面清洁、河岸整洁。“市场运营＋政府监督＋百姓参与”是崇明水治理的主要模式，全面推荐多方力量共同参与河湖治理。第三，在绿色能源建设方面，崇明坚持降低能效消耗，使用清洁可再生能源推动全岛经济高质量发展。目前，崇明近三分之一的用电量是由不排碳的“绿电”供应的，主要是光伏发电、风电、生物质能源发电等清洁能源。“渔光互补”光伏发电工程是上海地区最大的渔光互补示范工程，更是崇明“绿电”工程建设的典范。“渔光互补”充分利用崇明充足的日照条件，将渔业养殖与光伏发电相结合，在鱼塘上方架设光伏板阵列，下方水域继续养殖鱼虾，形成“上可发电、下可养鱼”的发电新模式。同时，崇明积极在其近海区域开展风电项目建设。近海区域地域开阔、障碍物少，具有丰富的风能资源，是建设风电场的理想场所。目前，崇明共有五座风电场，分布在前哨、前卫等区域，为崇明地区源源不断地提供清洁能源。第四，在交通路网建设方面，崇明积极践行生态文明理念，打造生态交通的绿色路网体系。目前，崇明大道、北沿公路、建设公路、花博大道、环岛景观道、陈海公路东段等多条新改建公路相继通车，城乡主次干道连线成网，形成了崇明四通八达的立体内外交通网络。同时，崇明积极践行交通生态理念，全岛范围内已实现了新能源公交车与新能源出租车的全覆盖，并在各全岛交通枢纽、高速服务区与旅游景点等重点区域广建充电桩，积极倡导绿色出行的生态型交通体系。第五，在废物与再循环方面，崇明积极推动“无废城市”建设，通过先进的城市管理理念，以最终实现城市固体废物产生量最小、资源利用充分、垃圾处置安全的终极目标。崇明积极构建资源循环型产业体系，推进减污降碳协同增效，全区生活垃圾回收利用率提高至五成左右，一般工业固体废物综合利用率提升至九成以上，农业废弃物、建筑垃圾保持高水平资源化利用，固体废物产生强度持续下降，实现了“五废统筹联三岛，力争固废不出岛”的环境友好经济发展方式。第六，在绿色建筑方面，崇明积极落实建筑全过程的绿色低碳实施，从建筑的设计、建造、运营到循环利用等方面积极贯彻低碳零碳路线，实现建筑全生命周期碳排放强度的有效降低。例如，提升超低能耗建筑、近零碳建筑标准执行力度，提高既有公共建筑能效水平，开展太阳能光热、光伏与建筑装配一体化应用，并积极推广“高能效建筑示范”工程的展示与应用。第七，在自然生态方面，崇明以“防护林、风景林、经果林、湿地林”为生态绿化的主要手段，极大提高了全域范围内的绿色植被覆盖率，在海岛沿线建设线面结合的海岛绿色生态防区林带，并结合区域规划和人居环境营建城镇护林带。东平国家森林公园、绿华明珠湖生态旅游示范区、东滩湿地公园、青草沙水库、长兴郊野公园等重要生态源地与主要植被覆盖区，均较好地说明了崇明在自然生态方面做到了最大程度的保护。

上海市崇明区人民政府的官方网站上，这样描述崇明的未来：“未来的崇明，生态地区是和谐自然的，‘沙静明月虫雀归’；乡村是舒朗有序的，‘榆柳荫后檐，桃李罗堂前’；城镇是紧凑集约的，‘小而适宜，素雅精致’。城镇与乡村之间，人类与自然之间，生态保护与建设之间都将呈现最有机的融合与和谐”。未来的崇明不仅是世界级的生态岛，更是世界级的碳中和示范区，为我国生态城市的全面建设提供有益的指引与借鉴。

长江上游巴中地区迎春村生态乡村建设

迎春村位于长江流域上游的四川省巴中市通江县东南部，地处大巴山深处，属于典型的山区村，地广人稀，产业基础薄弱，发展困难重重。2016年，迎春村被列入第四批中国传统村落名录，在国家政策与帮扶单位的支持下，迎春村定位为“生态乡村”，从“三生空间”、“一站式”乡村旅游、生态乡村等方面进行乡村重塑，村内基础设施得到了极大改善与提升。在产业帮扶的支持下，迎春村在大力发展原有富硒兔养殖产业的基础上，引进蜜李优良品种和专业果园种植企业，完成蜜李种植产业园扩建等工程，大大增强了村集体经济实力。同时，依靠各级媒体的大力关注与宣传，打造了川云风吹兔、巴山光雾蜜李、迎春鹰嘴蜜桃等一系列村级特色农产品，有利推动了生态乡村建设发展，一跃成为了长江上游巴中地区生态文明乡村建设的典范。

一、迎春村地理区位与产业分析

通江县位于四川省巴中市东北部，米仓山东段南麓大巴山缺口处，北纬31°39′～32°33′，东经106°59′～107°46′。旧时有“依三巴之旧域，控全蜀之左隅”之称。县域东接万源市，南邻平昌县，西靠巴州、南江二区县，北连陕西省汉中市南郑区、西乡县、镇巴县。县人民政府驻地——壁州街道南街一号，南距达州市约140 km，距重庆市约330 km；西距巴中市约70 km，距成都市约400 km；东距万源市约113 km；北距陕西省镇巴县约170 km。通江县域东西距73.3 km，南北距98.5 km，幅员面积4 119.83 km^2。县境与相邻的7个县、市、区的40个乡镇接壤，县界总长551.82 km。其中与万源市接壤界长131.48 km，与平昌县接壤界长160.94 km，与巴州区接壤界长50.98 km，与南江县接壤界长89.63 km，与陕西省汉中市南郑区接壤界长51.73 km，与陕西省西乡县接壤界长5.97 km，与陕西省镇巴县接壤界长61.09 km。县界中含四川、陕西两省接壤之界，其中省界总长118.79 km。

迎春村位于通江县北部的毛浴镇，距离通江县主城区15 km，属中、低山区，包括中切割低山、中切割中山和深切割中山，呈“三山夹两谷”地形。地貌基本特征为：低、中山界限明显，均受三个二级构造单元的构造线控制；涪阳——五龙山鼻状构造轴线，为县境低、中山的分界线，此线以南为中切割低山；川北台线与米仓山、大巴山交界线，形成县境中切割中山与深切割中山的分界线，此线以北为深切割中山；米仓山台穹中楼子庙——空山坝挠曲褶皱带之南端，为县境岩溶地貌的分界线，此线以北为中山岩溶地貌，山貌切割深，多窄谷、峡谷。迎春村主要地势为山地地形，以望家山山脉为主要地势，东低西高。用地形态大体分为四种：丘陵、平地、谷地、山地。山地主要分布在村庄的四周，丘陵地、谷地主要位于村子的中部和南部，平地主要位于北部和东部。迎春村的地形坡度在20°~45°。其中，山地的坡度较大，一般在40°~60°；丘陵地的坡度较小，一般在20°~40°；平地的坡度较小，一般在5°~10°。迎春村的地形分布对村子的发展有一定影响。山地主要适宜发展林业、畜牧业和旅游业；丘陵地适宜发展农业和林业；平地适宜发展农业、工业和建设。迎春村的地貌类型多样，村周边旅游资源丰富，距离诺水河风景名胜区、巴中南龛风景区约40 km，交通便利，可达性高。村周丰富多样的地貌景观为村子的发展旅游业提供了良好的条件，可与通江县其他旅游资源形成有效互补，共同打造城郊旅游集群。

迎春村是一个多民族聚居的村庄，主要民族包括汉族、彝族、苗族等。其中汉族人口占比较大，彝族和苗族等少数民族人口较少。农业是迎春村的主要产业，主要种植水稻、小麦、玉米等粮食作物，同时也种植蔬菜、水果、茶叶等经济作物。现分散种植蜜李300亩、水蜜桃100亩、柑橘100亩。迎春村的土地资源丰富，适宜发展规模化的现代农业，提高农业产值。迎春村的畜牧业以养富硒兔、猪、鸡、牛为主。迎春村的林业资源丰富，有大片的山林，可以发展木材加工、林产品加工等产业，提高林业产值；同时，可以发展生态旅游、森林康养等产业，利用森林资源，提高村民收入。迎春村有良好的自然环境和人文景观，可以发展乡村旅游、生态旅游等产业。通过开发农家乐、民宿、观光农业等旅游产品，吸引游客，提高村民收入。

二、迎春村生态乡村建设原则与目标定位

村集体在充分分析区位优势、地形优势、交通优势、产业优势的基础上，综合“三生空间”“一站式”乡村旅游以及“生态乡村”等规划理论，从区域和村自身情况两个角度考量决定将迎春村确定为“生态乡村建设”定位，大力发展生态果园旅游型新农村。生态旅游型新农村的发展需要综合考虑资源、政策和现状等多方面因素。在资源保障的前提下，充分利用有利的政策推动和引导乡村旅游业规模发展，同时关注各地乡村旅游业积极发展趋势，才能更好地实现生态旅游新农村建设的目标。

（一）“三生空间”理念

“三生空间”理念来源于中国传统的乡村规划思想，强调人与自然的和谐共处，同时也融合了现代城乡规划思想，承载了人们对美好生活的向往。“三生空间”，是指“生产空间、生活空间和生态空间”的简称。生产空间是人民从事生产活动的特定功能区域；生活空间是人们日常生活活动使用空间；生态空间是具有生态防护功能的可提供生态产品和生态服务的地域空间。乡村规划应将生产、生活和生态空间结合起来，形成一个完整的乡村规划体系，将生产空间、生活空间和生态空间相互关联、相互依存，共同构成迎春村生态乡村建设的基本框架。

具体而言，乡村生产空间是指乡村地区用于农业生产、林业生产、牧业生产等农业生产活动的空间。在生态乡村建设中，生产空间的合理布局和优化配置是提高农业生产效率、促进乡村经济发展的重要手段。乡村生活空间是指乡村地区用于居住、商业、文化、教育、卫生等人类生活的空间。在生态乡村建设中，生活空间的规划和设计要充分考虑居民的需求和生活习惯，提高居民的生活质量和环境品质。另外，乡村生态空间是指乡村地区用于生态保护、资源利用和生态建设等生态活动的空间。在生态乡村建设中，生态空间的保护和建设是实现乡村可持续发展、保障乡村生态环境安全的重要措施。近年来，中央在优化国土空间开发格局中提出“三生空间”理论，指出国土空间开发应以促进生产空间集约高效、生活空间宜居适度、生态空间山清水秀为规划原则。2019年，《中共中央国务院关于建立国土空间规划体系并监督实施的若干意见》中进一步明确，“到2035年，基

本形成生产空间集约高效、生活空间宜居适度、生态空间山清水秀，安全和谐、富有竞争力和可持续发展的国土空间格局”的主要目标。国土空间开发与规划已经由过去注重“生产空间”为导向转变为注重“生产、生活、生态”等空间协同发展的规划导向。

首先，生产空间是用于生产活动的物理空间，它支持人类社会的物质生产和经济发展。在乡村发展的语境下，生产空间关乎土地、农业、工业和其他生产性服务业的布局与利用。随着全球化与市场经济的深入，传统农业经济结构和生产方式受到挑战，新型的生产管理模式和创新活动正在成为乡村生产空间转型升级的动力。在这一转型过程中，提高土地使用效率，兼顾经济效益与环境保护成为重要任务。改革开放以来，农村地区生产空间经历了由分散到集中、由传统到现代的转变，并在进一步向着多功能、综合利用的方向发展。例如，现代农业生产方式强调土地资源的高效涵养，农产品加工业的发展则延长了产业链，提高了农产品的附加值。此外，生产空间的转型也体现在与旅游业的结合上，农旅融合等模式通过生产活动的旅游化与体验化，为乡村经济注入新的活力。在生态乡村建设的过程中，生产空间的布局优化必须充分考量地理条件、资源禀赋和社会需求，形成有机的生产空间配置。在迎春村生态乡村建设的过程中，生产空间不仅需要适应传统农业的现代化需求，还要致力于新兴产业的引入与发展。具体而言，提升农业科技水平、优化种植结构、推广节水节能技术等措施，使生产空间既能够维护生态环境，又能有效促进经济增长。

其次，生活空间源于人地关系地域系统研究，强调人的活动与环境的互动关系。在传统农村地区，生活空间不仅作为居住和日常活动的场所，更是文化传承与社会交往的重要领域。随着城乡不断发展，生活空间逐渐衍生出对农村居住环境改善、公共服务设施完善以及社区自治等方面的关注。具体而言，生活空间的品质直接影响到居民的生活质量与幸福感。优越的生活空间应具备良好的居住条件、完备的公共设施与和谐的邻里关系。因此，生活空间的改善不仅着眼于硬件设施的提升，如住房条件、水电供应等，还包括软件环境的优化，如教育、医疗、文体活动等社会服务的方面的全面完善。在迎春村生态乡村建设的过程中，全面提升乡村生活空间质量仍面临着诸多挑战。例如，村落内部社会服务设施不足，教育和医疗资源贫乏，文化活动单一，村民的生活空间在功能和品质上有待进一步提升。乡村生活空间规划应纳入生态乡村建设的重要任务清单，通过科技进步、政策支持与社区参与相结合等途径，整体优化农村生活空间。在保证居民基本居住安全与舒适度的同时，促进社会服务功能的完善，强化社区文化的建设，培育乡村特色，构建和谐宜居的生活空间。此外，还应推动社区参与治理，增强社区成员间的凝聚力与归属感，以此作为提升生活空间质量的内在动力。

最后，生态空间是“三生空间”理论中的关键组成部分，强调自然环境资源的保护和可持续利用。具体而言，生态空间涵盖了自然生态系统的整体结构与生物多样性，并以此为基础保障人类社会的可持续发展。在生态乡村建设的过程中，生态空间的合理规划和利用对于提升农村的生态价值、促进生态文明建设具有重大意义。迎春村生态空间的发展需要从保护生态资源入手，进而发展绿色经济，推动农村生态环境和生产方式的转型升级。例如，实施适当的土地利用规划，坚持农业生态化与循环农业，增加生物多样性保护区以及发展生态旅游等都是实施乡村生态空间发展的有效途径。此外，通过启动生态补偿机制，鼓励农民参与生态保护，既能够保护生态环境，又能创造绿色收入，实现生态与经济的共赢。迎春村在推进生态乡村建设的过程中，应在确保农业生态安全的前提下，充分挖掘生态资源的经济潜力，发展生态农业，构建生态工业与绿色服务业，从而形成一个环境友好型的乡村经济结构。同时，必须严格制定生态保护的法规政策，监督生态环境的改造与恢复工作，确保生态环境的长期健康发展。

（二）“一站式”乡村旅游

“一站式”乡村旅游是指通过整合旅游资源、旅游设施、旅游服务、旅游营销等多个环节，形成一个完整的旅游产品，以“一站式”便利消费为导向满足游客的多元化需求。“一站式”乡村旅游建设强调应从整体上考虑乡村旅游的发展和建设，包括经济、社会、环境和文化等多个方面，并将生产、生活和生态空间作为一个整体来考虑；通过整合和优化旅游资源服务，以提高游客满意度，进而促进乡村旅游业与其他产业的深度融合。具体而言，“一站式”乡村旅游是以乡村旅游休闲为导向对乡村进行土地综合开发利用，实现多功能、多业态、多效益的集聚，以发展乡村旅游、提升土地价值、引爆目标市场、推动衍生产业发展、多元文化互动，全面实现城乡的可持续发展。

乡村旅游是以旅游度假为宗旨，以村庄野外为空间，对人文无干扰、对生态无破坏、以游居和野行为特色的村野旅游形式，同时也是社会主义新农村建设和城乡统筹发展的重要模式。近年来，民俗旅游、农家乐、特色村寨、观光农园、农业主题乐园、郊野田园度假村或度假区等乡村旅游形式形成了良好的发展势态。从乡村旅游的角度，也形成了一些以旅游产业为导向和重要动力的发展模式，如精品示范、以点带面、一村（区）一品、沟域旅游、沿河沿山滨海旅游发展带等。在此过程中，乡村旅游已经成为输出乡村价值，推进城乡统筹的重要力量。

"一站式"乡村旅游有别于城市综合体，它是基于乡村土地资源，以乡村农业、乡村工业等乡村产业为导向对乡村土地进行综合的、合理的开发利用，将乡村产业发展、乡村基础设施、乡村住宅、社会建设等生产生活要素集约配置的地域空间形态，是一种规模化、多功能、现代化、开放性的乡村聚合空间。从实质上来讲，"一站式"乡村旅游是一种新型乡村综合体建设，是把乡村旅游作为乡村外向联系的突破口，合理的开发利用乡村旅游资源和土地资源，以所开发的乡村旅游休闲项目、乡村配套商业项目、乡村休闲地产为核心功能构架，整体服务品质较高的乡村旅游休闲聚集区。其主要特征有：（1）功能复合性。乡村旅游综合体不只服务于乡村居民，也要服务于乡村旅游者——城镇居民，这就要求其必须具备城镇与乡村的多重复合功能。（2）效益综合性。乡村旅游综合体的本质特征决定了它不仅追求经济效益，而且追求生态效益和社会效益，追求全方位的综合性效益。（3）要素系统性。乡村旅游综合体各个项目要素之间构成共生互补的能动关系。（4）产业规模性。乡村旅游以具有乡村性的自然和人文客体为旅游吸引物，依托乡村景观、乡村环境、乡村建筑、乡村文化等资源，开展各种休闲活动。其中，乡村农业是乡村旅游发展的重要载体，乡村农业规模化是乡村旅游综合体的重要特征之一，也是在城乡统筹发展下促进传统农业向现代农业成功转型的重要途径。（5）城乡融合性。从城乡统筹发展的视角出发，打破城市和乡村相互分隔的壁垒，逐步实现城乡经济和社会生活紧密结合与协调发展，缩小城乡差距，使城市和乡村融为一体，而乡村旅游综合体正是形成城乡经济社会一体化新格局的重要载体。

在实践过程中，"一站式"乡村旅游建设需要注意以下几个方面的问题：一是旅游资源的整合。需要进行全面的调查和分析，充分挖掘旅游资源潜力，合理配置旅游资源，形成特色鲜明的旅游产品。二是完善旅游服务质量。乡村旅游需要提高旅游服务水平，完善旅游服务设施，为市场提供便捷、高效、安全的旅游服务。三是加强旅游营销能力。通过各种渠道和方式加强旅游营销，扩大旅游目的地的知名度和影响力，吸引更多游客前来参观体验。四是注重生态环境保护。乡村旅游规划需要注重生态环境保护，合理开发旅游资源，避免过度开发和破坏生态环境。五是有效融合旅游业与其他产业。将旅游业与交通、住宿、餐饮、文化、体育等产业深度融合，形成全产业链条，推动县域经济发展。

（三）生态乡村建设理论

生态乡村建设是指在生态系统承载能力的范围内，运用生态科学原理和生态链接工程而建设村落。生态乡村比一般的普通村庄更适合人类居住和生活，具体包括自然生态环境良好、生态文明建设成效显著、产业经济发展协调等方面，是以保护自然资源为主，以建设乡村生态经济为中心任务，实现人与自然的和谐发展的现代化村落。

生态乡村建设主要包括生态环境保护、生态农业发展和生态文化建设三个方面。在生态环境保护方面，要加强农村环境综合整治，推进农村生活垃圾分类和资源化利用，保护农村水源地和生态环境。同时，实施农村人居环境整治提升行动，提升农村环境质量。在生态农业发展方面，要推动农业绿色发展，发展节水农业、循环农业、生态农业等，促进农业可持续发展。同时，加强农产品质量安全监管，保障人民群众的食品安全。在生态文化建设方面，要加强环保宣传教育，提高农民环保意识，形成绿色生活方式。同时，要挖掘乡村生态文化资源，推动乡村生态文化旅游发展。这三个方面相互关联、相互促进，共同构成了“生态乡村”，进而推动乡村经济、社会、生态的协调发展，实现乡村的全面振兴。

迎春村生态乡村建设遵循以下原则：首先，尊重自然。在规划生态乡村农业时，应充分考虑当地的自然条件，如地形、土壤、气候等，尽量保留和利用现有的自然生态系统，避免过度人工干预。其次，生态优先。生态乡村建设应以生态保护和恢复为前提，优先考虑水土保持、水源涵养、生物多样性保护等生态问题，保证村农业发展的生态功能。再次，合理布局。根据当地的资源条件和市场需求，合理选择种植农业品种，进行多样化种植。例如，提高果园的经济效益，合理安排果树种植区域、养殖区域、休闲观光区域等，实现多种功能的有机结合。又次，循环利用。在生态乡村建设的过程中，充分考虑资源的循环利用，多利用农家肥、绿肥、生物农药等，减少化学肥料和农药的使用，提高种植业的生态环境质量。最后，科学管理。通过现代科技手段，如信息化管理、智能监测等，对农业种植业进行科学管理，提高农产品的生产效率和经济效益。

目前，迎春村经济结构以传统农业为主，随着乡村振兴战略的推进，迎春村开始逐步向现代农业转型。从传统种植水稻、小麦、玉米等粮食作物转向种植特色水果，例如蜜李、水蜜桃、柑橘等，现已形成特色水果品牌效应。此外，为推动村产业快速发展，迎春村着力推行农旅融合发展模式，发展以农业体验、生态旅游为特色的产业项目，成功吸引了周边城市居民的兴趣。这一模式不仅为村民提供了新的就业机会，也为村集体经济增收创造了条件。同时，村内部分年轻力量开始通过网络销售农产品，增加了农产品的市场覆盖范围和知名度，带动了传统农业市场的扩展。

（四）生态乡村建设原则

生态乡村建设在遵循村落特色与乡村资源的情况下，遵循下述原则。

（1）以人为本原则。生态乡村建设要坚持以人为本，尊重农民意愿，保障农民利益，满足农民需求，提高农民生活质量。要尊重农民的意愿和主体地位，充分发挥农民在生态乡村建设中的积极性和创造性，确保建设成果真正惠及广大农民群众。

（2）因地制宜原则。生态乡村建设要充分考虑地形、地貌、气候、水文等自然条件，结合当地的历史、文化、民俗等特色，制定符合当地实际的规划。要根据乡村的自然条件、资源禀赋和经济社会发展水平，制定科学合理的建设规划，避免一刀切和盲目跟风。

（3）生态保护原则。生态乡村建设要注重生态环境保护，加强生态修复和建设，实现经济发展与生态保护的平衡。在建设过程中，要始终把生态环境保护放在首位，确保乡村的生态环境得到有效保护和改善。

（4）绿色发展原则。生态乡村建设要倡导绿色、低碳、循环的发展理念，提高资源利用效率，减少环境污染和生态破坏。

（5）区域协调发展原则。生态乡村建设要考虑区域间的差异和联系，促进区域间经济、文化、生态等领域的协调发展。

（6）产业融合发展原则。生态乡村建设要推动农村一、二、三产业融合发展，优化产业结构，提高农业附加值，促进农民增收。

（7）文化传承原则。生态乡村建设要注重保护、传承和发展乡村文化，挖掘和弘扬乡村特色，提升乡村文化软实力。

（8）科学决策原则。生态乡村建设要依靠科学方法和手段，进行系统分析、评估和监测，确保规划的科学性、合理性和有效性。

（9）持续发展原则。生态乡村建设要注重规划的长期性和可持续性，确保乡村发展能够持续、稳定、健康进行。

（10）公众参与原则。生态乡村建设要鼓励农民和各界人士积极参与，提高规划的民主性、公开性和透明性。政府应在生态乡村建设中要发挥主导作用，引导和支持社会各界积极参与，形成合力推进的良好局面。

（五）迎春村生态乡村建设目标定位

生态乡村建设应充分考量村落资源禀赋与现实情况，可将目标定位概括为“实现经济、生态、社会的协调发展，打造宜居、宜业、宜游的美丽乡村”。具体来说，生态村庄建设的目标包括以下几个方面：一是经济发展目标。通过发展生态农业、乡村旅游等绿色产业，提高农村经济发展的质量和效益，增加农民收入，实现经济可持续发展。二是生态保护目标。加强农村环境综合整治，推进农村生活垃圾分类和资源化利用，保护农村水源地和生态环境，提升农村环境质量，实现生态可持续发展。三是社会发展目标。完善农村基础设施和公共服务设施，提升农民的生活品质和幸福感，加强农村基层治理，促进社会和谐稳定。四是文化建设目标。挖掘和传承乡村文化，推动乡村文化与生态旅游的融合发展，提升乡村文化软实力。

在进行生态乡村建设的过程中，位于中低山环抱中的迎春村发现，自身面临着自然生态环境脆弱、灾害频发和生态修复及地质灾害防治率低下的困境。通江县农村分布着大量重要生态保护区，使得可供建设的土地资源变得极为紧张。村庄生态空间建设不合理且资源保护利用不足，一方面导致生活空间布局分散且规模较小，不利于资源均衡流动与有效配置，加大了公共设施服务半径，从而延缓了基础设施工程建设。另一方面，农田、果园等受限用地沿山体等高线或道路走向呈零散分布，形成不规则形态，耕地质量较差，使得村庄长期以传统农耕活动为主要经济形式，无法发展大规模的农产品加工厂等产业。未能合理利用的生态空间在很大程度上导致生产空间和生活空间用地不集约，土地资源浪费、空间利用效率低，不利于统筹协调“三生空间”的建设发展。此外，低效发展的生产空间无法满足居民美好生活需求。在巴中山区，城乡二元结构体制长期存在，导致农村劳动力、资本等要素持续向城市流动，村庄老龄化问题日益严重。经过现状分析，我们发现通江县面临土地资源紧张、土地利用率低和农田撂荒等问题，人地关系紧张，村庄生产用地质量差且分布结构不合理。此外，村民的文化水平不高，专业技能人才稀缺，村民思想观念保守，对于农用地流转、现代农业、家庭农场等新型经济发展观念接受度较低。因此，迎春村仍以传统种植业为主，农业发展基础不牢，劳动生产效率低下，第二产业和第三产业发展滞后。村内生发展动力不足，社会经济发展水平较低，基础设施和公共服务设施供给效率低，配套不均衡。在道路交通、给排水、环卫等民生工程建设方面滞后，严重影响村民的生产生活质量，无法满足人们对美好生活的期望。目前，迎春村“三生空间”各自独立发展建设而缺乏合理统筹规划：自然山林占据了迎春村最大的用地空间，虽然这些山林拥有良好的整体连通性以及丰富的地貌和植被多样性，但林木的种类和分布较为混乱，生态资源的利用方式也相对粗放，缺乏有效的保护管制和建设引导，导致迎春村生态空间的活力亟待提升。在生产空间方面，存在破碎和低效发展的现象。村早期为追求经济发展，引入了有污染的矿产开发企业，严重破坏了村自然生态环境，并对自然与人工环境交界面的生态修复造成了破坏。在生活空间方面，村民缺乏保护自然资源环境的意识，习惯于直接将生活污水排放到河流中。长期的不加治理导致水质污染，水体生态系统遭到破坏。此外，村庄居民点地段的河岸两侧荒草丛生，基本上没有任何防洪堤或生态驳岸建设，洪涝灾害易发，生态效益降低。

根据“三生空间”、“一站式”乡村旅游以及生态乡村建设思想，迎春村生态乡村建设应结合“以人为本、因地制宜、生态保护、绿色发展、区域协调发展、产业融合发展、文化传承、科学决策、持续发展、公众参与”等十项原则，将自身定位为：发挥生态田园核心主题，增强生态果园文化特色，塑造以原乡传统村落、生态果园为特色的生态旅游乡村，将迎春村建设为多元复合产品旅游地、观光旅游体验生态地、旅游生态休息结合地的一站式旅游胜地。

三、迎春村生态乡村建设方案

根据迎春村的建设定位，秉承“振兴乡村、寻回初心”的理念，在充分挖掘乡村资源禀赋的基础上，确定“生态田园”为核心建设主体，“生态果园”为乡村文化特色，塑造“原乡传统村落与生态果园为特色”的一站式生态旅游乡村。目前，迎春村生态乡村建设主要分为三个部分，即不同板块的功能分区设计、不同分区的活动策划，以及乡村建设投资方案，全力打造知名生态乡村旅游目的地。

（一）迎春村生态功能分区

迎春村生态功能分区应结合区域发展规划、土地利用布局、城乡空间设计等规划指导思想，以及迎春村的实际现状和当地的具体诉求共同制定。具体生态功能分区需对环境资源承载能力、现有开发密度、村庄发展潜力、村庄人口分布、土地利用现状等内容综合考虑，并结合“生产、生活、生态”进行空间协同整合规划。生态功能分区的主要内涵包括：第一，加强乡村功能空间布局的科学合理性，结合乡村地区综合现状分析，并注重政策和上级规划的引导。第二，根据乡村规划的主导规划或诉求的不同，划定规划范围内的优先建设区、适宜建设区、限制建设区、禁止建设区，并对规划区域内所有用地进行综合承载力分析。第三，根据乡村自身的现实情况，有所侧重地选择生活、生产、生态和景观等功能内容的规划表现形式。第四，结合“三生空间”进行协同规划，促进全村协调发展。具体功能分区详见表8-1。

迎春村生态乡村建设是以“生态田园”为核心建设主体，“生态果园”为乡村文化特色，其生态功能分区就应围绕“生态田园”与“生态果园”为核心进行设计。实际调研显示，迎春村自西向东约有50亩、165亩和265亩三块农业用地适合栽种特色农产品，例如巴山脆李、五星枇杷等特色农产品。为进一步凸显迎春村“生态田园”与“生态果园”定位，迎春村将空闲农业用地整合，规划成生态果园景观区，建立“两带多节点”的生态果园结构布置，以枇杷林景观带和李子林景观带为核心，沿途设置奇幻蔬果园区、林下萌宠乐园、原乡记忆田园等多个景观节点。整个生态果园景观区以果林景观带串联，以特色景观节点为展示点，以沿途风光带为道路点缀，形成不同特色的景观团组，打造别样感官体验。同时，迎春村在生态果园景观区内专门设立果园形象展示区作为生态乡村门户工程，果园形象墙采用当地石材为主，用石磨、车轮小品装点形象墙，形成具有乡土特色的生态景观打卡区。形象墙周边依地形打造雅致花田，并在局部设置生态停车场，满足游客驻步停留打卡的需求。

表8-1　迎春村生态乡村建设功能分区

序号	功能分区	“三生空间”定位	“三生空间”协同理念
1	果园形象展示区	生产区	“生态空间、生产空间、生活空间”之间具有相互叠加、此消彼长、互促互补的耦合空间关系，是动态转化的空间体系。生态空间是迎春村生态村庄建设的根本，是生活空间和生产空间形成的基础，为生活和生产活动提供资源、产品和生态服务保障。其中，生活空间和生产空间是人类活动的主要区域：生产活动对生活发展、生态服务功能具有支持作用；生产空间则影响着生活空间和生态空间的规模和状态。生活空间和生产空间的扩张或消减会相应影响生态空间的压缩或增长
2	奇幻蔬果园区	生态区	
3	萌宠乐园区	生态区	
4	原乡记忆田园区	生活区	
5	田园集市区	生活区	
6	活力田园区	生产区	
7	原乡民宿区	生活区	

迎春村在生态果园景观区内建立了“奇幻蔬果园区、萌宠乐园区、原乡记忆田园区、田园集市区、活力田园区、原乡民宿区”等六大园区。奇幻蔬果园区以儿童体验为主，其核心特色在于“科技温室”。科技温室展示了先进农业科技的应用，为儿童们打开了现代化生态种植的科技大门。在科技温室旁设置了生态餐厅，游客们可以直接品尝科学种植技术生产的纯天然无公害的精品果蔬。另外，生态餐厅旁边建立了彩色果蔬涂鸦墙，孩子们可以把自己看到的生态种植果蔬记录下来，还可以参加“生态种植小讲堂”，亲身体验现代化种植的乐趣，感受科技带给

人类的无限可能。奇幻蔬果园区将绿色可持续发展理念深植儿童心中，真正实现自然教育与全民生态环境教育。萌宠乐园区是专为儿童设计的宠物饲养乐园，儿童可以近距离接触小动物，了解更多动物的习性与动物的生理特征，住宿客人也可以短期认养小动物。萌宠乐园区也开设了“萌宠乐园小课堂”，为每一位领养小动物的小客人详细讲解小动物的生活习性与护理要求。目前，萌宠乐园已养殖白兔、羊、羊驼、小鸡、小鸭、小鹿等，还建立了珍鸟园，游客可以亲手喂养鸟类。原乡记忆田园区是为游客展示古老耕作与乡村生活方式的展示区。区内设置原乡记忆博物馆，馆内分为农村历史文物区、农耕用具展示区、农耕知识科普区，还有农耕生活体验区。游客在农耕生活体验区内可真实参与磨豆花、耕织、竹编等特色传统农耕活动，亲身体验和了解农村的传统生活方式。原乡记忆田园区还建设了大量的竹亭与果园休息亭，一步一景，让游客可以一步一打卡。田园集市区以流动性集市的方式满足游客“食、住、行、游、购、娱”等多方面需求。田园集市区是一个充满乡村风情和传统文化的区域，区内有各种农副产品、新鲜果蔬、手工文创产品等各类产品销售，还有很多乡村特色的手工艺品，如手工编织的篮子、绣花布艺等。此外，田园集市区还常设各种小吃摊位，售卖糖画、糖葫芦、萝卜丝饼等传统美食。集市常常举办各类文娱活动，展现了热烈的乡村氛围和文化气息。活力田园区则是以游客互动为主，内设露营基地、烧烤区、攀岩区等。露营基地主要是露营帐篷驻扎区和露营车辆停车区，还为游客提供露营的基本公共设施，包括洗手间、淋浴间、洗衣房等。烧烤区、篝火区、运动场、沙滩区、攀岩区等，让游客在享受大自然的同时，也能享受到各种娱乐活动。活力田园区还设有技能培训基地，为游客提供各种户外教育活动和培训课程，如射击与攀岩等，让游客在娱乐的同时也能学习到一些新的户外知识和技能。原乡民宿区则是为游客提供住宿的主要区域。为彰显迎春村民宿的独特之处，原乡民宿区内设“原乡花海”，游客置身于奇幻的鲜花世界中休息娱乐，体验不一样的乡村生活。

（二）具体活动策划

迎春村根据功能分区的定位，打造不同功能分区的主体策划活动，形成了“好看、好玩、好吃”的一站式体验，为游客带来不一样的生态乡村体验。其中，好看的景色有：田园漫步、田园摄影、丛林观鸟、田园集市、奇幻蔬果园区、小火车果林穿行、游戏堡垒、迷宫探秘、涂鸦乐园、田间课堂、畜力农场等；好玩的项目有：拖拉机体验、小动物饲养、田园寻宝、枇杷 / 脆李采摘、稻草人装饰、乡间音乐会、田间舞蹈、花梯漫步、浪漫婚礼、花丘辨蝶、装置艺术节等：好吃的美食有：有机蔬果采摘、草地烧烤、亲子 DIY 厨房、特色小吃流动集市等。详见表8-2。

表8-2 迎春村生态乡村旅游具体策划活动

序号	活动名称	活动主题	活动内容	具体设施	游客人群
1	乡村夏令营	农事体验回归山林	依托乡野稻田、原乡建筑塑造乡野景观，以生态科普、有机农业为主题开展体验性农业活动	田间教室、原乡记忆博物馆、拖拉机乐园	家庭、青少年
2	田园婚礼	浪漫婚礼珍爱一生	依托场地内的基础设施，与婚庆公司、婚纱摄影公司深度合作；以田园风光来策划唯美婚礼现场	婚纱摄影基地、浪漫花梯	家庭、情侣
3	绿色美食节	绿色餐饮味觉盛典	利用高效生态农业示范园为依托，开展有机生态农产品美食节，为游客创造一个亲近自然的户外有机美食节	开展美食节与美食展销活动。例如，特色小吃节，农产品巡展，厨艺展等	高端商务群体、企业集会、小团体聚会
4	动物认养乐园	阳光牧园清新自然	提供以养殖家禽、畜类等温和、可爱的小动物为主的观赏、互动、认养等活动，打造都市牧场、小动物乐园	小动物乐园、畜力农场	家庭、情侣、小团体聚会
5	田间摄影展	印象田园群英荟萃	邀请国内知名摄影家参与，开展以“田园风光”为主题的摄影大赛	稻田景观、花梯、百鸟园、奇幻蔬果园区	高端商务群体、大众游客
6	童话大游行	场景再现经典致敬	设置经典影视场景，游览体验拍照，化身剧中人物探寻光影的世界，穿越景物宜人的花田稻田，给游客营造时光倒流般的乡村体验生活	奇幻蔬果园区、稻田、浪漫花梯、蝶舞花丘、涂鸦乐园	家庭、青少年

（三）迎春村生态乡村建设成效

经济效益是衡量生态乡村建设成效的关键性指标之一。通过对迎春村农业生产数据的统计，可以发现其农业生产模式转型带来的积极变化。在实施生态乡村建设之前，迎春村的农业模式以传统种植和养殖为主，产值增长缓慢，且受天气和市场波动影响较大。在生态乡村建设推行之后，村生产空间得到了有效优化，特别是引入现代农业技术与推行绿色种植和生态养殖等方法之后，村农业生产结构发生了根本性变化。生态乡村旅游的发展也使迎春村的特色农产品在休闲农业和乡村旅游中得到更好地展示，并带动了当地农产品的销售，创造了新的经济增长点。生态乡村建设实施的几年内，迎春村农业产值实现了显著增长，并在外地市场上树立了良好的有机农产品品牌形象，还带动了相关产业升级，形成了推动乡村经济发展的良性循环。

另外，在生态乡村旅游的大力发展下，村非农产业收入占村级总收入的比例逐年上升，其中乡村旅游收入增长最为显著。得益于村庄环境的整治和特色文化的打造，迎春村成功吸引了大批生态乡村旅游者，不仅促进了当地农副产品的销售，也带动了住宿、餐饮、交通等相关服务业的发展。值得一提的是，近年来村居民就业形势和收入水平发生了明显变化。目前，村民不仅可在本村就近从事农业生产工作，还能参与到农副产品加工、销售、生态乡村旅游等多元化产业之中，就业有了更多可能性与选择。产业多元化促进了劳动力市场的完善，提升了就业质量和居民幸福感。此外，就业渠道的扩展带来就业技能的提升。生态乡村建设使村民接触到更多的职业技能培训机会，为居民素质提升与村生态文明建设奠定了坚实的基础，村庄的整体繁荣与发展也因此得到了明显提升。

在社会服务与福利改善方面，生态乡村建设重视基础设施的完善与公共服务的提升，不仅改善了村民的生活条件，也为后续的社会发展和经济活动打下了基础。具体来看，迎春村在基础教育、医疗卫生、文化活动等多个方面优化了公共服务体系。教育方面，新建与翻修了村内学校，提供更加舒适和安全的学习环境；引入了优质教育资源，通过远程教学等方式，提升了教育水平。医疗方面，修建卫生服务中心，为村民提供了更加便捷的医疗服务。定期邀请外地医生进村义诊，提高了医疗服务质量。文化活动方面，修复并利用闲置的建筑，打造了村文化中心，定期举办文化活动和培训课程，丰富了村民的精神生活。除了硬件设施的改善，迎春村还进行了福利政策层面的创新与实施。迎春村制定了包括养老、扶贫、残疾人救助等一系列福利政策，充分考虑到了不同群体的福利需要，尤其是对困难家庭和弱势群体提供了更多的关怀和支持。例如，设立村民互助基金，以解决突发性的医疗、教育等支出，降低了村民因意外事件陷入贫困的风险。通过精准扶贫措施，不仅帮助村民脱贫，也积极引导他们参与到村内的产业发展中，提高了自我发展的能力。

在社区凝聚力与参与度方面，迎春村社区活动越发活跃，居民参与的意愿和行动力有了明确增长，自发组织和参与各项活动的频次及规模呈逐年上升趋势。村民在生态乡村建设中感受到了更多的尊重与价值，这种变化不仅体现在日常生活中，如节日庆典、文化活动的参与，还体现在农业生产、农村商业活动等多个层面。居民的参与度提高增强了社区内聚力，使得社区具有更强的组织能力和解决问题的能力。迎春村引入了村民自治的概念，通过建立村委会、民主管理小组等组织机构，推动了居民的广泛参与。村内设立了多功能服务中心，既是村民参与社区活动的场所，也是收集村民意见和建议的窗口。通过这些机构和设施，村民可以更直接地表达自己的诉求，参与到村庄的具体运营和管理中去，从而不断推动社区凝聚力的增强。

在生态效益与可持续性方面，迎春村生态系统服务价值得到了显著的提升。生态系统服务价值是指生态系统对人类福祉直接或间接提供的服务与好处的总价值。迎春村多样化的自然资源和生态环境为村民提供了丰富的生态服务，其中包括但不限于水源涵养、土壤保持、生物多样性保护、休闲娱乐等。具体表现为：水质净化服务增强，改善了农业灌溉水源和居民饮水安全；通过采用科学种植技术和实施植被恢复计划，土壤保持能力得到加强，水土流失速度降低了，土地的持续利用率提高了。此外，生物多样性的保护工作也取得了显著进展。在生态农业与生态旅游项目的支持下，野生动植物栖息地得到保护和恢复，有助于维持和增强生态平衡。另外，休闲娱乐服务的价值同样提升，吸引了大量游客前来体验生态旅游，推动了乡村旅游业的发展，带动了当地经济的增长。

在生态保护意识方面，迎春村居民的生态环境意识明显提升。通过教育培训和社区活动，村民加深了对生态环境重要性的认识。村集体积极鼓励村民开展生态保护活动，并支持村民在日常生产生活中进行节能减排和资源循环利用等环保行为。例如：引入生态农业技术，鼓励农户使用有机肥料替代化学肥料，减少农业面源污染；实行垃圾分类回收制度，落实农村生活垃圾的有效处理。随着迎春村生态旅游业的发展，生态旅游成为村民增收的重要途径。村民深刻地意识到清澈的溪流、丰富的生物和优美的自然景观吸引了众多游客，感受到生态环境对经济效益的长远意义。另外，政府引导和社会组织的参与对提升迎春村生态保护意识也起到了关键性作用。

迎春村通过建立生态农业示范区、开展绿色种植、推动生态旅游区等措施，增强了其生态系统服务价值的同时，也促进了生态农业的可持续发展。未来，迎春村仍需关注在推动经济快速发展的过程中，特别是在农业产业化和生态乡村旅游业的快速发展中，如何处理生态保护与经济利益之间的平衡关系。过度开发自然资源或过度依赖单一经济增长模式可能对生态环境造成不可逆转的损坏，降低其可持续性。因此，迎春村必须注重长效机制的建立，加大科学技术的输入，强化顶层设计与规划，确保经济的增长与环境的保护同步进行，真正实现经济、社会和生态的协调可持续发展。

参考文献

[1] 樊轶侠，王正早．“双碳”目标下生态产品价值实现机理及路径优化 [J]. 甘肃社会科学，2022（4）：184-193.

[2] 曾刚，石庆玲，王丰龙．长江经济带城市生态保护能力格局与提升策略初探 [J]. 华中师范大学学报（自然科学版），2020，54（4）：503-510.

[3] 中国环境与发展国际合作委员会．长江经济带生态补偿与绿色发展体制改革 [EB/OL].（2020-09-16）[2020-09-22].https://mp.weixin.qq.com/s/X8p59HPoxga-34D9QwWG0UA.

[4] 上海社会科学院．长江经济带城市绿色发展指数（2018）[R]. 上海：上海社会科学院研究报告，2018.

[5] MARKS G, HOOGHE L, BLANK K. European integration from the 1980s: State - centric v. multi - level governance[J]. JCMS: Journal of Common Market Studies, 1996, 34(3): 341-378.

[6] 孙颖，尹少华．长江经济带生态一体化协同治理的机制创新 [J]. 中南林业科技大学学报（社会科学版），2021，15（2）：26-33.

[7] 中共中央宣传部．习近平新时代中国特色社会主义思想三十讲 [M]. 北京：学习出版社，2019.

[8] 郝佳婧．习近平生态文明思想的原创性贡献 [J]. 中南林业科技大学学报（社会科学版），2020，14（2）：1-6，34.

[9] 许继军，王永强．长江保护与利用面临的水问题及其对策思考 [J]. 长江科学院院报，2020，37（7）：1-6.

[10] 张萍 . 冲突与合作：长江经济带跨界生态环境治理的难题与对策 [J]. 湖北社会科学，2018（9）：61-66.

[11] 汤学兵 . 跨区域生态环境治理联动共生体系与改革路径 [J]. 甘肃社会科学，2019（1）：147-153.

[12] LOREAU M, NAEEM S, INCHAUSTI P, et al. Biodiversity and ecosystem functioning: Current knowledge and future challenges[J].Science, 2001, 294（5543）：804-808.

[13] 杜群 . 生态保护法论 [M]. 北京：高等教育出版社，2012.

[14] 傅伯杰 . 我国生态系统研究的发展趋势与优先领域 [J]. 地理研究，2010，29（3）：383-396.

[15] KENNETH E. Boulding. Economics and ecology: Future environments in North America[M].Watson: North American Press, 1966.

[16] COLGAN S C，董伟，周洪军 . 美国海洋经济和沿海经济的变化 [J]. 经济资料译丛，2010（1）：62-72.

[17] SAGOFF M. On the economic value of ecosystem services[J]. Environmental values, 2008, 17(2): 239-257.

[18] BAIER S L, BERGSTRAND J H. Economic determinants of free trade agreements[J]. Journal of International Economics, 2004, 64(1): 29-63.

[19] BATTIAU-QUENEY Y, BILLET J F, CHAVEROT S, et al. Recent shoreline mobility and geomorphologic evolution of macrotidal sandy beaches in the north of France[J]. Marine Geology, 2003, 194(1-2): 31-45.

[20] 汪克亮，孟祥瑞，杨宝臣 . 环境压力视角下中国省际生态效率的分解及收敛性 [J]. 北京理工大学学报（社会科学版），2015，17（6）：1-11.

[21] 周成，金川，赵彪，等 . 区域经济—生态—旅游耦合协调发展省际空间差异研究 [J]. 干旱区资源与环境，2016，30（7）：203-208.

[22] 宓泽锋，曾刚，尚勇敏，等 . 长江经济带市域生态文明建设现状及发展潜力

初探 [J]. 长江流域资源与环境，2016，25（9）：1438-1447.

[23] 肖芬蓉 . 基于协同视角的长江经济带生态环境保护政策评价研究 [D]. 兰州 ：兰州大学，2022.

[24] HARDIN G. The tragedy of the commons: the population problem has no technical solution; it requires a fundamental extension in morality[J]. Science, 1968, 162(3859): 1243-1248.

[25] BRIFFAULT R. The local government boundary problem in metropolitan areas[J]. Stan. L. Rev., 1995(48): 1115.

[26] MILLER D Y, LEE J H. Making sense of metropolitan regions: A dimensional approach to regional governance[J]. Publius: The Journal of Federalism, 2011, 41(1): 126-145.

[27] 朱喜群 . 生态治理的多元协同 ：太湖流域个案 [J]. 改革，2017（2）：96-107.

[28] SULLIVAN H, SKELCHER C. Working across boundaries: Collaboration in public services[M]. London: Bloomsbury Publishing, 2017.

[29] 余亚梅，唐贤兴 . 组织边界与跨界治理 ：一个重新理解政策能力的新视角 [J]. 行政论坛，2020，27（5）：52-58.

[30] 张成福，李昊城，边晓慧 . 跨域治理 ：模式、机制与困境 [J]. 中国行政管理，2012（3）：102-109.

[31] 锁利铭，阚艳秋，涂易梅 . 从“府际合作”走向“制度性集体行动”：协作性区域治理的研究述评 [J]. 公共管理与政策评论，2018，7（3）：83-96.

[32] 李文星，朱凤霞 . 论区域协调互动中地方政府间合作的科学机制构建 [J]. 经济体制改革，2007（6）：128-131.

[33] 张琦，冯丹萌 .“双碳”目标下县域生态治理机制的多维度构建 [J]. 国家治理，2022（4）：31-35.

[34] HOOGHE L, MARKS G. Multi-level governance and European integration[M]. Washington: Rowman & Littlefield, 2001.

[35] 任声策，陆铭，尤建新 . 公共治理理论述评 [J]. 华东经济管理,2009,23（11）：134-137.

[36] STEPHENSON P. Twenty years of multi-level governance:‘Where does it come from? What is it? Where is it going?’Frameworks of the European Union's Policy Process[M].London: Routledge, 2017.

[37] 魏宗财，陈婷婷，李郇，等 . 多层级治理视角下跨界地区合作模式探究：以广佛为例 [J]. 地理科学，2016，36（9）：1418-1425.

[38] 张衔春，马学广，单卓然，等 . 精明增长政策下美国城市多中心治理研究 [J]. 地理科学，2017，37（5）：672-681.

[39] 孙颖，尹少华 . 长江经济带多层级生态协同治理体系创新研究 [J]. 中南林业科技大学学报（社会科学版），2022，16（3）：34-42.

[40] 谭晓 . 跨政府网络理论与欧盟多层级环境治理机制研究 [D]. 上海：上海国际问题研究所，2009.

[41] 全永波 . 全球海洋生态环境多层级治理：现实困境与未来走向 [J]. 政法论丛，2019（3）：148-160.

[42] 王联合，焦莉 . 美国次国家行为体参与全球气候治理：多层级治理视角的分析 [J]. 国际政治研究，2021，42（4）：39-63，5-6.

[43] 林美萍 . 环境善治：我国环境治理的目标 [J]. 重庆工商大学学报（社会科学版），2010，27（2）：88-91.

[44] 沈费伟，刘祖云 . 合作治理：实现生态环境善治的路径选择 [J]. 中州学刊，2016（8）：78-84.

[45] 乔花云，司林波，彭建交，等 . 京津冀生态环境协同治理模式研究：基于共生理论的视角 [J]. 生态经济，2017，33（6）：151-156.

[46] 王树华 . 长江经济带跨省域生态补偿机制的构建 [J]. 改革，2014（6）：32-34.

[47] 汪波 . 论城市群生态一体化治理：梗阻、理论与政策工具 [J]. 武汉科技大学学报（社会科学版），2015，17（1）：56-62.

[48] 谢津，王海英，刘海鸥 . 区块链赋能推荐系统数据生态治理的理论证成与制度创新 [J]. 情报杂志，2023，42（5）：67-75.

[49] ANSELL C, GASH A. Collaborative governance in theory and practice[J].Journal of Public Administration Research and Theory, 2008, 18(4): 543-571.

[50] BODIN Ö. Collaborative environmental governance: achieving collective action in social-ecological systems[J]. Science, 2017, 357(6352): 659.

[51] 黄思棉，张燕华 . 国内协同治理理论文献综述 [J]. 武汉冶金管理干部学院学报，2015，25（3）：3-6.

[52] 樊根耀 . 生态环境治理制度研究述评 [J]. 西北农林科技大学学报（社会科学版），2003（4）：99-102.

[53] 王家庭，曹清峰 . 京津冀区域生态协同治理：由政府行为与市场机制引申 [J]. 改革，2014（5）：116-123.

[54] 杨启乐 . 当代中国生态文明建设中政府生态环境治理研究 [D]. 上海：华东师范大学，2014.

[55] 林建成，安娜 . 国家治理体系现代化视域下构建生态治理长效机制探析 [J]. 理论学刊，2015（3）：85-92.

[56] 叶冬娜 . 国家治理体系视域下生态文明制度创新探析 [J]. 思想理论教育导刊，2020（6）：85-90.

[57] 杨煜，张宗庆 . 生态文明建设引领经济新常态的动力机制研究 [J]. 西南大学学报（社会科学版），2017，43（4）：65-70+190.

[58] 姜彤 . 莱茵河流域水环境管理的经验对长江中下游综合治理的启示 [J]. 水资源保护，2002（3）：45-50，70.

[59] 尹建龙 . 从隔离排污看英国泰晤士河水污染治理的历程 [J]. 贵州社会科学，2013（10）：133-137.

[60] 徐芳芳 . 英国环境保护政策问题研究 [J]. 环境保护与循环经济，2015，35（11）：17-20.

[61] 徐国冲，何包钢，李富贵．多瑙河的治理历史与经验探索 [J]. 国外理论动态，2016（12）：123-128.

[62] 杨丞娟．府际协同治理视角下长江经济带高质量发展：莱茵河流域治理的经验借鉴 [J]. 湖北社会科学，2021，419（11）：84-89.

[63] 尹文超，卢兴超，薛晓宁，等．德国埃姆歇河流域水生态环境综合治理技术体系及启示 [J]. 净水技术，2020，39（11）：1-11，15.

[64] 黄成，吴传清．长江经济带工业绿色转型与生态文明建设的协同效应研究 [J]. 长江流域资源与环境，2021，30（6）：1287-1297.

[65] 史德明．长江流域水土流失及其防治 [J]. 长江流域资源与环境，1992（1）：62-70.

[66] 林黎，李敬．长江经济带环境污染空间关联的网络分析：基于水污染和大气污染综合指标 [J]. 经济问题，2019（9）：86-92，111.

[67] 邓世成，郭凌寒．长江经济带城市化进程对雾霾污染的影响研究：基于空间面板模型的实证分析 [J]. 调研世界，2019（7）：36-44.

[68] 杨冕，王银．长江经济带 PM2.5时空特征及影响因素研究 [J]. 中国人口·资源与环境，2017，27（1）：91-100.

[69] 王君也．新时代长江经济带生态环境治理与协调机制研究 [J]. 天津社会科学，2023（5）：53-59.

[70] 何勇．长江经济带环境协同治理研究 [D]. 武汉：武汉大学，2022.

[71] 王旭熙，彭立，苏春江，等．城镇化视角下长江经济带城市生态环境健康评价 [J]. 湖南大学学报（自然科学版），2015，42（12）：132-140.

[72] 王维，张涛，王晓伟，等．长江经济带城市生态承载力时空格局研究 [J]. 长江流域资源与环境，2017，26（12）：1963-1971.

[73] 黄磊，吴传清．长江经济带生态环境绩效评估及其提升方略 [J]. 改革，2018（7）：116-126.

[74] 李芳林，蒋昊．长江经济带城市环境风险评价研究 [J]. 长江流域资源与环境，

2018，27（5）：939-948.

[75] 董珍 . 生态治理中的多元协同：湖北省长江流域治理个案 [J]. 湖北社会科学，2018（3）：82-89.

[76] 路德维希 · 冯 · 贝塔兰菲 . 一般系统论 [M]. 秋同，袁嘉新，译 . 北京：社会科学文献出版社，1987.

[77] 魏宏森，曾国屏 . 系统论：系统科学哲学 [M]. 北京：世界图书出版公司，2009

[78] 庄友刚 . 准确把握绿色发展理念的科学规定性 [J]. 中国特色社会主义研究，2016（1）：89-94.

[79] BENZ A, EBERLEIN B. Regions in European governance: the logic of multi-level interaction[J]. EUI-RSCAS Working Papers, 1998(3): 46.

[80] 俞可平 . 全球治理的趋势及我国的战略选择 [J]. 国外理论动态，2012（10）：7-10.

[81] 张继亮 . 治理的“立体化”面相：多层级治理的概念、模式及争议 [J]. 行政论坛，2017，24（3）：64-69.

[82] 熊光清，熊健坤 . 多中心协同治理模式：一种具备操作性的治理方案 [J]. 中国人民大学学报，2018，32（3）：145-152.

[83] 张衔春，许顺才，陈浩，等 . 中国城市群制度一体化评估框架构建：基于多层级治理理论 [J]. 城市规划，2017，41（8）：75-82.

[84] JÄNICKE M.The multi-level system of global climate governance: the model and its current state[J].Environmental Policy & Governance. 2017(27): 108-121.

[85] 晏娇 . 关于全球气候治理路径变化的研究 [D]. 长春：吉林大学，2020.

[86] 王诗宗 . 治理理论及其中国适用性 [D]. 杭州：浙江大学，2011.

[87] SAMUELSON PAUL A. The pure theory of public expenditures[J]. The Review of Economics and Statistics, 1954, 36(4): 387-389.

[88] 埃莉诺 · 奥斯特罗姆，拉里 · 施罗德，苏珊 · 温 . 制度激励与可持续发展 [M].

陈幽泓，谢明，任睿，译 . 上海：三联书店，2000.

[89] 宋敏 . 生态补偿机制建立的博弈分析 [J]. 学术交流，2009（5）：83-87.

[90] 周承龙 . 多元主体视角下中国农村生态环境治理的困境与对策研究 [D]. 重庆：重庆大学，2017.

[91] 余敏江，刘超 . 生态治理中地方与中央政府的“智猪博弈”及其破解 [J]. 江苏社会科学，2011（2）：147-152.

[92] 席恺媛，朱虹 . 长三角区域生态一体化的实践探索与困境摆脱 [J]. 改革，2019（3）：87-96.

[93] 新华社 . 长江流域水土流失面积7年减少十分之一 [EB/OL].（2019-12-03）[2021-04-25].http://www.gov.cn/xinwen/2019-12/03/content_5458139.htm.

[94] 何寿奎 . 长江经济带环境治理与绿色发展协同机制及政策体系研究 [J]. 当代经济管理，2019，41（8）：57-63.

[95] 刘建明，张强，李晓东，等 . 四川水生态文明建设研究 [M]. 成都：西南交通大学出版社，2021：282.

[96] 李志萌，盛方富 . 长江经济带区域协同治理长效机制研究 [J]. 浙江学刊，2020（6）：143-151.

[97] 曹姣星 . 生态环境协同治理的行为逻辑与实现机理 [J]. 环境与可持续发展，2015，40（2）：67-70.

[98] 刘文嘉 . 良好生态是最公平的公共产品 [EB/OL].（2015-05-06）[2020-09-27]. http://cpc.people.com.cn/n/2015/0506/c78779-26957223.html.

[99] 李世冉 . 区域环境协同治理对长三角区域经济一体化的影响研究 [D]. 武汉：中国地质大学，2023.

[100] VAN ASSELT M B A, RENN O. Risk governance[J]. Journal of risk research, 2011, 14(4): 431-449.

[101] 周雪光 . 基层政府间的“共谋现象”：一个政府行为的制度逻辑 [J]. 社会学研究，2008（6）：1-21，243.

[102] 马丁·耶内克，刘凌旗．全球气候治理的横向与纵向强化 [J]. 国外理论动态，2017（2）：67-76.

[103] 张海龙．中国新能源发展研究 [D]. 长春：吉林大学，2015.

[104] 陈进，刘志明．近20年长江水资源利用现状分析 [J]. 长江科学院院报，2018，35（1）：1-4.

[105] CUI L L, SHI J. Temporal and spatial response of vegetation NDVI to temperature and precipitation in eastern China[J]. Journal of Geographical Sciences, 2010, 20(2): 163-176.

[106] VEROUSTRAETE F, SABBE H, ERENS H. Estimation of carbon mass fluxes over Europe using the C-Fixe Model and Eru-flux Data[J]. Remote Sensing of Environment, 2002, 83(3): 376-379.

[107] LIU H Y, ZHANG M Y, LIN Z S, et al. Spatial heterogeneity of the relationship between vegetation dynamics and climate change and their driving forces at multiple time scales in Southwest China[J]. Agricultural & Forest Meteorology, 2018, 256-257: 10-21.

[108] SEDDON A, MACIAS F M, LONG P. et al. Sensitivity of global terrestrial ecosystems to climate variability[J]. Nature, 2016, 531(7593) : 229-232.

[109] 丁海勇，丁昕玮．基于 SPOT_NDVI 的甘肃省植被覆盖变化及其与气候、地形因子的关系 [J]. 长江流域资源与环境，2020，29（12）：2665-2678.

[110] SUN Y L, SHAN M, PEI X R, et al. Assessment of the impacts of climate change and human activities on vegetation cover change in the Haihe River basin, China[J]. Physics and Chemistry of the Earth, 2020, 115:102834.

[111] FENSHOLT R, LANGANKE T, RASMUSSEN K, et al. Greenness in semi-arid areas across the globe 1981—2007: An earth observing satellite based analysis of trends an drivers[J]. Remote Sensing of Environment 2012, 121: 144-158.

[112] MOHAMMAT A, WANG XH, XU XT, et al. Drought and spring cooling induced

recent decrease in vegetation growth in Inner Asia[J]. Agricultural and Forest Meteorology, 2013, 178: 21-30.

[113] 信忠保，许炯心，郑伟 . 气候变化和人类活动对黄土高原植被覆盖变化的影响 [J]. 中国科学（D 辑：地球科学），2007（11）：1504-1514.

[114] 穆少杰，李建龙，陈奕兆，等 .2001—2010年内蒙古植被覆盖度时空变化特征 [J]. 地理学报，2012，67（9）：1255-1268.

[115] 易浪，任志远，张翀，等 . 黄土高原植被覆盖变化与气候和人类活动的关系 [J]. 资源科学，2014，36（1）：166-174.

[116] 邓晨晖，白红英，高山，等 . 秦岭植被覆盖时空变化及其对气候变化与人类活动的双重响应 [J]. 自然资源学报，2018，33（3）：425-438.

[117] 金凯，王飞，韩剑桥，等 .1982—2015年中国气候变化和人类活动对植被 NDVI 变化的影响 [J]. 地理学报，2020，75（5）：961-974.

[118] 邓元杰，姚顺波，侯孟阳，等 . 长江流域中上游植被 NDVI 时空变化及其地形分异效应 [J]. 长江流域资源与环境，2020，29（1）：66-78.

[119] 袁丽华，蒋卫国，申文明，等 . 2000—2010年黄河流域植被覆盖的时空变化 [J]. 生态学报，2013，33（24）：7798-7806.

[120] 刘斌，孙艳玲，王中良，等 . 华北地区植被覆盖变化及其影响因子的相对作用分析 [J]. 自然资源学报，2015，30（1）：12-23.

[121] 刘洋，李诚志，刘志辉，等 .1982—2013年基于 GIMMS-NDVI 的新疆植被覆盖时空变化 [J]. 生态学报，2016，36（19）：6198-6208.

[122] 李卓，孙然好，张继超，等 . 京津冀城市群地区植被覆盖动态变化时空分析 [J]. 生态学报，2017，37（22）：47-55.

[123] 张宝庆，吴普特，赵西宁 . 近30a 黄土高原植被覆盖时空演变监测与分析 [J]. 农业工程学报，2011，27（4）：287-293.

[124] 刘哲琼，佘敦先，夏军，等 . 黄土高原地区气象干旱动态格局演变及其对植被的影响 [J]. 地理科学，2023，43（9）：1659-1671.

[125] 李美丽，尹礼昌，张园，等．基于 MODIS-EVI 的西南地区植被覆盖时空变化及驱动因素研究 [J]. 生态学报，2021，41（3）：1138-1147.

[126] 何奕萱，易桂花，张廷斌，等．红河流域“通道 - 阻隔”作用下2000—2014年植被 EVI 变化趋势与驱动力 [J]. 生态学报，2018，38（6）：2056-2064.

[127] 陈超男，朱连奇，田莉，等．秦巴山区植被覆盖变化及气候因子驱动分析 [J]. 生态学报，2019，39（9）：3257-3266.

[128] 崔晓临，白红英，王涛．秦岭地区植被 NDVI 海拔梯度差异及其气温响应 [J]. 资源科学，2013，35（3）：618-626.

[129] ZHOU X Y, SHI H D, WANG X R. 2014. Impact of climate change and human activities on vegetation coverage in the Mongolian plateau[J]. Arid Zone Res. 2014,31 (4): 604-610.

[130] 李秀彬．土地利用变化的解释 [J]. 地理科学进展，2002（3）：195-203.

[131] ZHENG K Y, TAN L S, SUN Y W, et al. Impacts of climate change and anthropogenic activities on vegetation change: Evidence from typical areas in China[J]. Ecological Indicators, 2021,126:107648.

[132] 董晨炜，曹宇，谭永忠．基于夜间灯光数据的环杭州湾城市扩张及植被变化 [J]. 应用生态学报，2017，28（1）：231-238.

[133] 孙颖，易浪，尹少华．洞庭湖流域植被覆盖变化及其协同治理 [J]. 经济地理，2022，42（4）：190-201.

[134] 熊曦，张陶，段宜嘉，等．长江中游城市群绿色化发展水平测度及其差异 [J]. 经济地理，2019，39（12）：96-102.

[135] 杨乐，付景保，胡林岩，等．财政政策对黄河流域企业环保投资的影响效果及优化研究 [J]. 生态经济，2023，39（12）：182-190.

[136] PORTER M E. America's Green Strategy[J].Scientific American, 1991, 264(4): 168-173.

[137] 唐国平，倪娟，何如桢．地区经济发展、企业环保投资与企业价值：以湖北

省上市公司为例 [J]. 湖北社会科学，2018（6）：93-99.

[138] BARNETT M L, SALOMON R M. Does it pay to be really good? Addressing the shape of the relationship between social and financial performance[J]. Strategic Management Journal, 2012, 33(11): 1304-1320.

[139] FUJII H, IWATA K, KANEKO S, et al. Corporate environmental and economic performance of Japanese manufacturing firms: Empirical study for sustainable development[J]. Business Strategy and the Environment, 2013, 22(3): 187-201.

[140] 陈德萍，陈永圣 . 股权集中度、股权制衡度与公司绩效关系研究：2007—2009年中小企业板块的实证检验 [J]. 会计研究，2011（1）：38-43.

[141] PEKOVIC S, GROLLEAU G, MZOUGHI N. Environmental investments: too much of a good thing?[J]. International Journal of Production Economics, 2018, 197(5-6): 297-302.

[142] ROBINSON C, SCHUMACKER R E. Interaction effects: centering, variance inflation factor, and interpretation issues[J]. Multiple Linear Regression Viewpoints, 2009, 35(1): 6-11.

[143] 陈维肖，段学军，邹辉 . 大河流域岸线生态保护与治理国际经验借鉴：以莱茵河为例 [J]. 长江流域资源与环境，2019，28（11）：2786-2792.

[144] 韩佳希 . 德国莱茵河流域生态经济发展的经验对我国长江生态经济发展的启示 [D]. 大连：东北财经大学，2008.

[145] 周刚炎 . 莱茵河流域管理的经验和启示 [J]. 水利水电快报，2007，653（5）：28-31.

[146] Froehlich S B. Rhine salmon 2020, A programme for migratory fish in the Rhine system[J]. International Commission for the Protection of the Rhine, Koblenz, 2004,31:15-18.

[147] 王传胜，王开章 . 长江中下游岸线资源的特征及其开发利用 [J]. 地理学报，2002（6）：693-700.

[148] 张璐璐．论莱茵河流域管理体制之运作 [D]. 青岛：中国海洋大学，2011.

[149] SCHULTE-WÜLWER-LEIDIG A. Outline of the ecological master plan for the Rhine[J]. Water Science and Technology, 1994, 29(3): 273-280.

[150] KISS A. The protection of the Rhine against pollution[J]. Natural Resources Journal, 1985, 25(3): 613-637

[151] ICPR. Report on the coordination of surveillance monitoring programmes in the Rhine River District[R]. Amsterdam: Elsevier, 2007.

[152] 罗肇鸿，王怀宁．资本主义大辞典 [M]. 北京：人民出版社，1995.

[153] 王思凯，张婷婷，高宇，等．莱茵河流域综合管理和生态修复模式及其启示 [J]. 长江流域资源与环境，2018，27（1）：215-224.

[154] 张雪霖．多层级核心政治体制与“统分结合”双层治理 [J]. 教学与研究，2020（6）：74-83.

[155] 周振超．当代中国政府“条块关系”研究 [M]. 天津：天津人民出版社，2009：135-139.

[156] HOOGHE L, GARY M. Unraveling the Central State, but How? Types of Multi-level Governance[J]. American Political Science Review, 2003，97（2）：233-243.

[157] 张福磊．多层级治理框架下的区域空间与制度建构：粤港澳大湾区治理体系研究 [J]. 行政论坛，2019，26（3）：95-102.

[158] 阎喜凤．绿色发展理念下地方政府的生态责任 [J]. 行政论坛，2020，27（5）：140-145.

[159] 柴茂．洞庭湖区生态的政府治理机制建设研究 [D]. 湘潭：湘潭大学，2016.

[160] 杨阳．经济与生态双赢格局背景下全球湾区绿色发展模式研究 [J]. 中国科学院院刊，2020，35（3）：322-330.

[161] 王振，周海旺，王晓娟．长江经济带发展报告（2019—2020）[M]. 北京：社会科学文献出版社，2021.

[162] 李惠 . 网络时代下的网络主体及其主体性的解析 [J]. 科教文汇（下旬刊），2009（33）：3-4.

[163] 詹国彬，陈健鹏 . 走向环境治理的多元共治模式：现实挑战与路径选择 [J]. 政治学研究，2020（2）：65-75，127.

[164] 潘坤，黄杰 . 农村污染治理中的农民主体性思考 [J]. 农村经济，2018，（4）：105-110.

[165] 刘羿良，冷娟 . 乡村振兴战略下乡村多元主体协同生态治理路径研究 [J]. 云南财经大学学报，2022，38（11）：100-110.

[166] 国务院办公厅 . 国务院办公厅关于印发生态环境监测网络建设方案的通知 [EB/OL].（2015-08-12）[2024-01-02]. http://www.cac.gov.cn/2015-08/12/c_1116307025.htm?from=timeline.

[167] 彭理强 . 生态环境数据治理及其伦理规范 [J]. 中南林业科技大学学报（社会科学版），2020，14（2）：21-26.

[168] 钟贞山 . 社会生态人的伦理价值观 [J]. 江西社会科学，2016，36（1）：12-18.

[169] 邓黎 . 生态环境保护司法协作机制研究 [D]. 贵阳：贵州民族大学，2022.

[170] 周珂 . 以能动司法与环境正义理念推进绿色司法 [J]. 人民法治，2018（Z1）：16-17.

[171] 周珂，于钧泓 . 绿色司法是环境保护新机制的重要保障 [J]. 人民司法（应用），2016（1）：13-16.

[172] 汪伟全 . 论地方政府间合作的最新进展 [J]. 探索与争鸣，2010（10）：51-53.

[173] 赵旭光 ."两法衔接"中的有效监督机制：从环境犯罪行政执法与刑事司法切入 [J]. 政法论坛，2015，33（6）：146-157.

[174] 周冯琦，程进，陈宁，等 . 长江经济带环境绩效评估报告 [M]. 上海：上海社会科学院出版社，2016.

[175] FANG J Y, SONG Y C, LIU H Y, et al. Vegetation-climate relationship and its application in the division of vegetation zone in China[J]. Acta Botanica Sinica,

2002, 44(9): 1105-1122.

[176] 新华社.《长江经济带发展规划纲要》正式印发 [EB/OL].（2016-09-12）[2024-01-02]. https://www.gov.cn/xinwen/2016-09/12/content_5107501.htm.

[177] 生态环境部，国家发展和改革委员会，最高人民法院，等.关于印发《深入打好长江保护修复攻坚战行动方案》的通知 [EB/OL].（2022-08-31）[2024-01-20].https://www.mee.gov.cn/xxgk2018/xxgk/xxgk03/202209/t20220919_994278.html.

[178] 生态环境部，国家发展和改革委员会.关于印发《长江保护修复攻坚战行动计划》的通知 [EB/OL].（2019-01-21）[2024-01-02].https://www.mee.gov.cn/xxgk2018/xxgk/xxgk03/201901/t20190125_690887.html.

[179] 新华社.习近平主持召开全面推动长江经济带发展座谈会并发表重要讲话 [EB/OL].（2020-11-15）[2024-01-02].https://www.gov.cn/xinwen/2020-11/15/content_5561711.htm.

[180] VERBEECK H, KEARSLEY E. The importance of including lianas in global vegetation models[J]. Proceedings of the National Academy of Sciences of the United States of America, 2016, 113(1) : E4-E4.

[181] HANSEN M C, POTAPOV P V, MOORE R, et al. High-resolution global maps of 21st-century forest cover change[J]. Science, 2013, 342: 850-853.

[182] 中华人民共和国中央人民政府.长江经济带再添新动能：财税政策加力支持绿色发展 [EB/OL].（2021-09-02）[2024-01-02].https://www.gov.cn/zhengce/2021-09/02/content_5634886.htm.

[183] CHEN C, PARK T, WANG X, et al. China and India lead in greening of the world through land-use management[J]. Nature Sustainability, 2019, 2(2): 122-129.

[184] TONG X W, WANG K L, YUE Y M, et al. Quantifying the effectiveness of ecological restoration projects on long-term vegetation dynamics in the karst regions of Southwest China[J]. International Journal of Applied Earth Observation

and Geoinformation, 2017, 54: 105-113.

[185] KONG F H, YIN H W, NAKAGOSHI N, et al. Urban green space network development for biodiversity conservation: Identification based on graph theory and gravity modeling[J]. Landscape and Urban Planning, 2010, 95(1-2): 16-27.

[186] HOSSAIN M S, DEARING J A, EIGENBROD F, et al. Operationalizing safe operating space for regional social-ecological systems[J]. Science of The Total Environment, 2017(584-585): 673-682.

[187] 易浪，孙颖，尹少华，等 . 生态安全格局构建：概念、框架与展望 [J]. 生态环境学报，2022，31（4）：845-856.

[188] 肖笃宁，陈文波，郭福良 . 论生态安全的基本概念和研究内容 [J]. 应用生态学报，2002（3）：354-358.

[189] 欧定华，夏建国，张莉，等 . 区域生态安全格局规划研究进展及规划技术流程探讨 [J]. 生态环境学报，2015，24（1）：163-173.

[190] 侯清华，郑亚男，史宝娟 . 环境协同治理生态网络理论解析与体系构建：基于生态位理论视角 [J]. 华北理工大学学报（社会科学版），2021，21（6）：63-70.

[191] 张璇子 . 粤港澳大湾区创新生态系统协同治理研究 [D]. 广州：华南理工大学，2020.

[192] 王涵，马军，陈民，等 . 减污降碳协同多元共治体系需求及构建探析 [J]. 环境科学研究，2022，35（4）：936-944.

[193] 新华社 . 中国共产党第十九届中央委员会第六次全体会议公报 [EB/OL].（2021-11-11）[2024-01-20]. https://www.gov.cn/xinwen/2021-11/11/content_5650329.htm?eqid=cfc9d82200001f700000000364785abe

[194] 邓宏兵，刘恺雯，苏攀达 . 流域生态文明视角下多元主体协同治理体系研究 [J]. 区域经济评论，2021（2）：146-153.

[195] 上海市崇明区人民政府 . 崇明概况 [EB/OL].（2022-10-17）[2023-05-12]. https://shcm.gov.cn/zjcm/006001/enterto.html.